金融危機と政府・中央銀行

植林 茂

日本経済評論社

はしがき

　他の分野と同様に金融危機に関しても「歴史は繰り返す」ということがしばしば言われるが、実務家の視点からそれぞれの金融危機を過去のそれと比べてみると、一見類似していても、政策対応上は同じパターンとして扱えないくらい大きな違いがあることも多い。

　その背景としては、市場化により金融危機波及のスピードが上がっていることや、デリバティブの利用による金融商品の複雑化、さらには金融市場の国際化により対応が難しくなっていることが指摘できる。

　こうした中で、金融規制・金融制度の枠組みについては、危機対応に向けた進展もみられる。具体的な例を挙げれば、マクロプルーデンス政策という考え方の導入・浸透であり、新たな金融監督・規制に向けた世界共通のルールをつくろうというバーゼルⅢの導入である。さらには、バーゼル委員会が2011年7月に公表したシステム上、重要な金融機関を秩序だって破綻処理するための市中協議文書 "Effective Resolution of Systemically Important Financial Institutions" などは、現実的な危機対応へ向けた第一歩と評価することができよう。

　しかしながら、われわれの知見は、まだ発生していない新たな危機の本質を掴み、新たな危機の発生を未然に防止できるほど進んでいるわけではなく、加えて、国際的なルールの策定はどうしても国益的な視点、政治的な視点を背景として、理想的な姿から多少ずれてしまう、言い換えれば、目先の短期的な政治的駆け引きが優先されてしまうことが多いように窺われる。

　そして、新たな金融危機は、ある種の前触れはあるにしても、突然、非連続・非線形な形、予想外のマグニチュードでやってくる。危機が生じた途端、市場参加者に疑心暗鬼が生まれ、インターバンクも含めた各種金融市場、銀行活動

（典型的には与信圧縮の動き）、為替、実体経済など、さまざまなチャネルの間での相乗効果を伴って、スパイラル的な状況に陥ることが多いように思われる。その中でも特に注目しなければならないのが、金融機関、特に市場の主要プレーヤーの資金調達面である。ある金融機関がひとたびターゲットとして目をつけられると、当該金融機関のみならず関係先、類似的な先の調達レートが急上昇する。さらに状況が進むと、疑心暗鬼が広く拡大してマーケットに対する資金の出し手がいなくなり、決済が滞るかもしれない、という懸念が生じる。そして、対象が複数の金融機関に連鎖していく。一方では、他のプレーヤーも早めの流動性確保を図るべく、本来安全な資産まで安く売っていくので、要調達額の確保が難しくなる先が増えていくといったことも起こる。最終的には、特定の商品の市場、あるいはインターバンク市場の機能が不全な状況にまで進んでいく。

そういった経験を私たちは、1997年の三洋証券の会社更生法提出の後、あるいは2008年のリーマンショックの際に経験した。

こういった事態がひとたび発生してしまえば、それまでのルールはとりあえず棚上げとなり、当局は「何でもやる」というスタンスに変化することが多い。

ところが、この段階でも、危機への認識はセクターごとにラグ、温度差があるため、その危機の重大性の認識や焦燥感は、議会、非金融関係者などにはなかなか共有されず、資本注入など効果的・本質的解決を図るための対応については、コストを伴うためなかなかコンセンサスが得られない。こうした中で金融危機の傷口はますます広がっていく。

こうした金融危機の状況は、いつ、どういった形で、再びやってくるのか。おそらく、それまで金融監督・規制上の枠組みでは想定されていなかったルート、想定外のマグニチュード、想定されていても政治的な理由から十分な監督・規制ができなかった部分、あるいは規制・監督の隙間などから生じる可能性が高いのではないかと考える。卑近な例を挙げれば、現在進行中の欧州ソブリン問題は、それまで安全と考えられ、バーゼルⅡにおいてリスクウエイトを

ゼロと設定した安全資産であるところの国債（ソブリン）に纏わる金融的な不安の問題である。また、スペインで2000年に導入された Dynamic Provisioning（景気良好時に貸出額の一定割合を予防的に貸倒引当金として強制的に引き当てさせる制度）は、導入当時は有効な制度とみる向きが多かったが、不動産価格が大幅に下落し不良債権が拡大する中で、同国の不良債権問題、金融危機の発生を防止できなかったこと[1]は、金融関係者が誰しも認めるところである。こうしたことを考えると、金融制度・金融監督の強化によって未然に金融危機発生を防止することは、——ある程度の効果はあっても——困難であり、結局のところ、金融危機が発生した後の危機対応、いわば金融危機のコンティンジェンシープランを予めよく考えておく必要がある。そういった問題意識の下、本書を上梓した。

　本書を執筆したのは、主として2009年から2011年の間である。この間、バーゼル委員会の議論では、G-SIFI についての破綻処理ルールの策定など、相当な進展がみられ、一部の部分においてはバーゼル委員会などの国際的な議論の方が進んでいる部分もある。また、いわゆる「バーゼルⅢ」も全体像がすでに示されている。

　しかし、そうした国際的な金融機関の監督・規制についての包括的な議論とは別の観点、より実践的な視点から、身が竦むような金融危機が来たらいったい何ができるのか、それを避けるためには事前にどういった仕組み・工夫を（アドホックな形で）導入すればよいのか、といったことを我が国の90年代の金融危機と2008年のリーマンショックを中心とした金融危機における経験を踏まえて、実務家の視点から考えたり、整理しておくことも有益であろうと考えた次第である。付け加えると、こうした対応を考えるにあたっては、金融経済分野の伝統的なアプローチだけでは限界があり、安全工学、システム生物額等、さまざまな分野の知見を駆使していくことが求められるように思う。このため、将来の対応を考えるに当り、生煮えのヒントに過ぎないかもしれないが、そういった内容も一部本書に織り込んだ。

本書は、筆者の埼玉大学博士（経済学）学位請求論文「金融危機における政府と中央銀行の役割分担」に加筆・修正したものである。本書の執筆に当たっては、埼玉大学大学院の伊藤修先生のほか、相沢光悦先生、牛嶋俊一郎先生にご指導いただいた。また、同大学院丸茂幸平先生、武者リサーチの武者陵司代表からも貴重なご助言、ご指摘をいただいた。工学院大学の畑村洋太郎先生には、参考図書をご紹介いただいた。また、白塚重典さんほか何名かの日本銀行職員の方からも、適切かつ有益なコメントをいただいた。これらに対して厚く感謝申し上げたい。

　しかしながら、内容に問題等があるとすれば、それはすべて筆者に帰する。また、本書における見解等はすべて、筆者個人のものであり、筆者が属する組織とは一切関係ない。さらに、本書の執筆に関しては、①無報酬であること、②筆者の勤務している組織の業務外の活動である埼玉大学大学院における研究の成果であること、を付け加えておく。

　最後に、いつもながら、多大の負担を強いている妻めぐみに最大限の感謝を表したい。

注
1）　むしろ、制度設計の意図とは裏腹に、貸倒引当金を引き当てているという安心感が、かえって住宅バブルを形成させる一因となったとの見方が多い。

2012年8月　　　　　　　　　　　　　　　　　　　　　　　　植林　茂

目　　次

はしがき　i

序　　章 ……………………………………………………………… 1

第 1 章　バブル崩壊後の我が国金融危機といわゆるリーマン
　　　　 ショックの比較 ……………………………………………… 5

　　1　はじめに　5
　　2　我が国における現行金融危機対応体制の確立　5
　　　　2-1　大蔵省の財政・金融（含む会計）の分離、金融監督庁・金融庁創設　6
　　　　2-2　98年の新日銀法施行の役割分担への影響　9
　　　　2-3　セーフティネット、早期是正措置、破綻処理法制の整備　11
　　　　2-4　具体的な破綻処理の経験の中で定まってきたことや明確になったこと　11
　　3　主要国の金融危機対応の枠組みと2008年9月のリーマンショックを中心とした今回の金融危機についてのレビュー　16
　　　　3-1　2007年7～9月に発生した欧州を中心としたサブプライム問題を巡る動き　16
　　　　3-2　2007年10月～2008年1月のモノライン[54]問題の顕現化と欧米投資銀行での損失計上　18
　　　　3-3　2008年2～9月のベア・スターンズの救済とGSEs問題への対応　19

  3-4 2008年9中旬〜11月中旬の大手投資銀行の連続的破綻とその対応　21

  3-5 頑健性の確認と規制強化への流れ、実体への影響（倒産、雇用等）　23

 4 両者の比較（両危機の事象面、政策対応面での相違点）　25

  4-1 危機における事態進行の速さの相違　25

  4-2 制度的枠組みの相違　28

  4-3 政策対応の相違　30

第2章　金融危機拡大の波及スピードについての考察 …… 47

 1 はじめに　47

 2 90年代の我が国についての地価下落から信用コスト発生までのラグの分析　49

  2-1 地価下落から信用コストまでのラグ等についての実証　49

  2-2 データ　49

  2-3 シンプルな推計式（2変数での回帰式）　50

  2-4 地価から信用コストへの影響におけるラグの長さ　50

 3 2000年以降の米国についての不動産価格下落から信用コスト発生までのラグの分析　53

  3-1 米国の不動産価格下落から信用コストまでのラグ等についての実証　53

  3-2 データ　54

  3-3 シンプルな推計式（2変数での回帰式）　55

  3-4 不動産価格から信用コストへの影響におけるラグの長さ　60

 4 小括　61

第3章　金融危機を事前に防止することはできるのか……65

1　はじめに　65

2　金融危機発生の把握や事前的対応の困難性　66

 2-1　金融危機の発生を事前に把握することの難しさ　66

 2-2　金融危機を事前に抑制することの困難さ　71

 2-3　金融危機が発生しない、あるいは、極めて発生しにくいような枠組み・制度の構築　76

3　問題点の具体的な検証　82

 3-1　金融経済実態の実際の把握状況（認知ラグや認識レベルの問題）　82

 3-2　危機発生に至る前の事前的な政策対応の状況と圧力のレビュー　95

 3-3　ルールベースでの対応の限界　99

4　小括　100

第4章　平時の金融監督体制の工夫と危機発生時の対応……109

1　はじめに　109

 1-1　本章の位置付け　109

 1-2　今後の金融危機対応を考えていくうえでの考え方の整理　111

2　平時における金融監督体制の工夫　118

 2-1　枠組み全体のあり方についての最近の議論（マクロプルーデンスの定義、そのあり方）　118

 2-2　規制・監督主体のあり方、切り分け、マクロプルーデンスに責任を有する機関　122

 2-3　資本規制についての考え方　126

 2-4　規制裁定、シャドーバンキングシステムへの対応　130

　　　　2-5　ミクロ面からの金融システム安定への対応　131
　　　　2-6　流動性供給ファシリティの整備　136
　　　　2-7　当局のモニターにおける課題　145
　　3　危機時の対応　146
　　　　3-1　危機時の役割分担の切り分けについての考え方　148
　　　　3-2　流動性供与　150
　　　　3-3　システミック・リスクを回避するための手段　152
　　　　3-4　危機直後の健全性の確認　155
　　　　3-5　その他、各種ファシリティ等　158
　　4　事後対応　160
　　　　4-1　責任追及と原因究明　160
　　　　4-2　報告書の重要性　162
　　　　4-3　事後対応としての、非危機モードでのストレステスト　165
　　　　4-4　PDCAサイクルとマクロプルーデンスへの取組み　167
　　5　小括　168

【補論A】　マクロプルーデンスとは　170
【補論B】　バーゼルⅢの概要　173
【補論C】　ストレステストとは　177
　　　　1　用語、概念　177
　　　　2　ストレステストの目的　178
　　　　3　ストレステストの類型　178

終　　　章 ··· 193

参照文献　197
索　　引　207

図表一覧

【第1章】

- 図1-1　金融危機とリーマンショックとの事態の進行スピードの比較　28
- 表1-1　金融行政の枠組みの変化　7
- 表1-2　破綻直前の状況　8
- 表1-3　会計、資産査定等に関わる変化　9
- 表1-4　金融当局と中央銀行との役割分担に関係する主なセーフティネット、破綻処理法制一覧　12
- 表1-5　三洋証券会社更生法申請前後の市場の状況　15
- 表1-6　今次金融危機の展開　17
- 表1-7　欧米主要行の四半期決算・純利益〈net income〉の推移　19
- 表1-8　今次危機と90年代我が国における不良債権問題とのマクロ的な事象等の比較　27
- 表1-9　危機発生時点（今回：2008年9月、日本：1997年11月）の制度的枠組みの比較　30
- 表1-10　今次危機における中央銀行の金融安定化機能強化の方向での議論　31
- 表1-11　90年代日本と今回金融危機における政策対応の違い　33

【第2章】

- 図2-1　信用コスト（半期）と地下前年比（逆数×10）　49
- 図2-2　信用コストと地価（前年比の逆数）、米国　54
- 表2-1　推計結果　51
- 表2-2　$CC_t = 定数項 + \alpha GDP \cdot N_{t-1} + \beta LP_{t-x}$ 型推計式の R2 と D.W.（x に入る値を変えて推計）　52
- 表2-3　ステップダウン法（ステップワイズ法）による最適次数の検証　52
- 表2-4　グレンジャーコーザリティーの検証（データ期間：88年度上期～04年度下期）　52
- 表2-5　推計結果、不動産価格と償却額との関係（2000～2004年）　56
- 表2-6　推計結果、不動産価格と償却額との関係（2007～2011年第1四半期）　59

表2-7 ステップダウン法による最適次数の検証（2000〜2004年） 61
表2-8 ステップダウン法による最適次数の検証（2007〜2011年第1四半期） 61
表2-9 グレンジャーの因果関係の検証（2000〜2004年） 62
表2-10 グレンジャーの因果関係の検証（2007〜2011年第1四半期） 62

【第3章】

図3-1 ケース・シラー指数の動き 67
図3-2 我が国の地価の推移 68
図3-3 我が国の株価の推移 69
表3-1 政府・中央銀行の金融面についての認識を示す（あるいは含まれる）主な定期刊行物 83
表3-2 金融決定会合で議論された金融指標とプルーデンス関係の記述（日本銀行） 85
表3-3 金融決定会合で議論された金融指標とプルーデンス関係の記述（BOE） 88
表3-4 FSR（Financial Stability Report）で取り上げられている金融指標（BOE） 90
表3-5 FOMCのMinutesで取り上げられている関連した内容・指標等 93
表3-6 政府・中央銀行の事前的な政策対応（政策手段）とこれにかかる圧力 96

【第4章】

図4-1 IEC61508で定める全安全ライフサイクル 133
図4-2 ハイリスク金融商品についての安全ライフサイクルに沿った開発・管理と当局の検証の具体的イメージ 135
図4-3 行動原理面、機能面からみた行政組織、中央銀行の特性の単純イメージ 149
図4-4 責任追及と原因究明の関係 161
図4-5 バーゼルIIIの全体像 174
表4-1 金融業界における最近の国際的な議論の整理 184
表4-2 米英欧の新しいマクロプルーデンス・金融監督体制 124
表4-3 今次金融危機時に拡充された主な流動性ファシリティ 140
表4-4 日本銀行の現行貸出ファシリティ（特融など、通常時以外のものも含む） 143
表4-5 日本銀行におけるモニター関連局等（2011年時点） 146
表4-6 行動原理面からみた行政組織と中央銀行の特性の違い 148

表 4 - 7 　機能面からみた行政組織と中央銀行の比較　149
表 4 - 8 　リーマンショック後に欧米で行われた主なストレステストの概要　157
表 4 - 9 　危機対応における PDCA サイクルのチェックポイント　166
表 4 -10　マクロプルーデンスとミクロプルーデンス　171
表 4 -11　バーゼルⅢにおける普通株等と社外流出制限割合　175
表 4 -12　バーゼルⅢの新しい最低規制自己資本　176

序　章

　本論文においては、主に90年代の我が国バブル崩壊期の銀行破綻と2008年9月のリーマン・ブラザーズの破綻を中心とする混乱時の二つの金融危機時の状況とその対応を分析することで、金融危機時における政府と中央銀行の役割分担を考察し、将来我が国において新たな金融危機が発生した場合の対応についてのレッスンとすることを目的としている。

　金融危機に対応するためには、流動性供給、資本注入、破綻処理など危機対応のための仕組み、諸制度の整備のみならず、平時における金融規制等の諸制度、金融機関への検査・考査のあり方、金融市場等に対するモニター力など多岐にわたる要素が関連する。これらさまざまな要素を踏まえて、国際的にみてユニークな面が強い我が国金融における政府と中央銀行との関係や金融制度を前提に、金融危機発生時にどういった対応をとるべきか、どういったコンティンジェンシー・プランを準備しておくべきであるか、その際には政府と中央銀行がどういった役割分担で臨むことが合理的かを検討するとともに、金融制度上どのような工夫を行えば金融危機の悪影響を限定的なものに抑えることができるかといった点についても検討する。

　本論文においては、基本的に金融危機の発生を完全に予測することは不可能であり、また、平時の規制等によりこの発生を未然に防ぐことはできないが、制度的な枠組みを改善し一定方向にインセンティブを与えることなどで金融危機発生時の悪影響をある程度軽減することや、危機対応をこれまでより円滑に行い得るようにすることは可能、という立場に立っている。即ち、金融危機については、発生予測が困難であり、規制強化等により事前に回避することも難しい。そうであるならば、どのように対応すればその影響の拡大を極小化でき

るか、そのためには政府と中央銀行の役割分担が如何にあるべきか、ということについて、過去の経験を踏まえて分析を進める。

第1章では、我が国の90年代のバブル崩壊期における金融危機と2008年のリーマンショックを中心とする金融危機について、事態の推移、政府・中央銀行の果たした役割、危機対応のための制度変更、問題点などをレビューする。さらに、両者の比較により、その特質や政策対応、危機対応の前提となっている制度等について類似点・相違点を明らかにするとともに、90年代の我が国の金融危機においては、危機対応の制度的な枠組みが不十分であったうえ対応に時間がかかった一方で、リーマンショックを中心とする金融危機については、対応スピードは我が国のケースと比べかなり早かったことを示す。

第2章では、不動産価格の下落から金融機関における償却・引当（信用コスト）が顕現化するまでのラグについて、我が国における90年代のバブル崩壊期と米国におけるリーマンショック時の状況を計量的に比較する。これにより、90年代のバブル崩壊後の我が国の金融危機と比べ、リーマンショックを中心とする金融危機においては、不動産価格下落から不良債権発生までの時間（ラグ）が短くなっており、政策対応については時間的余裕が乏しくなっていることなどを示す。

第3章では、90年代のバブル崩壊期における我が国の金融危機と2008年のリーマンショックを中心とする金融危機について分析することで、金融危機発生を予測することや制度変更（規制強化）等でその発生を抑止することはこれまでのところできていないこと、当局の把握についても認知ラグなどが発生していること、事前的な政策対応については圧力がかかりかねないことなどを、事例をもって説明する。これにより、金融危機については、規制強化などを行ったところで完全に防止できる可能性は低く、結局のところ、事後対応にかかってくる面が大きいことを示す。

第4章では、金融危機の影響をある程度軽減し得るような金融制度上の工夫を検討するとともに、金融危機が発生したときの具体的な対応、コンティンジェンシー・プランを検討し、そうした場合における政府と中央銀行の役割分担

について論ずる。金融危機は、それぞれの危機ごとに異なる要素や特徴を持っており、また発生時の金融制度も異なっているだけに、発生時点で迅速かつ弾力的な対応ができるよう、収集に当たるべき当局の役割分担、果たすべき機能を考察しておくことは意味があると考えている。

本稿においては、これらの多面的な分析を通して、将来的に新たな金融危機が我が国において生じたときの政策対応、あるいは、その影響をある程度軽減できるような金融制度上の工夫に対して、実務的な観点から貢献することを狙っている。

なお、本稿において、「今次金融危機」と称しているのは2008年9月のリーマンショックを中心とする金融危機を指すのであり、2009年以降に生じたギリシャ、アイルランド、ポルトガルに端を発しイタリア、スペイン等に及びつつあるユーロ圏のソブリン問題を背景に金融市場等で厳しい状況に陥っていることを指すものではなく、また、本稿ではこの問題を研究の対象としていない。

また、本稿で論じている金融危機への対応策や金融危機が発生しないような国際的な金融制度の枠組みは、現在まさに各国規制当局、バーゼル委員会、G30等で議論され、具体的な対応策が出されてきている現在進行形の事案であり、こうした国際的な議論の場で新たに打ち出される枠組み等が本稿の考え方と異なっている、あるいは本稿より先端的な考えを含んだ対応策が打ち出されるなどの可能性も少なからずある。しかしながら、毎回姿かたちを変え頻繁に発生している金融危機に関し、我が国固有の金融制度、特徴を十分踏まえた上で、これに速やかに対応するため、対応主体である政府、中央銀行の役割を分析・考察し、その知見を少しでも蓄積していくことは、我が国における金融危機の備えとして必要であろう。

第 1 章　バブル崩壊後の我が国金融危機といわゆるリーマンショックの比較

1　はじめに

　本章[1]では、まず、我が国90年代のバブル崩壊後の金融危機[2]についてのレビューを行い、政府・中央銀行の果たした役割、制度面の変化、問題点等を明らかにする。次に、今次金融危機に関して事実関係をフォローするとともに、主要国の政府および中央銀行それぞれの役割を鳥瞰する。最後に、両者の比較により、その特質や政策対応、危機対応の前提となっている制度等について、今後の政策面へのインプリケーションを踏まえつつ、類似点・相違点を明らかにする。

2　我が国における現行金融危機対応体制の確立

　戦後、1990年代までの金融機関の監督は、大蔵省の管轄下にあり、既存の枠組みや規模・収益的な位置付け等を維持しつつ、できるかぎり金融機関を破綻させないという対応——いわゆる護送船団方式——が採られた。こうした状況の下、90年代まで金融機関の破綻処理時等の金融危機対応時における政府と中央銀行の機能的役割分担は、大蔵省主導の下、裁量的であり、事前的に必ずしも明確なルールがなかったと言える[3]。
　その後、90年代中盤以降、以下でみるような①大蔵省を金融庁（金融監督庁）と財務省に切り分ける形での行政機能における財政・金融（含む会計）の分離、②日銀法の改正、③2000年代初頭の預金保険法をはじめとするセーフティネッ

ト関連法制の整備等の制度改革・法律改正等を経て、政府、中央銀行（および預金保険機構）の役割や連携のあり方がほぼ明確になったと考えられる[4]。この間、以上のような制度上の整備に加え、1995年から2003年までの間に累計で約190件[5]の破綻処理を実際に行うことで、政府・中央銀行間での情報提供のあり方、特融における手続きの流れ、検査・考査の棲み分け、金融機関への資金繰り対応等、実務面でのそれぞれの役割についても明確になった部分が多いと言える。

2-1 大蔵省の財政・金融（含む会計）の分離、金融監督庁・金融庁創設

90年代以降で金融当局と中央銀行の役割分担に大きな影響を与えた第一のポイントは、大蔵省の財金分離と金融（監督）庁の発足、および前後の金融行政の違いである。

金融機関の破綻処理、危機対応に対する当局のスタンスやそれに関わる金融行政の枠組みの面から90年代以降を区分けすると、（Ⅰ）92年頃までの安定期、（Ⅱ）92〜98年頃の裁量的に金融破綻処理を行った時期、（Ⅲ）98〜2002年頃の体制整備期——資産査定の開始、金融関連法の整備を実施——、（Ⅳ）2002〜2004年の金融再生プログラム等による不良債権処理促進期、（Ⅴ）2005年以降の貸し渋り対応へウエイトをかけた時期、と分けることができる（表1-1）。

ここで時期を分類するうえで象徴的なメルクマールとなったのは、1998年6月の大蔵省の財政金融分離と、金融監督庁の発足である[6]。

この組織等の改編が、金融機関の破綻処理・金融危機対応やその際の政府と中央銀行の役割分担にどのように影響を与えたかをみると、以下の諸点を挙げることができる。

第一は、財政と金融が分離されたことによる行政当局の対応の変化である。それまで、財政至上主義的な面を有していたことは否めず、例えば、1990年代中頃まで金融機関は、当局が税収確保に配慮する中で決算承認制度（96年9月廃止）による制約を受けており、不良債権問題が顕現化した95〜96年頃の段階でも、金融機関の無税償却については抑制的な認定が行われていた[7]。さらに、

第1章 バブル崩壊後の我が国金融危機といわゆるリーマンショックの比較

表1-1 金融行政の枠組みの変化[8]

時期	分類	メルクマールとなる事象	概念	当局の金融機関への対応	金融機関破綻における中央銀行との関係
～1992	金融安定期	—	裁量行政	破綻回避（護送船団）	（主・従）
1992～1998	裁量的に金融破綻処理を行った時期	大蔵省財金分離（金融監督庁発足1998年6月）	裁量行政	基本的には破綻回避の方向で対応	一体的対応。中央銀行は従属的執行機関
1998～2002	破綻処理体制整備期	金融監督庁の金融庁への移行[9]（2000年7月）	ルールベースアプローチの構築	破綻処理	ルール及び具体的な対応・連携構築期
2002～2004	不良債権処理促進期	—	ルールベースアプローチ	不良債権の抜本的処理要請	ルールを踏まえたうえでの連携
2005～	金融仲介機能重視への揺り戻し	—	ルールベースとプリンシプルベースの最適な組合せを模索[10]	貸し渋り対応	同　上

　当局も、一連の不良債権処理において、当初段階では財政資金を投入しない形での処理を志向したほか[11]、実際の破綻処理の遂行段階でも、回収機関は円滑な処理よりも税金投入がなされないような処理を志向した[12]。しかし、90年代後半に金融庁が設立され、破綻処理法制が整備されて以降は、こうした財政面等の影響を受けづらくなったことで、金融危機対応が円滑になりスピード感も高まったようにみえる。一方、中央銀行サイドにとっては、日銀が金融政策を決定する金融政策決定会合への政府からの出席が財務大臣（組織改編前は大蔵大臣）および内閣府設置法第19条第2項に規定する経済財政政策担当大臣（同、経済企画庁長官）となり、金融監督当局がメンバーではない形となったことから、仕組上は従来と比べプルーデンス対応について、金融政策面を経由しての圧力を受けにくい形での切り分けができたと言える[13]。

　第二は、裁量行政からルールベースへの行政の変化である。90年代以前は、決算承認、償却（償却証明制度）のほか、銀行資本（自己資本比率）に関しての会計ルール等の裁量的運用が行われており、銀行決算における計数が必ずしも金融機関の不良債権、自己資本比率（健全性）等の実体を示さなかったケースが窺われる。例えば、1997年3月末当時に8％を上回った自己資本比率を有

表1-2 破綻直前の状況[14]

銀行名	破綻判明日	破綻直前期実績		破綻期予想
		自己資本比率	当期利益（実績）	当期利益
北海道拓殖銀行	1997年11月17日	9.34%（97/3月期）（都市銀行最高）	+10.3億円（97/3月期）	▲14,687億円（98/3月期実績）+3,000百万円（98/3月期予想）
日本長期信用銀行	1998年10月23日	10.36%（98/3月期）	▲2,800億円（98/3月期）	▲6,100億円（99/3月期予想）
日本債券信用銀行	1998年12月13日	8.19%（98/3月期）	+170.8億円（98/3月期）	+22,000億円（99/3月期予想）
山一證券	1997年11月24日	―	▲1,647億円（97/3月期）	▲250億円（98/3月期予想）
三洋証券	1997年11月3日	―	▲22.2億円（97/3月期）	▲2億円（98/3月期予想）

していた北海道拓殖銀行、日本長期信用銀行、日本債券信用銀行等は1年以内に破綻するなど（表1-2）、破綻直前まで実態は開示されず、大蔵省と日銀が水面下で破綻処理の準備作業を進めることが一般的であったようにみえる。また、実際の破綻処理、危機対応に関しても、政治的・裁量的な対応が多かったと言える[15]。

こうした状況は、早期是正措置[16]等行政上のモニタリング制度も整備・充実され、一定のルールに則って金融機関指導や破綻処理が行われる体制が確立したほか、危機対応に関しても2000年の預金保険法の改正でシステミックリスク・エクセプション[17]のルールが規定された。また、検査についても、それまで資産査定等において金融検査官に裁量の余地がかなりみられたが、1998年以降、金融庁タスクフォース等の議論により金融検査マニュアル[18]が整備され、99年には検査方法の明示的なルールが固まった[19]（表1-3）。日本銀行考査も金融検査マニュアルに添った形で資産査定が行われるようになり、それまでみられた両者のテクニカルな差異や用語の違い[20]などがなくなった（シングルスタンダード化）。

表1-3　会計、資産査定等に関わる変化[21]

財務会計上の制度	時　点	内　容	所　管
決算承認制度	1996年央	廃止	大蔵省
不良債権償却証明制度	1997年7月4日	廃止	大蔵省
金融機関の自己査定制度	1998年3月30日	導入	大蔵省
金融検査マニュアル	1999年4月8日	導入（最終案公表）	金融監督庁

　第三は、金融当局職員の専門性の強化が指摘できる。大蔵省は、財政、税務、理財、金融、証券、国際金融と、広い領域をカバーする官庁であり、各部局間の異動も相応に行っていたため、金融関係部局において必ずしも金融の専門家が多くなかった。金融監督庁発足後は、金融検査官の増員を図る中で外部から専門的なスキルを持った者を大量に採用[22]、研修体制も拡充するなど、専門的人材を配置・育成する体制は以前と比べ整ったと言える。

　最後に指摘しておきたい点は、一連の組織改編の動きと金融破綻処理の時期が重なったことの影響である。大蔵省から財務省への移行、財金分離による金融庁、金融監督庁の発足、日銀法改正、金融不祥事への対応など、組織の存在に関わる案件への対応に追われる中、金融危機に対して政治的なリスクを伴った抜本的な対応を早いタイミングで打ち出すことが難しく、結果として、日銀特融に依存することに繋がった可能性がある。

2-2　98年の新日銀法施行の役割分担への影響

　90年代以降で金融当局と中央銀行の役割分担に大きな影響を与えた第二のポイントは、日銀法の改正（98年施行）である。1942年に施行された戦時立法である旧日銀法から、1998年に施行された現行日銀法に改正されたことで、プルーデンス政策、あるいは危機管理対応上、影響があったのは以下の諸点である。

　第一は、日銀の政策目的の明確化である。旧法の第1条は、戦時立法であることを反映し、「日本銀行ハ国家経済総力ノ適切ナル発揮ヲ図ル為国家ノ政策ニ則シ通貨ノ調節、金融ノ調整及信用制度ノ保持育成ニ任ズルヲ以テ目的ト

ス」となっていたが、現行日銀法では、第1条において第1項の「通貨及び金融の調節」とともに第2項において「銀行その他の金融機関の間で行われる資金決済の円滑の確保を図り、もって信用秩序の維持に資することを目的とする」と定められた。この「銀行その他の金融機関の間で行われる資金決済の円滑の確保」とは「決済システムの円滑かつ安定的な運行」（中銀研報告）[23]を意味しているとされる。

　第二は、考査（中央銀行による金融機関への立ち入り調査）の法定化である。それまで、日本銀行は、法律の根拠なしに、1928年（昭和3年）以来、戦時下の一時期を除いて継続して考査を行ってきたが、その根拠は、戦前の金融制度調査会による「（日本銀行が）取引先銀行に対し契約により業務または財産に関する調査を行い政府の検査と連絡を取ることが適当」という答申であり、日銀法上、明文化されていたわけではなかった。法律改正により、金融監督当局による検査と非金融監督当局である中央銀行による考査の金融機関への二重立入調査体制が法律的にも確立した。立入調査機能をこのタイミングで日銀法に明示的に組み込んだことは、90年代の動きとして、英国[24]、豪州[25]などいくつかの国で金融監督権限の政府への一元化の流れが進んでいたタイミングであっただけに、その意味合いは大きいと考えられる。

　第三は、特融実施にあたってのルールの明確化である。すなわち、旧法下では、政治的に特融を内閣等から求められた場合でも、第二十五条「日本銀行ハ主務大臣ノ認可ヲ受ケ信用制度ノ保持育成ノ為必要ナル業務ヲ行フコトヲ得」を根拠として実施していた。これが、現行法では、第38条において「内閣総理大臣及び財務大臣は銀行法第57条の5の規定その他の法令の規定による協議に基づき信用秩序の維持のため特に必要があると認めるときは、日本銀行に対し、当該協議に係る金融機関への資金の貸付けその他の信用秩序の維持のために必要と認められる業務を行うことを要請することができる」と規定され、実態に合わせ、金融当局サイドの要請により特融を実施する法的体制が整備されたと言える。

　第四は、金融当局への考査情報提供ルールの整備である。新日銀の下では、

定款等で「当銀行は、金融庁長官から要請があったときは、その行った考査結果を記載した書類その他の考査に関する資料を金融庁長官に対し提出し、又はその職員に閲覧させることができる」(日本銀行定款第51条第3項、同業務方法書第51条第4項) と規定された。

2-3 セーフティネット、早期是正措置、破綻処理法制の整備

2000年代初に整備された現行のセーフティネットの枠組みの下で役割が明確化した。

90年代以降で金融当局と中央銀行の役割分担に大きな影響を与えた第三のポイントは、金融機関破綻処理・再生関連の法整備である。これにより金融危機発生等に備えた法的整備が行われたほか、預金者へのセーフティネットも整備され、こうした中で、金融当局と中央銀行、さらには預金保険機構との間の役割分担が明確になった。

このうち、金融当局と中央銀行との役割分担に関連する中心的な法律等のポイントを簡単に列挙しておくと、以下のとおりである (表1-4)。これらの法整備による最も重要なインプリケーションは日銀特融が四原則[26]に沿った対応ができる環境が整った一方、政府サイドでも金融危機における対応手段として、日銀特融以外の手段によって対応するなど、方法・手段の複線化・多様化が図られたことが指摘できる。

2-4 具体的な破綻処理の経験の中で定まってきたことや明確になったこと

次に、1997年から1998年にかけての我が国の金融危機対応の中で、実際の対応の中で固まった点や経験的に明らかになったことを、いくつかの特徴的な事例を中心に説明する。

(1) 特融の発動とそのロス負担 (事前の明確なルールの必要性) ――山一證券向け特融の事例――

戦後における日銀特融の実施事例において、損失が発生しているのは、①東

表1-4 金融当局と中央銀行との役割分担に関係する主なセーフティネット、破綻処理法制一覧

法律名	内容	成立・改正	インプリケーション等
金融機能安定化法	・一般債権者保護、不良債権買取（資金枠17兆円） ・メガバンク等の自己資本増強（資金枠13兆円）	1998年2月	・97年11月の金融危機を受けての対応。 ・市場、預金者等の不安解消を図る意味合い。 ・政府が資本注入の手段を持ったことにより、日銀特融への過度な負担が解消された。
金融再生法	特別公的管理（一時国有化）・金融管理管財人・ブリッジバンク等を導入（資金枠18兆円）	1998年10月	・長銀の経営悪化が表面化し、これに対応する必要から新たな制度整備。長銀および日債銀の処理では金融管理管財人制度を活用。 ・長銀への日銀特融が回避された。
金融機能早期健全化法	金融機関への事前的な公的資金注入（資金枠25兆円）	1998年10月	・経営不振の銀行がソルベントな段階で資本を増強する意味合い。これにより金融機能安定化法廃止。
預金保険法	セーフティネット全般（ペイオフ、資金援助等）	2000年5月改正	・法第102条において、システミックリスク・エクセプションが明定され、緊急時における危機管理の枠組みが策定された。
組織再編法	地域金融機関の合併再編を促進	2002年12月	― （2003年9月に関東つくばに対して活用）
金融機能強化法	合併、経営統合を目指す地域の金融機関への資金注入（資金枠当初2兆円→12兆円〈08年12月〉）	2004年8月	・事前的な資本注入の枠組みが設定され、金融システム上、日銀特融の必要性が強くないケースにおいて資本注入する手段ができた。

京共同銀行向け特融（95年1月～99年3月、総額200億円うち164億円損失計上）、②社団法人新金融安定化基金向け特融（同基金から日本債券信用銀行へ出資、96年10月、総額1,000億円うち800億円を償却）、③山一證券向け特融（97年11月～、富士銀行経由で実施、ピーク1.2兆円うち1,111億円が回収不能確定し2004年度決算で償却）の3件である。

このうち、1997年11月の山一證券向け特融をみると、これは、同社からの報告では債務超過の状況にないこと、政府においても寄託証券補償基金制度の法制化および同基金の財務基盤の充実や機能の強化を図る方針であったことを背景に、「内外市場の混乱を回避し、金融システム全体の安定を確保する観点から、

同社に対し、顧客財産の変換、内外の既約定取引の決済、海外業務からの撤退等に要する資金を、同社の主要取引銀行であった富士銀行を経由して、日銀法第38条第2項（旧日本銀行法第25条）に基づき、供給してきた」[27]とされる。寄託証券補償基金制度については、97年11月24日（山一自主廃業決定日）付の大蔵大臣[28]談話において「本件の最終処理も含め、証券会社の破綻処理のあり方に関しては、寄託証券補償基金制度の法制化、同基金の財務基盤の充実[29]、機能強化等を図り、従前の処理体制を整備すべく適切に対処いたしたい」と表明し、これを受けて日本銀行は「日本銀行資金の最終的な回収には懸念がないものと考えている」[30]とコメントしており、同制度の存在が特融実施の一つの大きな背景となったことは明らかである[31]。

こうした談話等にもかかわらず、結果的に同基金の財務基盤充実による日銀への対応は実現せず、日銀特融は1,000億円を超える多額の損失が発生した。当時の状況を考えると、三洋証券（11月3日）、北海道拓殖銀行（11月17日）、山一證券（11月24日）と大手の銀行証券の連鎖的破綻が続く中、市場の動揺等を最小限に抑えるための特融実施と考えられるが、一方で、政府によるモラルハザードとみることも可能と言える。

(2) 三洋証券のコールショートとインターバンク市場の混乱

上述の事例の少し前の97年11月3日、三洋証券の会社更生法申請により、群馬中央信金から三洋証券に対して放出していた無担コール10億円がデフォルトした。その後、マーケットは日銀の資金供給もあって一時的に小康状態を維持していたが、11月第2週になって短期金融市場の雰囲気が一変し、取り手が強く選別され始め、こうした中で準備預金の積み最終日の11月15日には大手20行の一つである北海道拓殖銀行が準備預金積み不足となり、資金繰りが付かなくなったことから11月17日に破綻した（「北洋銀行への営業譲渡」を発表）。マーケットは、山一證券の自主廃業決定後の11月25日には「投資信託会社や生命保険会社などの投資家は資金の運用に極端に慎重になり、短期金融市場の取引は運用側と調達側の希望する金利が大きく開いた状況が昼過ぎまで続いた」[32]な

ど、機能が著しく低下し、特に無担保コール市場においては「ラインカット[33]におびえる銀行は、短期金融市場で資金を取り上がった」[34]ため、「先週まで0.5％前後で推移していた無担コール翌日物金利は26日、0.57％まで上昇」し、「無担保で調達できず有担保での調達を余儀なくされている銀行も少なくない」状況となった（翌日には0.64％にまで上昇）。こうした状態については、26日に大蔵大臣・日本銀行総裁（連名）談話「金融システムの安定性確保について」において「11月24日の談話の中で、預金等の全額を保護するとともに、インターバンク取引等の安全を確保すること等について申し述べたところであるが、大蔵省、日本銀行は、その安定性の確保に万全を期したい」と表明し、さらに11月28日に日銀が3兆7,000億円と過去最大の資金供給を行って、漸く沈静化されていった（表1-5）。

こうした経緯をみると、11月上旬の当初段階での当局の認識状況[35]は、市場関係者の受け止め方やインターバンク市場の脆弱性、さらには流動性に関する認識などについて、やや不十分であった可能性を否定できないと言える。

(3) 検査・考査の協力体制について

次に触れるのは、個別金融機関に対する立ち入り調査、すなわち、大蔵省あるいは金融庁の検査と日本銀行考査の協力関係である。我が国においては、米国などでみられるような異なる監督機関が混成チームを組成しての検査は、組織の権限上の違い[36]や公務員・非公務員という職員の立場上の違いも背景にあってか、行われていない[37]。

また、検査・考査の情報交換に関しては、日銀法第44条第3項において「日本銀行は、金融庁長官から要請があったときは、その行った考査の結果を記載した書類その他の考査に関する資料を金融庁長官に対し提出し、又はその職員に閲覧させることができる」との規程があるだけであり、双方向となっていない。

第1章 バブル崩壊後の我が国金融危機といわゆるリーマンショックの比較　15

表1-5　三洋証券会社更生法申請前後の市場の状況

(網掛け部分はコール残高の減少時およびコールレートの大幅上昇時)

	残高（東京市場）単位：億円					コールレート（無担）単位：％							コールレート（有担）単位：％
	無担コール	前日比	有担コール	前日比	O/N	1W	2W	3W	1M	2M	3M	翌日物
10月31日（金）	270,612	12,244	83,427	1,816	0.48	0.48	0.51	0.51	0.5	0.51		0.43
11月3日（月）					文化の日・三洋証券会社更生法適用申請							
4日（火）	267,625	-2,987	82,993	-434	0.49	0.51	0.51	0.51	0.54			0.43
5日（水）	266,130	-1,495	83,783	790	0.51	0.51	0.51	0.51	0.54	0.67		0.45
6日（木）	264,672	-1,458	83,270	-513	0.51	0.51	0.51	0.51	0.51	0.67	0.56	0.45
7日（金）	261,912	-2,760	83,954	684	0.48	0.51	0.51	0.51	0.51			0.43
10日（月）	267,625	-2,980	83,334	-620	0.48	0.50	0.50	0.50	0.53		0.55	0.42
11日（火）	257,084	-1,848	85,200	1,866	0.46	0.49	0.50	0.51	0.51		0.54	0.41
12日（水）	260,526	3,442	85,249	49	0.45	0.50	0.50		0.55	0.53	0.53	0.40
13日（木）	258,048	-2,478	83,282	-1,967	0.43	0.48	0.50	0.51	0.61	0.53	0.54	0.37
14日（金）	255,646	-2,402	83,353	71	0.42	0.51	0.51	0.52	0.51	0.57	0.53	0.37
17日（月）北拓破綻	257,633	1,987	82,762	-591	0.49	0.51	0.51	0.52	0.61	0.67	0.51	0.44
18日（火）	258,727	1,094	81,547	-1,215	0.49	0.51	0.52	0.52	0.52	0.54	0.53	0.44
19日（水）	257,901	-826	80,989	-558	0.48	0.51	0.52	0.52	0.53	0.55	0.6	0.43
20日（木）	256,483	-1,418	84,333	3,344	0.50	0.53	0.53	0.53	0.65	0.55	0.57	0.45
21日（金）	255,019	-1,464	82,370	-1,963	0.54	0.56	0.58	0.59	0.59		0.59	0.50
24日（月）					勤労感謝の日・山一證券自主廃業表明							
25日（火）	266,538	11,519	83,460	1,090	0.51	0.69	0.64		0.60	0.65	0.65	0.48
26日（水）	268,013	1,475	82,111	-1,349	0.57	0.66	0.66	0.66	0.70		0.75	0.54
27日（木）	270,333	2,320	81,235	-876	0.64	0.81	0.88	0.77	0.76	0.60	0.78	0.64
28日（金）	281,859	11,526	83,089	1,854	0.39	0.81	0.65	0.79	1.21			0.41

3　主要国の金融危機対応の枠組みと2008年9月のリーマンショックを中心とした今回の金融危機についてのレビュー

　各国の枠組みは、所謂平時における信用秩序維持政策と緊急時の危機対応に分かれる。本稿での焦点は後者であるが、平時と緊急時の境目を区別することは難しく、信用秩序維持政策についても触れざるを得ない。ここでは、時系列的な経過に沿ってのレビューを行い、政府・中央銀行がどういった役割を果たしてきたかを把握する。

　今次危機について、ごく簡単に事象の展開を纏めると、以下のように概括できる（表1-6）。

3-1　2007年7～9月に発生した欧州を中心としたサブプライム問題を巡る動き――証券化市場の信認低下、IKB（独）、ノーザンロック[38]（英）問題、ヘッジファンド問題等

　2007年央の段階では、金融危機は深刻化しておらず、一部のサブプライム向け住宅ローンの証券化商品（CDO[39]等）に多額の投資を行った金融機関における不良債権問題や流動性問題の顕現化[40]という認識が一般的であった。

　こうした状況を受け、「ほぼ100年ぶりに取り付け」[41]となった英国では、ノーザンロック問題に関して、2007年10月9日の英国下院財務委員会（Treasury Select Committee）において、一義的なモニタリングを行う当局であるFSA[42]のMcCarrthy長官に対して、リスク評価[43]・検査等モニタリングの頻度、FSAから財務省・BOE[44]への報告のタイミングや連携状況等について聴聞が行われるなど、頻繁に金融危機対応のあり方・当局間の連携等について国会（下院財務委員会等）で議論がなされた。

　さらに、2008年1月に公表された英国下院の報告書"The run on the rock"では、ノーザンロックに対するFSAの対応を組織的な失敗と評価する一方で、BOEに対して、金融危機への対応（破綻銀行の処理等）や預金保護対象金融

表1-6　今次金融危機の展開

	危機の性格・ステージ	金融システムへの影響	広がり（地域、業態等）
～2007年9月	サブプライムローン問題	個別金融機関	欧州中心
2007年10月～2008年1月	モノライン問題	金融システム不安（Ⅰ期）	モノライン危機、CDS[45]カウンター・パーティー・リスク[46]の顕現化、米国大手金融機関決算への悪影響顕現化
2008年2月～9月	ソルベンシー（金融機関の健全性）の問題へ深刻化	金融システム不安深刻化（Ⅱ期）	GSEs問題、ヘッジファンド破綻、一部大手証券経営危機（ベア・スターンズ）、CDS問題の深刻化、CP問題[47]発生
2008年9月～11月	大手金融機関の連続的破綻および金融機能の低下	金融システム危機	金融システム機能の低下、一部マーケットの機能不全、投資銀行の消滅、CP問題が一段と深刻化、CDSカウンターパーティーリスクが一段と深刻化
2008年11月下旬以降	実体経済面へ	2009年前半まで金融システムの不安定が継続	大手自動車会社等が破綻、金融制度対応、規制強化の動き

機関への検査官の派遣、個別金融機関の情報提供を命令する権限を付与することなどが提言された。こうした議論を経て、2008年7月には改正銀行法、BOE法の市中協議ペーパーが公表されたうえ、BOEの目的に金融システムの安定確保が加えられ、マクロ的な金融システムの安定に対してのBOEの責任が明確化された改正銀行法やBOE法が2009年1～2月より施行されるに至った。

また、英国FSAによって行われている流動性規制[48]の見直しも検討された。協議ペーパーが2008年12月に示された上で、規制案の最終版[49]が2009年10月に公表された[50]。

政策的なインプリケーションとしては、①流動性確保・モニタリングの重要性、②FSAと流動性を供給する中央銀行の密接な連携確保、③迅速な対応を行うための危機対応における権限および役割分担の明確化の必要性（金融危機時におけるBOE主導の処理〈改正銀行法〉）、④流動性供与主体であるBOEのモニター力向上の必要性、などが指摘できる。

一方、ドイツでは、サブプライムローン問題の影響で経営危機に陥っていたIKB（ドイツ産業銀行）に対して、2007年8月1日にドイツ復興金融公庫（KfW、政府系）が80億ユーロの資金支援（流動性供給）を公表し、連邦政府も支援（流

動性供給）を行った後、最終的に米国投資会社ローンスターが９月に買収を決定することで対応が一段落した。

　こうした中で、８月９日には、フランス大手銀行 BNP パリバ傘下の３つのファンドがサブプライムローン関係証券化商品への投資の失敗から、価格算出、募集、解約、返金の一時中止を発表し、これを契機に為替市場においてユーロ等欧州通貨が一時的に暴落したほか、為替スワップ市場においても一時価格が立たない状況となるなど混乱した（パリバショック）[51]。さらに、７月末にサブプライム関連投資の失敗からベア・スターンズ傘下の２つのファンドが破綻したほか、８月中旬には、ゴールドマンサックスが、傘下のヘッジファンドに30億ドルの資本注入を実施した。このようにファンドを含めたシャドーバンキングシステム[52]の問題が表面化したが、これらに対する中央銀行を含めた監督当局のリサーチ、状況把握は不十分であったと言える[53]。

3-2　2007年10月～2008年１月のモノライン[54] 問題の顕現化と欧米投資銀行での損失計上──欧米大手行の多額の損失が表面化、増資の動き

　2007年10月～2008年１月の局面では、証券化商品の保証を行っているモノライン[55] についての格下げ[56] の動きが起こったほか、証券化商品についての格下げの動きも年末にかけて広がった。こうした中で、モノラインに対して格下げ回避等のために資本注入する動き[57] がみられた。

　モノラインは、保証を行うのみならず、CDS 取引市場において、ヘッジファンドや保険会社（AIG）とともにプロテクション[58] の売り手としての役割を担っていたため、モノラインの業況悪化とともに CDS の問題が一段とクローズアップされた。また、サブプライム関連投資での運用失敗などから、数多くのヘッジファンドにおいて償還停止等の対応がとられた。

　こうした状況下、サブプライムローン関係を中心に欧米の大手金融機関において多額の損失が表面化した（表１-７）。この段階で、サブプライム向け住宅ローンを証券化し、これら証券化した中長期資産である RMBS[59] や ABS・CDO[60] を裏付けに短期の ABCP[61] などを発行し長短金利差による利鞘の獲得

表1-7　欧米主要行の四半期決算・純利益〈net income〉の推移[62]

(単位：億ドル)

		07/2Q	07/3Q	07/4Q	08/1Q	08/2Q
商業銀行	シティグループ	62（▲27）	22（▲54）	▲98（▲232）	▲51（▲160）	▲25（▲107）
	バンクオブアメリカ	58（▲31）	37（▲25）	3（▲78）	12（▲69）	34（▲50）
	JPモルガンチェース	42（▲19）	34（▲24）	30（▲26）	24（▲61）	20（▲38）
	ワコビア	23（▲2）	16（▲15）	1（▲28）	▲7（▲46）	▲89（▲125）
	ウェルズファーゴ	23（▲4）	22（▲7）	14（▲21）	20（▲16）	18（▲23）
投資銀行	ゴールドマンサックス	23（n.a.）	29（▲15）	32（—）	15（▲25）	21（▲8）
	モルガン・スタンレー	26（n.a.）	15（▲14）	▲36（▲94）	16（▲23）	10（▲17）
	メリルリンチ	21（n.a.）	▲23（▲84）	▲98（▲167）	▲20（▲66）	▲47（▲98）
	リーマン・ブラザーズ	13（n.a.）	9（▲7）	11（▲15）	5（▲24）	▲28（▲41）

(注)　（　）内はサブプライム関連損失。具体的には貸倒引当金の積み増し、証券化商品等損失、LBO関連損失、その他（モノライン保証、ヘッジファンド等損失）の合計。各金融機関の開示内容に差があるほか、一部筆者が推計した部分もあるため、計数について幅を持ってみる必要。

を狙うOriginate to Distribute型のビジネスモデルは基本的に破綻したと言える[63]。

　この間明らかになった問題点としては、①格付け会社、モノライン、ファンド等シャドーバンキングシステムに対するモニター・リサーチや規制をどう考えていくか、②CDS等のデリバティブやSIVなどのオフバランス取引機関に対してどう対応していくか、などが指摘できる。これらはいずれも、従前、中央銀行も含めた監督当局の監督対象外であり、モニターが必ずしも十分でなかった領域である。さらに、投資銀行への規制、監督のあり方も問題になった[64]。

3-3　2008年2～9月のベア・スターンズの救済とGSEs問題への対応
――不良債権問題の深刻化がハッキリする中、各金融機関はデレバレッジを積極化

　今回の金融危機の一つの特徴は、投資銀行を中心に高いレバレッジ[65]をきかせてバランスシートを拡大したこと、また単純なレバレッジの拡大ということではなく、より高い利回りの資産のウエイトを高めていったことが挙げられる。逆に、証券化商品のブームがピークアウトすると、高いレバレッジを効か

せていた投資銀行等金融機関がバランスシートを急速に圧縮させていった。一旦このようなデレバレッジ[66]の動きが起こると、「他行に先駆けてデレバレッジを行うことで評価減等をできるだけ抑えたい」「流動性を早めに確保したい」という思惑から資産売却の動きが急速に広がり、一部市場では買い手がつかず価格が立たない状況も発生した。その過程においては、保有していた商品の急速な価格下落や一部資産等の不良化から、市場での資金調達が一時的に困難化するという流動性の問題が発生したほか、個別の金融機関における信用不安という健全性の問題も深刻化したと言える[67]。

具体的には、年明け以降、サブプライム関連投資の失敗により前年7月に傘下のファンドが破綻し、資金繰りが困難化して苦境に陥っていた米国投資銀行大手ベア・スターンズを、3月16日にFRBも関与する形でJPモルガンチェースが買収する形で対応すること[68]が発表された[69]。同社が、プロテクションの売り手としてCDS市場に深くかかわっていたことや決済システムにおいての存在感がこの救済対応の背景にあるといわれている[70]。

次に問題となったのは、GSEs[71]である。マーケット参加者は、サブプライム貸出関連資産やその他の住宅ローン関連資産の価値下落を眺め、GSEsのバランスシートを時価評価した場合の資産内容について、今後の追加損失発生の可能性も踏まえて資本が十分でないと判断するようになったため、株価は急落した[72]。

米国政府は、住宅金融市場の機能低下の影響を勘案し、2008年7月末に住宅・経済回復法を成立させ、GSEsに対する規制・監督を強化したほか、GSEsの株式の購入権限を財務省に付与した。9月7日には、GSEsを連邦住宅金融監督局（FHFA）の公的管理下に置くことを発表した。また、財務省は、GSEsと優先株買取協定を締結したほか、エージェンシーMBSの買入プログラムおよびGSEs向け有担保貸付ファシリティを創設した。

一方、金融システム全体にかかる対応として、2008年3月末に米国の規制・監督体制の見直しに関するいわゆる"Blue Print"が公表されたほか、2008年7月には英国の財務省・FSA・BOEが金融システムの安定に関する市中協議

案を公表するなど、危機管理や規制の枠組みの見直し・強化やマクロ的な金融システム安定化へ向けた取組みなど、一部主要国において自国の枠組みを先行して改善しようという取り組みがみられた。

3-4　2008年9中旬〜11月中旬の大手投資銀行の連続的破綻とその対応
——破綻の連鎖に対する初動対応

　GSEs問題の発生は、証券化商品・レバレッジローン[73]のエクスポージャーが大きく、運用調達構造において負債における短期調達依存度が高かった米国の投資銀行に対するマーケット参加者の懸念を高めることとなった[74]。このため、多くの大手投資銀行が、流動性確保が難しくなり、軒並み経営危機に陥り、国内外の商業銀行、ファンド等からの流動性調達、買収・資本注入・提携等、さらには政府による救済を模索する状況となった[75]。

　こうした中で、9月15日に、大手投資銀行リーマン・ブラザーズが、政府からの救済を受けることなく、連邦破産法第11条の適用を申請し、倒産した。そのほか、バンクオブアメリカ（BoA）がメリルリンチを買収したほか、ゴールドマンサックスおよびモルガン・スタンレーが銀行持ち株会社に移行したため、米国において投資銀行[76]は事実上消滅した。これら、特にリーマン・ブラザーズの破綻は、インターバンク市場の機能の著しい低下、CP市場の不全、証券化商品やデリバティブをはじめとする一部商品の機能停止といった事態を招き、混乱解消にはかなりの時間を要した。一方、経営危機に陥っていた大手保険会社AIGに関しては、CDS市場におけるプロテクションの売り手としてのプレゼンスが大きく、破綻すると多数に上る相手方への影響が大きいことなどから、9月16日にFRBが850億ドルの貸出ファシリティ設定の発表などにより、当局により救済された[77]。さらに、9月25日には、地銀のワシントンミューチュアルがFDICによる強制閉鎖、支店・預金のJPモルガンチェースによる買収が発表された。

　この状況に対して、FRBの個別金融機関への流動性対応（9月16日のAIGへの貸出ファシリティ設定、AMLFスキーム[78]、CP買取制度導入等）、金融

システム安定化策の発表（最大7,000億ドル規模、2年間で不良資産を買い上げるという内容を含む、9月19日）、財政資金投入を含んだ緊急経済安定化法案提出、FDICのシステミックリスク・エクセプション条項の発動[79]等により対応した。さらに、10月14日には、財務省による資本購入プログラム（CPP）[80]、FDICによるTLGP[81]のほか、包括的な金融システム安定化策を公表した。

この間の一連の対応の内容をみると、GSEsを除けば、流動性供与を図りつつも民間金融機関間による買収の模索から、政府あるいは当局が資本注入を含めた危機対応的な施策を新たな法律手当等で行う形へと変化した。すなわち、事後的にみれば、リーマンショックが発生してから1カ月足らずの間に、かなり踏み込んだ対応を行うように変化したと窺われるなど、我が国の不良債権処理対応時と比べるとスピード感は十分有していたようにみえる。

また、リーマンショック等のこうした動きは、海外にも波及し、投資銀行や証券化商品への運用ウエイトが高い金融機関を中心に経営破綻が表面化したため、フォルティス（ABNアムロの持ち株会社）の国有化・公的資金注入（9月29日）、英国でのブラッドフォード・アンド・ビングレーの国有化（9月29日）・資本注入制度等の創設（10月8日）、アイスランドの非常事態宣言および主要行国有化（10月6〜9日）、スイス政府のUBS支援（10月16日）、ドイツにおける政府による銀行救済・資本注入（10月28日ヒポリアルエステート、11月3日コメルツ申請）等、金融のウエイトの高い欧州諸国を中心に、政府が全面的に出た国有化・資本注入等を含めた対応がとられた。さらに、10月の中旬には当初段階における包括的な金融システム安定化策（立法対応）がいくつかの国から打ち出された（独10月13日、仏10月13日、スイス10月16日等）。加えて、10月29日には欧州委員会が加盟国向け特別融資枠拡大等の金融支援も発表した。

この間、①各国中央銀行が協調してのドル調達圧力の高まりに対する協調策（9月18日）、10カ国中央銀行による追加策（9月29日）、国際的な流動性供与（10月13日、主要中銀）等の国際的な流動性対応策、②協調利下げ（10月8日）、10月下旬から11月にかけての主要中央銀行によるさらなる利下げ、③G7の国

際的な金融市場の動揺に対する声明（9月22日）、G7「行動計画」（10月10日）、ユーロ15カ国・緊急主要会議「共同行動計画」、G20緊急サミット「首脳宣言」「行動計画」（11月15日）といった、国際的な協調の動きがみられた。

　こうした中で、マーケットは依然不安定ながらも徐々に落ち着く方向を見せ始め、株価やCDSスプレッドは年明け以降まで厳しい状況であったものの、銀行間取引における流動性リスクやカウンター・パーティー・リスクの状況を示すLIBOR-OISスプレッド[82]は、年末越えの資金繰りにめどがつき始めた頃から大きく縮小をし始めた[83]。

　この局面についてのインプリケーションに繋がる特徴的な事象は、以下のとおりである。

　①米国下院で、緊急経済安定化法案を一度否決（9月29日）。こうした政治的な足並みの乱れは、マーケットでの不安を拡大し、NYダウが777ドル下落するなど、動揺を招いた。

　②ベア・スターンズ、AIGを救済しておきながら、リーマン・ブラザーズを破綻させた政府の対応が、マーケット参加者の不信を招いたこと。一貫しない対応が、市場における疑心暗鬼を招いた一方で、TBTF（too big to fail）問題[84]を惹起した。

　③10月上旬以降は、政府・中央銀行等が一体となって可能な政策を総動員し（包括的かつ小出しではない大規模な対応提示）、議会（政治）とも足並みが揃ってきたことから、マーケットがようやく落ち着きを取り戻し始めるに至った。

3-5　頑健性の確認と規制強化への流れ、実体への影響（倒産、雇用等）
　　　——2008年11月中旬以降、2009年までの動き

　11月中・下旬以降、依然としてCDSスプレッド、社債の対国債スプレッドの拡大が継続、CP市場も円滑に機能しないなど厳しい状況にあったが、年末越え資金に目処がつくと、初期のパニック的な状況からは徐々に脱出していった。また、2009年入り以降は、ABS、MBS等の証券化市場は機能不全状況が

長く続いたものの、社債市場、CP（コマーシャルペーパー）市場、CDS市場等については不安定さを残しながらも徐々にスプレッドを縮小させ、夏場以降は多くの金融市場で機能が回復し、落ち着きを取り戻した。この間、政策的な対応としては、①包括的な追加策や個別対応策が打ち出された一方で、②ストレステストの実施等による金融システムの健全性の確認が行われるとともに、③（平時の）制度・規制の枠組みに関する議論が進展していった。一方、実体面においては、全体として落ち着きを取り戻す一方で、米国大手自動車会社が連邦破産法の適用[85]になったほか、雇用面等で悪化が進行した。

この間の対応状況をみると、まず、米国では、①引き続き国際協調的路線を継続（ただしG7ベースではなくG20ベース中心）、②各国が金融緩和的な対応を続ける一方、金融システム関係としては、③資本注入、不良資産買い取り等、当初段階で打ち出した対応の具体化（2008年11月25日8,000億ドル規模の金融システム安定化策、2009年2月10日オバマ政権下での金融システム安定化策の公表、3月23日不良債権買取プログラムの具体的な内容公表）や特定分野等への新たな技術的な対応の追加（11月15日SSFIP[86]、11月25日TALF[87]、12月31日AIFP[88]等）、④金融市場の不安定さを抑え懸念が再発することを防ぐために頑健性を確かめるためのストレステスト等を発表・実施したこと（2009年2月25日発表、5月7日結果公表）等、比較的早い段階で必要な対応をとってきたことが挙げられる。また、制度改革への動きがみられ、⑤2009年3月26日に財務省が金融規制改革のフレームワークの概要を公表、これをうけて6月末に一連の金融改革法案が議会に提出され、審議された。この間、3月には、FRBの独立性を確保する観点から、財務省・FRBが「金融・通貨の安定維持におけるFRBの役割に関する共同声明」を公表した。

一方、欧州においては、英国の資産買い取りファシリティの増枠（2009年5月7日）やアイルランドの不良資産買い取り機構の設立（2009年4月7日）等の動きが引き続きみられた。さらに米国同様、金融システムの健全性を確認するため、欧州銀行監督委員会[89]が、2009年10月1日に欧州大手行22行に対するストレステストの結果を発表した[90]。

こうした中で、シャドーバンキングシステム[91]も含めた金融機関への監督・規制の枠組みを見直す動きが広がり、バーゼル委員会[92]が「銀行危機の教訓に対処するための包括的戦略」を2008年11月20日に、欧州委員会諮問グループ（ドラロジェール・グループ）がドラロジェール・レポート[93]を2009年2月25日、それを受けた金融監督・監督の見直しに関する声明を3月4日に、欧州委員会が新たな銀行監督体制に関する声明を5月27日に発表した。英国でも、2009年3月18日にFSAからターナー・レビュー[94]が2009年7月8日には財務省から銀行監督制度に関する法案審議のための草案 "Reforming financial markets" が公表され、既存の財務省・FSA・BOEによるTripartite Supervisory Systemの枠組みは維持する一方、新たに財務大臣を議長とする金融システム安定化委員会[95]を設置し、必要な際には連携することなどが提案された[96]。これら規制・監督の見直しの動きは、シャドーバンキングシステムやオフショア市場への監視を強めるなど、監視・監督の範囲を広げるほか、国際的な協力体制の強化を求めるなど、規制強化的な内容となった[97]。規制の枠組みについては、バーゼル委員会を中心に、①最低自己資本比率の見直し、②自己資本の質の見直し、③プロシクリカリティへの対応（好況期に資本を積み上げ、不況期に資本を取り崩すスキームをつくることで、個別金融機関の危険回避行動が実体経済にマイナスに働かないようにする）、④レバレッジレシオ規制、⑤流動性規制といった点について議論された。

4　両者の比較（両危機の事象面、政策対応面での相違点）

以下では、今次金融危機と90年代の我が国不良債権問題を比較し、その特質や政策対応、危機対応の前提となっている制度等について、今後の政策面へのインプリケーションを踏まえつつ、類似点・相違点を明らかにする。

4-1　危機における事態進行の速さの相違

今次金融危機と90年代の我が国における不良債権問題発生時について、マク

ロ面の状況やメルクマールとなる事象等を中心に、事態の展開、制度面での対応等を比較する。危機発生の根本的な原因の一つとして不動産価格の暴騰があることや、大手金融機関の破綻、一部業態が消えたこと、関連損失額の規模が極めて大きいこと等、共通の部分も見られるものの、危機の波及のスピード、国際的な広がり、業態的な広がりの程度、セーフティネットの整備状況、会計対応面等で大きな相違があったことがわかる（表1-8）。

　このうち、事態の展開のスピードは、90年代の我が国の不良債権問題発生時については、97年11月あるいは98年10～12月など一時的に急展開した時期はあるものの、基本的には金融機関融資が不良化する伝統的な「銀行型システミックリスク」[98]であることから事態の進展は総じて速くなく、一方、今次危機については、証券化商品というマーケットで広く取引されている商品を起点として起こった「市場型システミックリスク」であったため、極めて早い事態の展開となり、対応も、初期の段階でのマーケットに対する流動性供給を始め、資本注入、ストレステストによる安定性確認等をスピーディに行ったようにみえる。

　因みに、今次危機における大きな特徴となっている事象の進展や政策展開の速さについて、それぞれの危機における大手行の最初の破綻時点（今次危機2008年9月15日、90年代の我が国1997年11月17日）をポイントとして時間的関係をみると、以下のとおりである（図1-1）。これをみると、特に政策面で大手行の当初破綻から、公的資本注入決定までの時間、個別主要行の検査・ストレステスト等の不良債権額や金融システム安定性の確認までの時間については、際立った差があったと言える。

　こうした今次危機の展開を勘案すると、金融危機発生後、早い段階で大規模かつ抜本的な対応を行いうる体制を整えることが必要であることがわかる。危機の展開が当初予想と大きく異なる可能性や、市場性商品をきっかけとした危機の場合には危機拡大のスピードが速いことなどを考慮すると、危機管理の枠組みは弾力的なもので、かつ、危機の性格を的確に押さえた上で状況に合わせて大規模かつスピード感を持って対応すべきであると言える。

第1章　バブル崩壊後の我が国金融危機といわゆるリーマンショックの比較

表1-8　今次危機と90年代我が国における不良債権問題とのマクロ的な事象等の比較

	今次危機	90年代我が国不良債権問題
マクロ環境	長期的な低金利環境とマネーの膨張	長期的な低金利環境とマネーの膨張
根源的な原因	住宅市場のバブル	不動産（土地）市場、株式等のバブル
危機の性質	市場型システミックリスク 危機の波及は非常に早い。	銀行型システミックリスク 我が国の90年代の危機に比べ危機の伝播速度は遅い。
業態的な広がり	ヘッジファンド、住宅金融専門会社、モノライン、GSEs、銀行・証券（投資銀行）、保険会社にまで広がるなど、広がりは大きい。	我が国の90年代の危機の場合には、範囲は住専および銀行（含む信用組合等）・証券にとどまり、全体からみれば銀行中心。今次危機と比べるとその広がりの範囲は狭い。
国際的な広がり	米国だけではなく、欧州ほか全世界的に広がり	金融機関の破綻に関しては、国内問題の扱い
業態の変化	投資銀行が消滅	長期信用銀行が消滅
事後の商品の変化	サブプライムCDO、CDOの2乗等の流通市場は消滅	使途自由型大型ローン、LTV（Loan to Value、借入額/担保価値）が100%超の住宅ローン等の商品は消滅
事態の進展の中での市場関係者にとって予想外の出来事の例	・パリバショック〈2007年8月〉でのリスクの増大 ・ベアースターンズに救済したにもかかわらずリーマン・ブラザーズを破綻させたこと〈⇒CDS、CP、短期金融市場の機能低下〉	三洋証券の会社更生法適用によりコールローンがデフォルト〈⇒短期金融市場が機能停止〉
最初の金融機関破綻からメガバンクの破綻までの時間	1年2ヶ月（1年5ヶ月） ・IKB破綻〈2007年4月〉、住専ニューセンチュリー・ファイナンシャル破綻〈2007年4月〉⇒リーマンショック〈2008年9月〉	2年11ヶ月 ・三信用組合破綻〈1994年11月〉⇒都市銀行破綻〈1997年11月〉
メガバンク破綻から危機収束までの時間	リーマンショック以降米国では大きな破綻は生ぜず、NYダウ1万ドル割れ（08/10）から回復（09/10）まで1年経過	6年0ヶ月 ・都市銀行破綻〈1997年11月〉⇒足利銀行破綻〈最後の大きな破綻、2003年11月〉
規模	IMF試算（2009年10月GFSR）：累積損失額3.4兆ドル（銀行・保険会社・ヘッジファンド）	GDPの約2割に当たる110兆円強の不良債権処理損（全銀ベース、債権、引当等）
セーフティネット整備	一応整備されていた。	当初段階では未整備、これを契機に整備が進展した面がある。
会計面	公正価値会計、時価会計への対応が進行。	未整備（特に引当ルール）
透明性（ディスクロージャー）	金融機関は、四半期開示で、透明性も高い。金融機関は比較的高い一方、ヘッジファンド等の透明性は低い	金融機関は、半期開示あるいは年度開示で、当初段階では不良債権も開示されていなかった。

図1-1　金融危機とリーマンショックとの事態の進行スピードの比較

【今次危機】　　　　　　　　　　（　）内の月数はリーマン・ブラザーズが破綻した2008年9月15日との時間差

▼中小金融機関：2007年8月1日ドイツ産業銀行IKB流動性危機（▲14カ月）⇒2008年2月13日ドイツ復興金融公庫金融支援表明（▲7カ月）、2007年9月14日ノーザンロックのBOEへの金融支援要請（▲12カ月）⇒2008年2月13日英政府がノーザンロックの一時国有化を発表（▲7カ月）
▼ヘッジファンド：2007年7月31日ベア・スターンズ傘下の2ファンドが破綻（▲14カ月）、2007年8月9日パリバ傘下の3つのファンドが解約停止等の措置〈パリバショック〉（▲13カ月）
▼住宅金融専門会社：2007年4月2日ニューセンチュリー・フィナンシャル（業界2位）破綻（▲17カ月）、6月18日フレモントジェネラル破綻（▲15カ月）、7月カントリーワイド経営危機（▲14カ月）⇒2009年1月11日バンクオブアメリカのカントリーワイド買収計画発表（＋8カ月）
▼モノライン：2008年1月16日Ambic格付け見直し（▲8カ月）、1月17日MBIC格付け見直し（▲8カ月）
▼GSEs：2008年7月13日にGSEs支援策公表（▲2カ月）⇒2008年7月30日住宅経済回復法等が成立（▲2カ月）
▼大手行・大手証券：2008年3月16日ベア・スターンズを救済（▲6カ月）／2008年9月15日にリーマン・ブラザーズ破綻（±0カ月）⇒9月16日にAIGに対する850億ドルの貸出ファシリティ設定（個別金融機関への流動性）⇒9月19日に金融システム安定化策を発表（＋0カ月、7,000億ドル規模のスキーム）⇒10月3日に緊急経済安定化法成立⇒10月14日資本購入プログラム発表（＋1カ月、2,500億ドル）⇒2009年2月25日にストレステストの内容公表（＋5カ月）⇒5月7日ストレステストの結果公表（＋8カ月）

【90年代我が国】　　　　　　　　（　）内の月数は北海道拓殖銀行が破綻した1997年11月17日との時間差

▼中小金融機関：1994年12月9日二信用組合破綻（▲35カ月）⇒1995年3月20日東京共同銀行設立（▲32カ月）
▼住専：1992年頃住専の経営への懸念台頭⇒1995年12月25日住専への財政資金投入決定（6,850億円）（▲23カ月）
▼大手行・大手証券：1997年11月3日三洋証券、11月17日北拓（±0カ月）、11月24日山一破綻（11月26日徳陽シティ）⇒1998年2月15日金融安定化2法（＋3カ月）⇒1998年3月31日公的資金注入（佐々波委員会1.8兆円、＋4カ月）⇒1998年7月2日金融再生トータルプラン（主要19行に対して日銀と連携しつつ集中検査することを発表、＋8カ月）⇒1998年10月16日金融早期健全化法25兆円枠（＋11カ月、99年3月から02年3月にかけて32行に対し8.6兆円）⇒10月23日長銀破綻⇒12月1日金融再生法（特別公的管理）⇒12月13日日債銀破綻⇒1999年3月31日大手行15行への資本注入7.5兆円⇒2002年10月30日金融再生プログラム（不良債権比率半減を目標。厳しい検査……＋59カ月）
▼上記以外の枠組みに関するもの：1998年3月30日新しい金融検査に関する基本事項（自己査定の導入）、1998年4月1日早期是正措置導入（＋5カ月）

4-2　制度的枠組みの相違

次に、危機発生時点での制度的な枠組みの違いについて触れたい（表1-9）。

まず、90年代の我が国の不良債権問題発生時における我が国の状況をみると、中央銀行は立ち入り調査を行うが規制・監督当局ではない（ただし国際的な議論には関与）という中途半端な存在であり、特に立ち入り調査については、98年4月の現行日銀法の施行まで明文化された法律では規定されていなかった。さらに、我が国の場合には、政府・中央銀行混成のチームを編成して立ち入り調査を実施したケースはなかった。

　一方、米国では、法律根拠が明確となっており、従来からFRB・各連銀、OCC、FDIC等監督組織が必要に応じて協力しているほか、今次危機の対応においてもSCAP[100]のスキーム、調査結果を共同発表[101]するなど、必要に応じて一体的な運営ができていたと思料される。

　また、セーフティネットの整備状況についても、90年代の我が国の不良債権問題発生時においては整備がなされておらず、90年代後半になって整えられた一方で、米国の今次危機においては、整備がひととおり済んでいたことは大きな相違である。

　次に、両局面における中央銀行の役割、金融制度を巡る議論の動向をみると、90年代の我が国の不良債権問題発生時と今次危機においては、議論の方向性が大きく異なっているように窺われる。80年代後半から90年代においては、例えば、英国（97）、豪州（98）で銀行に対する監督権限を中央銀行から切り離すなど、金融政策とLLR機能との間の利益相反の回避、中央銀行の独立性に対する懸念（政治からの干渉機会が増加）[102]といった見地から、中銀から銀行監督権限を切り離す動きがみられ、むしろ金融政策の独立性に焦点を当てて議論が展開された面が強い。一方、今次危機においては、中央銀行が日常的に金融市場、決済システムにアクセスするなど情報収集に関する範囲の経済性や金融政策との協調が容易であること、金融に関する専門知識を保持していることやリサーチ機能などを背景に、金融システム安定化のため中央銀行の機能を強化する動きが各国においてみられたことが窺われる[103]（表1-10）。

　なお、こうした最近の中央銀行の機能強化の方向での議論の一つの背景として、中央銀行のモニター機能・リサーチ能力の存在があるが、今次金融危機の

表1-9　危機発生時点（今回：2008年9月、日本：1997年11月）の制度的枠組みの比較

	今次危機（基本的に米国）	90年代我が国不良債権問題
規制の枠組み	英国はプリンシプルベース[104]、米国はルールベース[105]的色彩が強い。	裁量的（90年代後半はルールベースへ）。
規制緩和	米国では、グラス＝スティーガル法の改正が一つの契機。	金融ビッグバン、一方で土地規制強化。
規制の対象	格付け会社、ヘッジファンド等は規制無し。投資銀行への規制に隙間。	住専に対する規制に隙間。
セーフティネット等の整備状況	預金保険、システミック・リスク・エクセプションの規定など、一とおり整備済み。	98年2月の金融2法（預保法、金融機能安定化法、98年10月の金融健全化法の立法・改正等までは枠組み未整備。
中央銀行制度の整備状況	主要国は90年代に整備。例えば、英国は97年に金融政策はBOE、プルーデンスはFSAという形で整備。EUについては、金融政策はECB、プルーデンスは各国対応。	98年4月に現行日銀法施行。
中銀のマクロプルーデンス対応・モニター	FRBを除く多くの中銀でFSRを発行しており、マクロプルーデンスにかかる調査を実施。	当時はマクロ・ストレステスト等を行わず。─FSRは2005年8月10日より公表。
中銀における検査への位置付け	アンブレラスーパーバイザーとして許認可権を持ち、検査を当局として実施。	法的根拠は、条文上はなし。⇒98年4月の日銀法施行により個別金融機関との間での考査契約の根拠が明確化。
流動性供給機能	中央銀行中心（預金金融機関向け：Discount Window[106]、TAF[107]等）	中央銀行中心（据置貸付、補完貸付、特融、オペ等）
資本注入機能	今次危機においては発生後の立法による対応が中心。	1997年11月時点ではなし（一定の条件のもとに奉加帳方式[108]での出資・資本注入、日銀特融）
不良資産買い上げ機関	事前的にはなし（09年3月23日不良資産買上プログラム発表）。	共同債権買取機構、東京共同銀行、整理回収銀行・機構等で対応
会計ルール設定主体	民間の団体であるFASB（Financial Accounting Standards Board：米国財務会計基準委員会）が取極め。	金融検査マニュアル（最終版公表99年4月）までは、不良債権の認定等は当局による判断が中心。会計ルールも実質的に当局（大蔵省）が決定。

急速な展開や端緒となった金融商品の複雑さ等を勘案すると、中央銀行は、金融機関の状況把握、市場実態把握、ストレステストの的確な実施など、さらにモニター機能等を高める必要があると言える。

4-3　政策対応の相違

金融危機発生後の政策対応においても、90年代の我が国の不良債権問題発生時と今次危機では相違がみられた（表1-11）。すなわち、90年代の我が国不良

表1-10 今次危機における中央銀行の金融安定化機能強化の方向での議論

―09年末現在、進行中の案件が大半。米国以外は、中央銀行のプルーデンス機能強化の方向での議論、対応が多い。

国	時　点	資料、法律等	内容・コメント
米　国	2010年7月	金融規制改革法	・当初、銀行監督権限を一元化する案が打ち出されたが、最終的には、新たに創設される金融安定監視評議会（Financial Stability Oversight Council）の下、FRBはノンバンクも含めた金融機関への監督権限を有しつつ、金融安定維持のための機能を担う内容となった。なお、GAO（Government Accountability Office）が連銀法13条3に基づく貸出等を検証。
英　国	2009年2月	Banking Act	・金融危機対応におけるBOEの役割を強化。具体的には、金融機関の破綻前対応・破綻後処理（Special Resolution Regime）をBOEが主導することを規定。一方で、立入調査の権限付与は見送り。
英　国	2009年3月	Turner Review（ターナー・レビュー）	・マクロプルーデンス強化の観点から新しいBanking Actに基づいてBOE内に設置されるFinancial Stability CommitteeをFSAとのJoint Committeeに改組することを提言。
英　国	2009年7月	H M Treasury White Paper "Reforming Financial Market"	・連携強化を提案（2010年6月までに実施）。具体的には、財務相を議長とし、財務省・BOE・UK FSAから構成されるCouncil for Financial Stabilityを設置し、必要な際には当局間で連携。
英　国	2010年7月	H M Treasury "A new approach to financial regulation"	・金融監督に関するこれまでのTripartite system（財務省・BOE・UK FSAによる協力体制）は失敗したと位置づけ、FSAを解体し、2012年までに金融機関の健全性監督機能をBOEに集中する一方、消費者や投資家の保護等に関しては他組織に移管する方針を打ち出した。
ドイツ	2009年10月	メルケル政権続投の際のキリスト教民主・社会同盟（CDU/CSU）と自由民主党（FDP）との政策合意書	・独連邦金融監督庁（BaFin）とブンデスバンク（BBK）に二元化している銀行監督権限のブンデスバンクへの一本化を提言。 ―FDPは破綻したヒポリアルエステートに対するBaFinの責任を追求しこの解体（銀行・証券・保険を全てBBKが監督）を主張。CDUは証券監督機能についてはBaFinに残し、銀行・保険をBBKが監督することを主張。今回の連立合意では銀行監督についてBBKに一本化する方向性が示された。
フランス	2009年7月	経済産業雇用省決定（オルドナンス〈行政立法〉が国会で承認）	・銀行監督機関（銀行委員会）と保険監督機関を統合し、中央銀行総裁が議長を務める新監督機関「健全性監督機関」（仮称：Autorite de congorole purudentiel）に銀行・保険監督機能を一元化することを打ち出した。中央銀行は、同機関を実務面で支える（スタッフ派遣等）。
ベルギー	2009年10月	首相の一般政策提言（general policy statement）への対応	・（フォルティスの破綻を契機に）金融機関の監督権限を中央銀行に集中させ、金融保険委員会（CBFA：Belgian Banking, Finance and Insurance Commission）については、市場監視、消費者保護等に特化させることを決定。移行委員会を設置済み。今次リフォームは、"Low of 2 August 2002"に沿ったもの。

債権発生時においては、セーフティネットや関連法制が整備されておらず、事前に対応策が決まっていない状況下、財政資金投入や日銀特融といった異例の対応を実施するに当たり、関係機関、政治との合意形成や国民的なコンセンサスを得るために時間が必要であったことなどから、実際の政策対応までにかなりの期間を要したと言える。

さらに、対応の方法についても、小出しかつ数次に渡り行ったため、不良債権の早期抜本処理に繋がらず、内外からの政策不信を招いたと言える。また、前述したとおり、例えば混成チームを組成しての検査例がないとか、山一向け特融のロス負担を巡っての認識のズレなど、政府・中央銀行間の一体性は、今次危機における米国ほどではなかったように窺われる。

このように90年代、我が国の不良債権問題への対応時間を要した理由としては、本問題が重大な問題とは認識していたものの、大蔵省の財金分離や不祥事対応、日銀法改正・独立性への対応など大きな問題が山積で、権限が集中していた大蔵省が必ずしも組織の力を発揮して司令塔として十分機能できる状況にはなかった面があることも指摘できる。

一方、今次金融危機においては、各国とも概ねセーフティネットが整備されていたことに加え、政府・中央銀行が一体となって協力する形で、総じて速やかに、資本注入等も含めた政策パッケージを打ち出したことから、一時的には株価が大きく下がる局面もみられたものの、我が国の90年代と比べれば事態の沈静化までの時間は相対的に短かったと評価できる。

この中で特に有効であったと思われるのが、複数の政策当局や民間金融機関との共同での資金供与、融資（LLR）等において、予め一次ロス、二次ロスの負担割合を決めておく、ロスシェアリングの事前決定ルールである。これにより、市場からの不安を軽減できたほか、ロスが発生した場合のロスシェアを予め明示的に決めておくことで、その後の各機関間での調整コストを極小化したことは、山一證券処理において寄託証券補償基金制度に絡んだ政府と中央銀行との間で意思疎通不十分、住専処理における農林系に対する資本注入において国会での議論紛糾など、調整コストが大きかった我が国のケースと対照的であ

表1-11　90年代日本と今回金融危機における政策対応の違い

	今次危機（米国等）	90年代我が国不良債権問題
全体的な対応	当初段階で大規模な対応策（流動性供与、資本注入等）を一気に実施。規制見直しも並行的に検討。	当初段階では対症療法的に対応し、戦略的かつ大規模・厳格な対応をとり切れず。
公式的な金融機関への対応スタンス	「TBTFの問題を放置すれば、市場規律が機能せず、市場参加者の行動が歪む」（2009年3月10日FRBバーナンキ議長講演）109)	事態が相当進行した局面でも「大手行は一行たりとも潰さない」（三塚大蔵大臣、97年2月）というスタンス。
セーフティネットの変更	預金者保護上限を10万ドルから25万ドルへ引上げ（2008年10月緊急経済安定化法）。	ペイオフ全面解禁の延期（実施時期を2003年4月から2005年4月へ2年延期）。
検査での協力関係	ストレステスト（2009年5月7日結果発表）をFDIC、OCC、OTSと共同で実施。	政府・中央銀行混成のチームを組成しての検査は実施せず。
流動性供給面での対応（中銀）	預金金融機関向け：Discount Windowの拡大・期間延、TAF（07年12月導入）の増額等 プライマリーディーラー向け：ターム物オペ、ベア・スターンズ向けディスカウント・ウィンドウ（08年3月）、エイジェンシー債買切、長国買切等 その他：AMLF（MMF向け）、CPFF（CP発行体向け）、TALF（個人等のABS保有者）	日銀による流動性供給。 オペ、個別貸付等。
準備預金付利	2008年10月9日開始	なし（今次局面で、2008年11月16日より実施）。
金融緩和（量的緩和）	2008年12月よりFF金利の誘導目標を0〜0.25％へ。	99年2月よりゼロ金利政策、量的緩和政策を実施、01年8月から量的緩和。
LLR（中央銀行個別融資）	JPモルガンチェース向けファシリティ導入（ベア・スターンズ処理に際し08年3月導入）、CITI向け流動性支援（08年11月、ロス負担有り）、Bank of America向け流動性支援（09年1月、ロス負担有り）等	LLR機能は、①通常業務・有担保貸付33条（旧法20条）、②金融機関に対する一時貸付37条（旧法25条）、③信用秩序維持のための特融38条（旧法25条）の3つ。95〜05年に23件実施。
ロス負担	政府・中銀が連携しており、予めロス負担ルールを決めたうえでLLR等を実施。 ▼JPモルガンチェース向け：全300億ドル、うち10億ドルまでの一次ロスはJPモルガンチェース、それ以上はFed負担。 ▼CITI向け：住宅ローン等3,010億ドルを担保とした融資。CITIによる一次ロス負担395億ドル、政府・FDICによる二次ロス負担150億ドル、CITIによる二次ロス17億ドルを超える部分については、Fedが9割を負担。 ▼BoA向け：デリバポート1,180億ドルを担保とした融資。BoAによる一次ロス負担100億ドル、政府・FDICによる二次ロス負担100億ドル、BoAによる二次ロス負担11億ドル超の部分についてはFedが9割を負担。	日銀特融は以下の実損発生（実施時点においてはロス負担の取り決め無し）。 ・東京共同銀行向け200億円（95年1月〜99年3月）につき99年3月の預保への売却に伴い164億円の損失計上。 ・新金融安定化基金向け1000億円（96年10月）のうち日債銀向け出資分800億円については99年度決算で償却。 ・山一證券向け特融（99年11月）1兆2,000億円のうち1,111億円については回収不能化。 ・日銀特融四原則に従いロスが出ないように実行。

資本注入状況	・緊急経済安定化法（08年10月3日）に基づきTARPllo）資金から最大7,000億ドル注入可能。 ・予防的措置として大手9行への計1,250億ドルを含め、500行超へ2,000億ドル弱を注入。	・旧金融安定化法（98年3月）1.8兆円（21行）。 ・早期健全化法（99年3月〜02年3月）8.6兆円（32行）。 ・預金保険法（03年6月）2兆円（りそな）。 ・組織再編法（03年9月）60億円（関東つくば）。 ・金融機能強化法（06年11、12月）405億円（2行）計12兆円。
資産買い上げ機関による対応	・2009年3月23日不良資産買取プログラム発表（官民共同の不良資産買取基金）。	・共同債権買取機構、東京共同銀行、整理回収銀行、住宅債権管理機構、整理回収機構等。
株式買取対応	— （米国では金融機関保有の株式エクスポージャーが小さく、必要なし）。	・政府：銀行等保有株式取得機構02年1月設立、02年2月〜06年9月までに1兆5,868億円買入。 ・日銀：02年11月〜04年9月に2兆180億円買入。
会計面の影響、会計面での対応	・2009年4月にFASB（米国財務会計基準審議会）が時価会計の緩和措置を発表し時価会計基準の緩和を決定（FSP115-2、FSP124-2で「一時的でない減損の認識と開示」を4月9日に公表し、減損が一時的でないことを判断する要件を明確化する形で見直し）。	・98年3月期決算に係る蔵銀通達の廃止で、銀行保有の上場有証につき原価法が使用可能になったことが、97年秋からのジャパンプレミアムが再拡大に繋がった。 ・多額の信用コスト発生継続に対応し、2002年10月に主要行にDCF法導入（100億円以上の先）等の対応。繰延税金資産への対応等。

る。

　簡単に纏めると、今次危機において、米国当局は、①速い段階から流動性大量供給したほか大規模な資本注入を含めた本格的な対応を行うなど総じて速やかで大規模な対応であったこと、②政府と中央銀行の足並みは揃っており、概ね一体的な対応を行ったこと、③金融制度や規制に関して強化する方向での対応を概ね一貫して施行したこと（会計面での対応を除く）、④国際協調的に行動したこと、等が指摘できる。一方、90年代の我が国の不良債権問題発生時については、①資本注入や金融機関の処理促進など本格的な不良債権への対応策を打ち出すまでにかなりの時間を要したほか、流動性供与についても必ずしも十分なものではなかった可能性があること、②米国と比べると政府と中央銀行の協力関係は必ずしも緊密ではなかった部分があること、③金融制度や規制については整備途上であり、例えばセーフティネットなどは、当時の対応によっ

て漸く整備されたこと、④我が国金融機関の不良債権に止まっていたこともあり、対応においては国内での枠組みづくり・コンセンサスづくりに時間を要したため、諸外国から非難を受けていたこと、等の相違点を指摘できる。

なお、現在、我が国においては、すでにシステミックリスク・エクセプションのルールが整備されているが、実際の政策対応に当たり、今次金融危機のような市場を通じて急速に危機が広がる市場型システミックリスクの場合にもタイムリーかつスムーズに抜本的な対応を打ち出し得るよう、例えば、必要に応じて市場等に精通した専門家に対して一定の条件をつけた上で意思決定の権限を授権できる仕組みを構築するなど、さらに改善・工夫を検討すべき部分があると思料される[11]。

注
1） 本章の内容は、植林［2011a］をベースとしている。
2） 本稿において、我が国の「金融危機」としている時期は、金融機関の破綻が始まった90年代央から不良債権がはっきりとピークアウトした2002〜2003年頃までを想定。
3） 裁量的な対応の例としては、例えば1965年の山一證券の経営危機に際して実施した日銀特融など。
4） 櫻川［2006］参照。
5） 銀行、信金、信組および証券を含むベース。内訳は、銀行20件、信金27件、信組134件、証券7件。なお、この間の保険会社の破綻処理は生保7件、損保2件。預金保険機構HP参照。
6） 金融監督庁は金融危機対応等のため企画・立案機能は大蔵省に残置させていたが、2000年7月の金融庁発足に伴い金融機関する監督・検査機能と企画立案機能が統合され、所謂「金融行政の一元化」が実現。
7） 久原［2003］脚注56参照。
8） 櫻川［2006］などの整理を参考に筆者が作成。
9） 大蔵省に在置していた金融制度の企画立案機能および金融再生委員会の機能を統合。
10） 我が国においては、金融審議会での議論を経て2007年7月から進められたベター・レギュレーションの取組みの中で打ち出されている。2007年12月金融庁「金

11) 例えば西野［2001］12ページなどから窺い知ることができる。
12) 例えば、住管機構・中坊社長（当時）は「国民にこれ以上の二次負担をかけないということをまさに公約といたしました」（1997年12月6日参院・大蔵委）といった趣旨を再三発言。
13) もっとも、実際には、経済担当大臣と金融担当大臣が兼務するケース（竹中平蔵 2002～2003）、財務大臣と金融担当大臣が兼務するケース（中川昭一 2008～2009）もみられた。
14) 四季報、ディスクロ資料より作成。
15) 典型的な事象としては、1965年の山一特融の事例が挙げられる。草野［1989］参照。
16) 早期是正措置については、1996年6月に導入が決定され、1997年度より導入、1998年3月には通達「新しい金融検査に関する基本事項について」（蔵検第140号）が出され、自己査定の導入と検査方式の転換が示された。
17) 金融システム全体を混乱に陥れそうな破綻事例が発生した場合に、原則的な対応（資金援助方式、ペイオフ）とは異なる例外的な対応（我が国においては、ペイオフコスト超の資金援助、公的資本注入、金融債務全額保護、一時国有化）を適用すること。我が国においては、預金保険法第102条で規定されている。
18) 1999年4月に金融検査マニュアルの最終取り纏め公表、1999年度より金融検査マニュアルが導入された。
19) 日銀も、それまで内部の資産査定要領に基づいて査定を行っていたが、1999年夏より金融検査マニュアルに依拠した体制で実施するに至った。
20) 例えば、金検マニュアルのⅡ分類、Ⅲ分類、Ⅳ分類を、日本銀行考査ではそれまでS、D、Lと称した。
21) 特に大きなもののみを纏めた。
22) 例えば、『金融監督庁1年（平成11事務年度版）』では、「(1) 金融検査体制の整備については、平成11年度において、<u>検査官の定員を大幅に増員するとともに、各業態を専門的に担当する部門制を採用し</u>、業態毎の特色に対応した、より専門性の高い深度ある検査の実施に努めている」（アンダーライン筆者）と記載されている。
23) 1996年11月中央銀行研究会「中央銀行制度の改革——開かれた独立性を求めて——」参照。
24) 英国では、1998年6月施行のイングランド銀行法、1999年1月施行の「金融サービス及び市場法」により金融政策は中央銀行が行う一方、プルーデンス政策のう

ち立ち入り調査は一元的にFSA（Financial Services Authorityの略。英国の金融監督当局）に移管。
25) 豪州では1996年の法律改正により、1998年7月1日から、銀行監督権限がReserve Bank of AustraliaからAustralian Prudential Regulation Authorityに移管された。
26) 1999年5月に業務報告書において、特融の実施にあたり「①システミック・リスク（金融機関の破綻等が金融システム全体に広がるリスク）が顕現化する恐れがあること、②ほかに資金の出し手がいないこと、③モラルハザード防止の観点から、関係者の責任の明確化が図られるなど適切な対応が講じられること、④日本銀行自身の財務の健全性維持に配慮すること」を4原則として整理し、対外的に明らかにした。
27) 1999年5月28日日本銀行政策委員会「山一證券について破産申立てが行われた場合における同社にかかる日本銀行法第38条第2項に基づく貸付けの運営に関する件」。
28) 当時の大蔵大臣は自民党三塚派会長の三塚博氏。
29) 同寄託証券補償基金の財務基盤充実等が日銀特融返済財源となる筋合い。例えば、1998年4月7日参議院財金委員会において、社民党三重野栄子議員の「山一向け特融の回収見通し」についての質問に対し、日銀本間理事は「万が一、債務超過に陥った場合でも大蔵大臣談話で示されているように寄託証券補償基金の財務基盤充実等により返済原資は確保されるものと思う」と答弁。
30) 1998年6月2日日本銀行総裁談話。
31) 同談話については、約1年半後の1999年6月1日の財務大臣記者会見でも、やり取りがある。（財務省HP記者会見記録）。財務省HP記者会見記録の関係箇所を抜粋すると、以下のとおり。
　質問：「山一證券の自己破産申請に伴う特融の焦げ付き問題ですが、これまでも大臣は時間をかけてというお話でしたが、時の三塚蔵相が寄託証券補償基金制度の法制化と財務基盤の強化ということを談話で、いわば公約した格好になっていますが、この言葉の重みについては……」
　宮澤財務大臣：「重みはあるな」
　質問：「ということは、それは今も公約として生き続けているという意味でよろしいわけですか」
　宮澤財務大臣：「そうでしょうねえ。それで全部片付くかどうかということが問題なんでしょう」
32) 1997年11月26日日経金融新聞「BOJウォッチャー」欄。

33) 信用力の低下等を背景に借入限度額を圧縮されること。
34) 1997年11月27日日経金融新聞「ポジション」欄。
35) 例えば、軽部・西野［1999］によれば、「……会社更生法がデフォルトを引き起こすこと、その結果、金融市場が、金融市場が萎縮する恐れがあることを正確に認識していた人間はごく一握りだった、と銀行局関係者は証言している」(249ページ) と記載されているなど、短期金融市場の機能が大幅に低下すると考えていなかった当局者もいた可能性がある。
36) 金融庁の検査は、銀行法第25条により、全ての金融機関を対象に立ち入り調査を行うことができる。一方、日銀の考査は、日銀法第44条により、各金融機関との間で個別に約定を結ぶ必要がある。
37) ただし、日本銀行職員の金融庁検査部署への出向の事例は存在。
38) 19世紀に住宅金融会社として設立、1997年に普通銀行に転換。資産規模は1,010億ポンド（1997年10月末、英国銀行で資産規模第8位）。資産の90％が住宅ローンなどの個人向けローンが占める一方、資金調達の約65％を市場性調達に依存。詳細は、House of Commons Treasury Committee ［2008］ "The run on the Rock" 参照。
39) Collateralized Debt Obligation の略。債務担保証券。社債や貸出債権などから構成される資産を担保として発行される。
40) これらは7月10日に米格付け会社ムーディーズがサブプライム向け住宅ローンを原資産とした証券化商品を一斉に格下げしたことが一つの契機となり発生。
41) ノーザンロックの一時国有化が発表された2008年2月17日ロイター配信記事より抜粋。なお、同行では、これより以前の2007年9月14日にも取り付け騒ぎが発生している。
42) Financial Services Authority の略。UK FSA と標記されることも多い。英国の金融監督当局で、日本の金融庁に当たる。
43) 英国では2000年1月より ARROW（Advanced Risk Responsive Operating Framework）という手法に則ってリスク評価を行っている。インパクトの評価（4段階）、リスク顕在化可能性の評価（ビジネスリスク、コントロールリスクに分けた上でグループ分けをして評価）を行ったうえで、リスク評価に応じた経営改善計画を金融機関に策定させ、これをチェックしていくというリスクベースのアプローチである。
44) Bank of England の略。英国の中央銀行。
45) クレジット・デフォルト・スワップ（Credit Default Swap）の略称。CDSとは、特定の企業（参照組織）でのクレジットイベント（例えば倒産など）に伴う当該

参照組織向けの債権の減価（損失）に対して、保証契約と同等の補填を提供する金融商品。一種の保険と考えるとわかり易い。なお、CDSカウンターパーティーリスクとは、CDSの取引相手が破綻すること等により損失が発生すること。今次危機においては、保険会社 AIG など CDS の売り手が深刻な業況難に陥ったため、カウンターパーティーリスクが顕現化（参照組織が破綻しても補填を受けられない）した（CDS問題）。

46) 取引の相手方が破綻することなどにより債務不履行を起こすリスク。

47) SIV（Structured Investment Vehicle：特別目的会社）は、貸出債権、社債への投資のほか、MBS（住宅ローン担保証券）や CDO（債務担保証券）といった証券を買い取る一方、これらを担保として ABCP（Asset-backed Commercial Paper：資産担保 CP）を発行することで資金繰りをつけていた。今次サブプライムローン問題の発生により、広く CP の価格が大きく下落し、一時的に流通自体が難しくなる中で、流動性を確保できず破綻する SIV もみられた。

48) ①英銀（17行）に対する Sterling Stock regime（【BOE に差し入れ可能なポンド建て適格担保】÷【先行き5日間分のポンド建て市場性資金のネット流出予定額）―NCD＋（先行き5日分のポンド建て顧客性預金のネット流出予定額〈約定ベース〉×5%)】≧【100%】)、②外銀に適用する Mismatch regime（【先行き8日間および15日間の市場性資金のネット流出予定額―未使用コミットメントライン×15%】÷【顧客性預金＋インターバンク預金】≦▲10%〈先行き8日間〉または▲15%〈先行き1カ月間〉)、③Building Society（住宅金融社）に対する Building Societies regime（【短期（～8日間）市場性調達額×3.5%】≦【BOE に差入可能なポンド建て適確担保】）等。

49) 内容は、①少なくとも年1度の頻度で3種類のストレスシナリオ（Idiosyncratic liquidity stress、Market-wide liquidity stress、その両方）に基づき10種類（インターバンク市場性預金、リテール預金、日中流動性等）の流動性リスクの状況についてストレステストを行う、②一定の流動性資産（Aa3格以上の国債、中銀準預、国際機関債）保有の義務付け、③流動性関連の当局への報告など。

50) 2009年10月に UK FSA によって公表された Policy Statement 'Strengthening liquidity standards' 参照。

51) 一つの大きな要因としては、為替スワップ市場で流動性を供給している各金融機関が VaR 等を使って同様の形でリスク管理を行ったため、ショックが発生した場合、一斉にミドルオフィスの指示に従って与信枠を絞り込み、流動性が急速に枯渇したことが原因と言える。

52) 商業銀行以外の金融仲介機能を果たしている金融機関のことで、主として投資

銀行（証券会社）を意味するが、より広くヘッジファンド等も含める場合も多い。伝統的な商業銀行業務とは別の金融であるためシャドーバンキング（影の銀行）システムと言う。

53) こうした状況が、欧米におけるファンド規制案に繋がった。事後的には、欧州委員会による2009年4月29日公表の"Directive on Alternative Investment Fund Managers"や米国財務省による2009年3月26日公表の"Framework for Regulatory Reform"において、モニター・規制強化等が提案された。

54) モノラインとは、原義は、単一の保険商品だけを取り扱う保険会社のこと。機能的には、証券や企業の債務など金融商品の保証を行っている金融保証会社である。

55) 自社の高い信用力をベースに証券化商品や地方債に保証を付す業務を展開。2007年央当時、AAA格のモノラインは先行組みである大手4社（Ambac、MBIA、FGIC、FSA）と新規参入組3社（XLCA、Assured Guaranty、CIFG）の計7社が存在していた。各社の2007年9月段階での保証残高（ストラクチャードファイナンス、地方債等計）は以下のとおり極めて多額に及んでいた。

（単位：億ドル、出所：Fitch）

MBIA	Ambac	FSA	FGIC	AGC	SCA	CIFG
6,176	5,190	3,765	2,999	1,323	1,180	746

56) 一部格付け会社が、9月に主要モノラインについて「十分な自己資本を有しているか確認できなければ格下げがありうる」と発表したことから、モノライン各社の株価は下落し、CDSプレミアムも拡大。2008年1月には一部大手モノラインが格下げとなった。

57) MBIAが2007年12月10日にPEファンドWarburg Pincus等から総額10億ドルの資本受入で合意したほか、2008年1月9日に劣後債発行を決定。Ambacが12月14日に金融再保証会社Assured Guarantyから290億ドル相当の再保証を受けることで合意したほか、1月16日に新株発行により最低10億ドルの増資を決定（後者はMoody'sの格付け見直し方針を受け、撤回）。CIFGが11月22日に親会社のCNCEとBFBPから15億ドルの資本増強を受けることで合意、など。

58) 保証のこと。プロテクションの買い手は売り手に対して信用リスクに基づく対価（プレミアム）を支払う一方、クレジット・イベント（倒産等）が発生すれば、売り手は買い手に対して約定の金額を支払う。

59) Residential Mortgage-Backed Securitiesの略。住宅ローンを担保として発行される証券。

60) 資産担保証券（Asset-Backed Securities、企業が保有する資産を裏付けに発行された証券）を担保として発行される債務担保証券（Collateralized Debt Obliga-

tion)。なお、CDO は ABS の一形態で、ほかに CLO（Collateralized Loan Obligation)、CBO（Collateralized Bond Obligation）などがある。
61) Asset Backed Commercial Paper の略。売掛債権や貸付債権を裏づけに発行するコマーシャルペーパー。
62) 各行・社のディスクロ資料等より筆者作成。一部、ディスクロ資料が入手できず通信社報道を転載したほか、アナリストレポートをベースに推計した部分もあるなど、不正確な部分があるが、大きな流れは捉えられよう。
63) 金融機関の B/S から切り離して ABCP Conduit（conduit とはもともとは導管を意味するが、この場合は証券化のために担保となる原資産をオリジネーター〈原債権者〉のバランスシートから切り離す仕組)、SIV（Structured Investment Vehicle：特別目的会社）などの独立した投資ビークルでこうした業務を行うケースが多かったが、結果的には、これがデレバレッジ（破綻回避のためのバランスシートの圧縮）の過程で、ビークルの救済・連結化を行ったため本体 B/S に戻ってきた。
64) このようなマーケット、金融関係者等の問題意識を背景に、時点的にやや後となるが、モノラインをはじめとする金融保証会社等の監督体制について2008年2月14日の米上院銀行委員会公聴会で議論されたほか、米国下院金融サービス委員会のフランク委員長（民主党）は、2008年3月20日のボストンでの講演において、投資銀行も含めての新たな監督機関（Financial Services Risk Regulator）の設立、Fed の権限強化を主張するなどの動きがみられた。
65) レバレッジを高める（きかせる）とは、借入（デット部分）を増やすこと（即ちバランスシート全体を拡大すること）により、資本（エクイティ部分）の収益（配当）を高めること。
66) 急激なポジションの撒き戻し。すなわち、借入等バランスシートを圧縮することによりレバレッジを引き下げる動き。これによりエクイティの収益が低下。
67) こうした状況は、典型的には Credit Default Swap のプレミアムなどをみるとわかる。当時の動きについては、例えば、日本銀行「金融市場レポート2009年1月」図表Ⅰ-2-3（17ページ）や BOE "Financial Stability Report October 2008" Chart 3.1（17ページ）等を参照。
68) スキームは、デラウェアに有限責任会社（LLC）を設立、NY 連銀が290億ドル、JP モルガンチェースが10億ドルを融資したうえで、ベア・スターンズの資産300億ドルを移転、これを民間のブラックロック・フィナンシャル・マネジメント社が管理、数年かけて清算するというもの。貸出に損失が生じた場合の NY 連銀の財務省への納付金の損失総額相当分の削減の扱いを上院財政委員会での財務省回答書で認めるなど、事実上、FRB による救済対応。

69) FRBは、同時に、流動性供給手段 Primary Dealer Credit Facility を創設。
70) FRB バーナンキ議長は、2008年4月の上院銀行委での質疑応答において、Brownback 議員の質問に答える形で、①ベア・スターンズが膨大な数のカウンターパーティーを有しており金融システムにおける相互連関の程度と重要性が大きいこと、②現在の市場が脆弱であることを、当該対応の理由として言及。
71) GSEs とは Government Sponsored Enterprises（政府援助法人）の略。当該局面では、具体的には、ファニーメイ（Federal National Mortgage Association：連邦住宅抵当金庫）、フレディマック（Federal Home Loan Mortgage Corporation：連邦住宅貸付抵当公社）の2機関が問題となった。
72) フレディマックおよびファニーメイの株価は2007年央までともに60ドル程度あったが、2008年7月には10ドルを割り込む水準にまで低下した（9月には1ドルを割り込んだ）。そのほかエイジェンシー債の対国債スプレッドも2008年夏場にかけて大幅に拡大した。
73) レバレッジド・バイアウト（M＆Aの手法の一つで、買収資金を買収対象の資産価値や将来キャッシュフローを担保とする銀行からの借入で調達する）のための融資。通常、低格付け先への与信であるため、利回りが高い。
74) こうした認識については、例えば、日本銀行「金融市場レポート2009年1月」17ページ参照。
75) 政府による救済の模索等については、例えば、2008年10月6日の米下院政府改革・監視委員会公聴会におけるリーマン・ブラザーズ、リチャード・ファルド元CEOの議会証言参照。
76) 一般に投資銀行とは、証券会社の中でも、株式・債券等の媒介・トレーディング等伝統的な業務のほか、M＆A、証券化商品の組成・販売等の業務を手広く行う先で、自己資本規制上 Net Capital Rule の適用を除外し自発的な監督の枠組みである CSE プログラム（Consolidated Supervised Entity Program）が適用される先を指す。
77) バーナンキ議長は2009年3月の上院予算委で、Wyden 議員の質問に答え、「数百万人の保険加入者、デリバティブやクレジット保険の数千の取引相手を抱え、かつ、金融機関との数多の取引を行っている、世界最大の保険会社の破綻は、世界の金融システムの安定性に破壊的な影響を与えると考えた」と答弁。
78) 財務省の MMMF（Money Market Mutual Fund：オープンエンド型の投資信託で、換金が自由なほか、小切手の振出し等も可能）に対する保証プログラム（9月19日発表）が開始されるまで、FRB が、MMMF が発行する ABCP を買い取る機関に対し、その買い取り資金を融資（ABCP を担保としたノンリコースでの貸

付）するスキーム。ABCP Money Market Liquidity Facility の略。
79) 9月29日にシティによるワコビア買収にあたり発動。なお、同行は結局ウェルズ・ファーゴが買収した。
80) CPP は Capital Purchase Program の略。
81) TLGP は Temporary Liquidity Guarantee Program の略。金融機関の債務をFDIC が保証。
82) LIBOR（London Inter-Bank Offered Rate：ロンドン銀行間取引金利）と Over-Night Index Swap Rate の乖離幅として計算され、市場における流動性リスクとカウンターパーティーリスクが金利に反映されたプレミアム部分を示す指標として広く利用されている。
83) 米国では11月、欧州でも12月には大幅に縮小した。
84) 非常に大きな金融機関について、破綻した場合の金融システム全体への影響に鑑み、大きすぎて潰せない（too big to fail）とすると、経営者がリスクテイクしやすくなるなどモラルハザードの原因となりかねないといった問題。
85) GM（2009年6月1日）、クライスラー（2009年4月30日）の連邦破産法第11条適用申請など。
86) Systemically Significant Failing Institutions Program の略。個別案件の判断に基づき資本注入を定める。
87) NY 連銀が資産担保証券（Asset-Backed Securities）を最大2000億ドル引き受けるスキーム。自動車ローン、学生ローンまで ABS の原資産として含めるなど、リテール金融を支援することが目的。Term Asset-Backed Securities Loan Facility の略。
88) Automotive Industry Financing Program の略。ケースバイケースでの判断に基づく資本注入を定める。
89) Committee of European Banking Supervisors の邦訳。
90) IMF も米国、欧州に先立って、2008年12月にストレステストの結果を公表。なお、欧州銀行監督委員会は、2010年7月23日に再度実施したストレステストの結果を発表し、7行が資本不足であることが判明した。
91) 注52参照。
92) 正式にはバーゼル銀行監督委員会。中央銀行または銀行監督を担う行政当局をメンバーとし、金融監督の標準、指針等を作成するなどの活動を行っている。本部はスイスバーゼルの国際決済銀行に置かれている。
93) 内容は、①格付け機関やヘッジファンド等への規制・監督の強化等、現行の制度・政策を改善、② EC 域内の監督体制の段階的な統合・強化、③グローバルな

金融システムの改革（金融安定化フォーラム〈FSF〉の機能強化、金融監督機関における国際協力の強化等）。
94) 内容は、銀行規制・監督全般に及ぶが、特に注目される論点は、①最低所要自己資本比率の新たな枠組み、②マクロプルーデンスの視点の導入、③クロスボーダー取引にかかる監督体制の強化等。
95) Council for Financial Stability の邦訳。
96) 英国では、その後、政策的な責任を問う形で、FSA 解体の方向に議論が進んだ。なお、シャドーバンキング・システムに関しては、米国の金融規制改革法（2010年7月）でも、金融安定監視協議会が認定したノンバンクを FRB が監督するほか、いわゆるボルカー・ルールにより銀行のヘッジファンド投資等の制限、FRB 監督下のノンバンクの自己勘定に一定の制約を設けるなどの対応が含まれた。
97) ここで議論となった一つの問題は、Regulatory Arbitrage（規制裁定）への対応である。
98) 「銀行型システミックリスク」「市場型システミックリスク」という分類については、白川方明［2007］『現代の金融政策』、池尾・池田［2009］『何故世界は不況に陥ったのか』参照。
99) 債務担保証券（Collateralized Debt Obligation）を裏付けとして発行された債務担保証券。再証券化商品。
100) Supervisory Capital Assessment Program の略。
101) スキームを公表した2009年5月段階では、FRB、FDIC（Federal Deposit Insurance Corporation）、OCC（Office of the Comptroller of the Currency）、OTS（Office of Thrift Supervision）の連名で公表。
102) これに加え、我が国では受検金融機関における検査・考査対応の二重コストを避けるべきという議論が過去にみられた。
103) 米国においては、2008年後半の〜2009年前半の議論の当初の段階において、他国とは逆に、上院を中心に FRB の銀行監督権限を新設する他機関に移管するとか、FRB に対する監査・監督権限を強める方向での議論がみられたが、最終的には FRB が金融安定のための機能を担うこととなった。
104) プリンシプル（金融機関が尊重すべき主要な行動規範・行動原理）に沿って、各金融機関等がより良い経営に向け自主的な取り組みを行うことに重点をおく形の金融行政。
105) ある程度詳細なルールや規則を制定し、それらを個別事例に適用する形の金融行政。
106) 米国の金融機関が必要なときにいつでも Fed から資金の借入を行うことができ

る常設貸出制度。
107) Term Auction Facility の略。米国 Fed で行われている入札型ターム物貸出のこと。
108) 金融機関が経営難に陥った際に、民間金融機関から形式上任意の形で救済資金を集める手法。日債銀（1997）、兵庫銀行（1995）等救済のために使われた事例がある。
109) バーナンキ FRB 議長は、「TBTF の問題を放置すれば、市場規律が機能せず、市場参加者の行動が歪むおそれがある」としたうえで、「当該問題への対応として、他と強く関連して、現状、TBTF であるとみなされている金融機関に対するより優れた監督や、かかる金融機関が破綻した場合であっても市場全体への影響を最小化するような金融システムの強化、が不可欠である」と述べている（2009年3月10日付講演（"Financial Reform to Address Systemic Risk"）。また、議会等では、ベア・スターンズ、AIG への対応は、（システミックリスク〈個別金融機関の破綻等が金融システム全体に広がるリスク〉等への対応であり）bailout ではないと述べているほか、今後の金融機関の bailout 発生の可能性についても否定的な発言が多くみられている。
110) Troubled Asset Relief Program の略。
111) 預金保険法第102条においては、内閣総理大臣は「我が国又は金融機関が業務を行っている地域の信用秩序の維持に極めて重要な支障が生ずるおそれがあると認められる」ときには、「首相（議長）、内閣官房長官、金融担当大臣、金融庁長官、財務大臣、日銀総裁」をもって組織される金融危機対応会議を行うことができるとされており、同会議の開催による決定が例外的な措置を実施する条件となっている。

第2章　金融危機拡大の波及スピードについての考察

1　はじめに

　本章では、90年代以降の我が国におけるバブル崩壊局面における多額の不良債権発生局面と2008年9月のリーマンショックを中心とする世界的な金融危機における米国での不良債権発生に関し、不動産価格の下落から金融機関の財務会計ベースで不良債権が認識されるまでのラグについて計量的に比較・分析することで、米国の方がラグが短い――すなわち金融危機の波及するスピードが速くなっている――ことを確認することを狙いとしている。

　先取り的に本章の結論を述べると、
①90年代の我が国のケースと比べ、今次金融危機の米国においては、不動産価格の下落から不良債権発生までのラグが短い、
②さらに、2000年以降の米国について、サブプライムローン関係の証券化商品の普及も大きくなく、ほとんど不良化していなかったとみられる2000～2004年と、今次金融危機が発生しその影響が続いている2007～2011年の期間をスナップショット的に切り出し、不動産価格の下落から不良債権発生までのラグを比較すると、後者の方が明らかに短くなっている、
ということが言える。こうしたことに鑑みれば、90年代と比べ金融がグローバル化し、金融機関経営が証券化商品等市場性商品の影響を受けやすくなっている中で、金融危機が進行・波及するスピードが速くなってきているため、その対応も速やかになされなければならない、という点が本章での主張である。

　まず、我が国についてみると、90年代以降のバブル崩壊後の局面では、地価

が長期にわたって下落を続ける中で、金融機関において不良債権の償却・引当不足が継続するという状況――一般に「不良債権が出尽くさない」と言われている状況――が発生した[1]。こうした中で、金融機関の財務会計ベースの計数（決算発表等）、特に不良債権データに対する信頼性は低下し、これが、国内外の市場参加者、海外当局の我が国金融機関に対する不信感を招く一因となった。

こうした状況に至った理由としては、90年代以降のバブル崩壊により地価、株価等の資産価格が戦後最大規模で下落したという非常に大きな経済変動や経済政策の失敗など、「マクロ的要因」に起因する面も大きい。しかし、一方で、金融機関の引当実務における地価統計の利用の仕方、不動産担保評価のインターバルや不良債権の償却・引当へのスタンス、個別金融機関の融資モデル・行動原理など個々の金融機関の行動や、その背景にある償却・引当等をはじめとする会計上のルール、金融検査マニュアル等の金融行政上の対応、地価統計の問題など、個別金融機関を取り巻く「ミクロ的要因」にも問題があったと考えられる[2]。

具体的に簡単な推計を行ってみると、地価統計の下落から償却・引当等不良債権が財務会計上認識されるまでには、最も説明力の高いところで3年程度、広めにみても2～4年程度のラグがあることが確認された。

一方、リーマンショックを中心とする今次金融危機においても、そのきっかけとなった商品がプライムローンで融資を行えない借入申込人に対してサブプライムローンを融資し、それを証券化した商品（CDO等）が広く市場で取り扱われたが、これが不動産バブルの崩壊により極めて大きな価格下落を生じ、一時的には市場が疑心暗鬼的な状況に陥りCDOのみならず関連するABS、CP、社債等の価格がつかないといった事態まで招来し、結果的に金融機関に多額の不良債権を招いたことはよく知られているところである。

こうした今次金融危機に関し、比較的データを容易に入手できる米国について、日本同様の方法で簡単な推計を行うと、証券化商品の普及がリーマンショック時ほどではない2000～2004年にかけては地価下落から金融機関の引当発生までに5四半期から7四半期、すなわち1年強から2年弱のラグが存在したが、2007年以降（2011年第1四半期まで）については3四半期程度と、ラグが短く

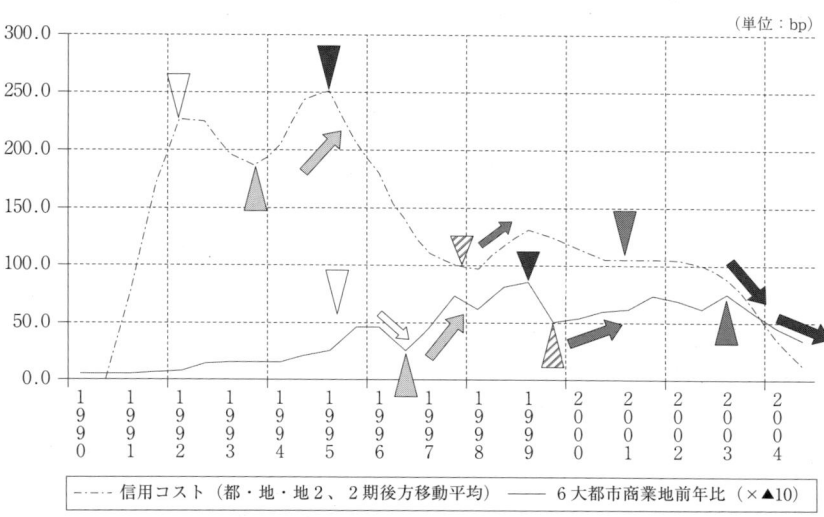

第 2 章　金融危機拡大の波及スピードについての考察

図 2-1　信用コスト（半期）と地下前年比（逆数×10）

（単位：bp）

------- 信用コスト（都・地・地 2、2 期後方移動平均）　―――― 6 大都市商業地前年比（×▲10）

注：三角で示しているのはピークとボトム。

なっていることが確認された。

2　90年代の我が国についての地価下落から信用コスト発生までのラグの分析

2-1　地価下落から信用コストまでのラグ等についての実証

地価下落と信用コストの関係をグラフにしてみると、90年代前半以降、地価から信用コストに対して一定のラグを持って連動しているように見受けられる（図 2-1）。そこで、地価と信用コストの間には時間的ラグがあることを示すことを狙いとしてごく簡単な推計を行う。

2-2　データ

期間：87年度上期〜92年度上期スタート。エンドは全て04年度下期

業態：都市銀行、地銀、地銀2（信金等は年度データしかないので含めず）
CCt：Ln（信用コスト率）＝ Ln〔（一般貸引＋個別貸引・償却）／貸出金平残〕
各行の公表決算データの集計値より算出
GDP・Nt：名目GDP半期平均の前年比（％）の階差……景気要因（景気の加速度）
LPt：市街地価格指数（商業地6大都市、なお、上期は9月末時点、下期は3月末時点）の前年比％。市街地価格指数は日本不動産研究所作成。……地価変動要因

2-3　シンプルな推計式（2変数での回帰式）

（信用コスト率を説明する回帰式）

最初に、単純に、①「景気要因」と②「地価要因」だけで推計した（表2-1）。

景気要因のGDP前年比についてはラグは変えずに固定し、地価要因の市街地価格指数前年比のラグを、1期ずつずらして推計することで、説明変数である地価から被説明変数である信用コスト発生までのラグを推計している。

少ないサンプル数（88年度上期～04年度下期の34サンプル）で単純な式ながら、地価要因と景気要因と考えることができる名目GDP前年比の階差のみで比較的よく説明できる。以下の推計結果をみると、地価要因についてはt-6の決定係数が最も高くついでt-5、t-7が高いことから2.0～4.0年程度のラグを有しているようにみえる。なお、名目GDP前年比については、当期（t）、前々期（t-2）に比べ説明力が強い前期（t-1）を説明変数として使った。

2-4　地価から信用コストへの影響におけるラグの長さ

次に、データのスタート時期を変えて同じように推計してみると、R^2からみて、データのスタート時期が最近になればなるほど、最も説明力のある地価変数のラグが長くなってきているように見受けられた。これは、金融機関において多額の償却・引当が生じ始めたのは90年代半ば以降であり、それ以前はほとんど

第 2 章　金融危機拡大の波及スピードについての考察

表 2-1　推計結果

(単位：〔　〕内　t値)

LP (地価)	推　計　式	調整済み R^2	D. W.
t	$CC_t = -6.476 + 0.045 GDP \cdot N_{t-1} - 0.056 LP_t$ 〔−31.88〕〔0.33〕〔−4.40〕	0.3592	0.4715
t-1	$CC_t = -6.414 + 0.097 GDP \cdot N_{t-1} - 0.059 LP_{t-1}$ 〔−38.33〕〔0.81〕〔−5.98〕	0.5170	0.6024
t-2	$CC_t = -6.313 + 0.081 GDP \cdot N_{t-1} - 0.055 LP_{t-2}$ 〔−43.66〕〔0.76〕〔−7.24〕	0.6131	0.7984
t-3	$CC_t = -6.248 - 0.021 GDP \cdot N_{t-1} - 0.053 LP_{t-3}$ 〔−48.43〕〔−0.23〕〔−8.42〕	0.6832	1.0044
t-4	$CC_t = -6.178 - 0.071 GDP \cdot N_{t-1} - 0.053 LP_{t-4}$ 〔−55.24〕〔−0.88〕〔−10.11〕	0.7576	1.3213
t-5	$CC_t = -6.120 - 0.110 GDP \cdot N_{t-1} - 0.053 LP_{t-5}$ 〔−63.89〕〔−1.60〕〔−12.21〕	0.8208	1.7038
t-6	$CC_t = -6.081 - 0.141 GDP \cdot N_{t-1} - 0.053 LP_{t-6}$ 〔−64.54〕〔−2.07〕〔−12.45〕	0.8264	1.9380
t-7	$CC_t = -6.049 - 0.200 GDP \cdot N_{t-1} - 0.052 LP_{t-7}$ 〔−60.39〕〔−2.77〕〔−11.56〕	0.8039	1.8531
t-8	$CC_t = -6.019 - 0.277 GDP \cdot N_{t-1} - 0.052 LP_{t-8}$ 〔−55.12〕〔−3.47〕〔−10.38〕	0.7673	1.3717
t-9	$CC_t = -5.996 - 0.258 GDP \cdot N_{t-1} - 0.047 LP_{t-9}$ 〔−43.12〕〔−2.54〕〔−7.40〕	0.6237	1.0723
t-10	$CC_t = -5.982 - 0.240 GDP \cdot N_{t-1} - 0.042 LP_{t-10}$ 〔−36.68〕〔−2.03〕〔−5.62〕	0.4847	0.7808

不良債権が発生していなかった状況（このため、引当が遅れるなどということも発生しなかった）であったためラグが生じなかったことから、データスタート時期の早い、長いデータ系列では地価下落から信用コスト発生までのラグが平均化されることにより、推計式上のラグが短くなったのではないかと推察される。

下記の推計結果の R^2 をみると、t-5〜t-8、すなわち、2年半から4年程度のラグを持っているようにみられる[3]。また、ダービン・ワトソン比についてみても、概ね同程度のラグを持っている推計式について相対的に系列相関が小さくなった。

さらに、88年上期スタートのデータに関して、ステップダウン法[4]により

表2-2　CCt＝定数項＋αGDP・Nt-1＋βLPt-x型推計式のR^{2}とD. W.（xに入る値を変えて推計）

利用データ開始時期（サンプル数）	LPt-2	LPt-3	LPt-4	LPt-5	LPt-6	LPt-7	LPt-8	LPt-9
87年度上期（36）	0.6535	0.7181	0.7664	0.7965	0.7887	0.7481	×	×
	0.7798	1.0290	1.2665	1.3631	1.3787	1.2258	×	×
88年度上期（34）	0.6131	0.6832	0.7576	0.8208	0.8264	0.8039	0.7673	0.6237
	0.7984	1.0044	1.3213	1.7038	1.9380	1.8531	1.3717	1.0723
89年度下期（31）	0.4768	0.5847	0.6705	0.7607	0.8065	0.8187	0.8037	0.6567
	0.7641	0.9704	1.3440	1.6033	2.0829	2.3070	1.8880	1.3314
90年度上期（30）	0.4089	×	0.6370	0.7387	0.7843	0.7977	0.7979	0.6826
	0.7427	×	1.1987	1.5907	2.1035	2.2395	2.0593	1.6132
91年度上期（28）	×	×	×	0.5984	0.6736	×	0.7472	0.6520
	×	×	×	1.5696	1.8900	×	2.3384	1.8818
92年度上期（26）	×	×	0.1634	×	×	0.6370	0.6017	×
	×	×	1.1978	×	×	2.6158	2.5051	×

注：上段：自由度調整済みR^2、下段：ダービン・ワトソン比。
×は推計に使ういずれかのデータのADF検定において、10％の有意水準で帰無仮説が棄却されないもの。

表2-3　ステップダウン法（ステップワイズ法）による最適次数の検証

LPtのラグ	12	11	10	9	8	7	6	5	4	3
LPtのt値	-1.167	-1.563	-1.148	-0.385	-1.856	-2.331	-1.661	-3.152	-2.544	-2.828
AIC	1.629	1.640	1.696	1.737	1.684	1.765	1.911	1.956	2.221	2.377
SBIC	2.303	2.268	2.280	2.275	2.178	2.214	2.315	2.316	2.536	2.647

表2-4　グレンジャーコーザリティーの検証（データ期間：88年度上期〜04年度下期）

帰無仮説	F値	Prob.（％）	コーザリティ判定
信用コストは地価に対してグレンジャーの意味での因果関係はない	0.060	94.2	因果関係は無い
地価は信用コストに対してグレンジャーの意味での因果関係はない	4.203	2.6	帰無仮説は有意水準5％で棄却され、因果関係はある

最適な次数を求めると、t-8 ないし t-7 が最適とみられ、上述と概ね整合的な結果が得られた。

なお、88年度上期スタートのデータセットについて、地価から信用コストへの因果関係を、グレンジャーコーザリティの形で検証すると、有意水準5％でグレンジャーの因果関係が成立しており、統計的に地価から信用コストへの因果関係があることも検証された。

3 2000年以降の米国についての不動産価格下落から信用コスト発生までのラグの分析

3-1 米国の不動産価格下落から信用コストまでのラグ等についての実証

米国においては、我が国のように必ずしも原則的に不動産担保をとることで保全するという慣行ではない[5]。しかしながら、企業向けの融資においては不動産担保をとるケースもみられることに加え、個人向け融資についてはホームエクイティローン（すでに保有している住宅価格の値上がりに応じて金融機関から消費等に使うことができる資金の融資を受けることができるローン）のウエイトが拡大していること[6]や不動産バブル崩壊によりサブプライムローンを原資とした証券化商品価格の大幅下落の過程で企業業績が悪化し不良債権が急増した状況などからみると、不動産価格の下落が米国での金融機関の不良債権と深い相関があると考えるのが妥当と思料される。仮にそうした関係が成立したとして、不動産価格の下落から信用コスト発生までにどのくらいのラグがあるのか。ここでは、まず、明確にあると考えられる不動産価格と不動産向けローンの償却額（Charge-off）との関係を確認したうえで、不動産価格と融資全体（含むリース）の償却額（Charge-off）の関係をみることで、不動産価格と償却額との間にどのくらいのラグがあるかを分析した。

まず、日本のケースと同じように下落と信用コスト（金融機関における不動産向けローンの償却額）の関係をグラフにしてみると、不動産価格から信用コ

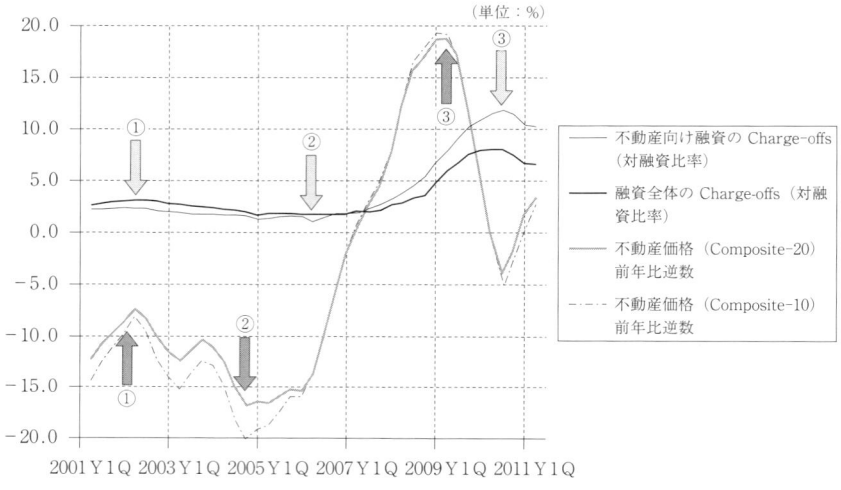

図2-2 信用コストと地価（前年比の逆数）、米国

(単位：%)

凡例：
- 不動産向け融資の Charge-offs（対融資比率）
- 融資全体の Charge-offs（対融資比率）
- 不動産価格（Composite-20）前年比逆数
- 不動産価格（Composite-10）前年比逆数

注：矢印で示しているのはピークとボトム。

スト（Charge-off）に対してラグを持って連動しているように見受けられる（図2-2）が、不動産向け融資の Charge-off と融資全体（含むリース）の Charge-off との間にはラグはほとんどないように窺われる。そこで、一見してグラフでみられるように、不動産価格と信用コスト（不動産向け融資および融資全体の Charge-off）との間に時間的ラグがあり、そのラグが90年代の我が国と比べ短いことなどを統計的に確認することを狙いとしてごく簡単な推計を行う。さらに、2000年代前半と比べ最近時点でラグの長さがどう変化しているのかについても推計する。

3-2 データ

期間：2000年第1四半期～2004年第4四半期、および2007年第1四半期～2011年第1四半期[7]

業態：FRB所管の預金取扱商業銀行

C_t：「不動産向けローン」あるいは「融資全体（含むリース）」のうちのオ

フバランス化した部分および引き当てた部分の同平均貸出残高に対する比率（％）。……被説明変数（「不動産向け融資」あるいは「融資全体（含むリース）」の信用コスト率）

GDP・Rt：実質 GDP の前年比[8]（％）……景気要因、想定される係数の符号はマイナス

REt[9]：Case-Shiller Home Prices Indices、Composite-20（ケース・シラー指数のうちの20地点の合成指数、2000年1月＝100）、S＆P作成……不動産価格要因、想定される係数の符号はマイナス

3-3　シンプルな推計式（2変数での回帰式）

（信用コスト率を説明する回帰式）

我が国の分析同様、①「景気要因」と②「不動産価格要因」だけを使ったごく簡単な推計式で分析を行った。ただし、推計期間については、我が国についての推計のようなステップワイズ法を使って逐次データのスタート時期を変えてチェックするという方法ではなく、アプリオリに、あまり証券化商品が流通していなかった2000～2004年と証券化商品が広く流通した2007～2011年（第1四半期まで）の二つの期間を取り出して推計した[10]（表2-5、2-6）。

なお、米国については四半期データを用いている（注：我が国については半期データ）ので、我が国についての推計結果と比較するうえでは注意が必要である。

両期間とも、系列相関こそみられるものの、我が国のケースと同様、不動産価格要因と景気要因と考えることができる。

推計結果から、以下の点が指摘できる。

【2000～2004年についての推計】

①全体的にみると、不動産向け融資の Charge-off を被説明変数とする推計式については、t-5（すなわち不動産価格から信用コストへ5四半期のラグ）から t-7 にかけてが、説明変数の符号が想定どおりで、説明力（決定

表 2-5　推計結果．不動産価格と償却額との関係（2000〜2004年）

REt (不動産価格) のラグ	推計式（被説明変数は不動産向け融資の償却額）	調整済み R^2	D.W.	推計式（被説明変数は融資全体の償却額）	調整済み R^2	D.W.
t	Ct=3.541−0.111GDP・Rt−0.012REt [16.44] [−1.77] [−7.11]	0.7595	0.7289	Ct=3.666−0.156GDP・Rt−0.008REt [7.49] [−1.09] [−2.34]	0.2452	0.2623
t−1	Ct=3.757−0.123GDP・R0t−0.101REt−1 [17.30] [−2.13] [−8.05]	0.8088	0.9087	Ct=4.043−0.178GDP・Rt−0.011REt−1 [17.30] [−1.35] [−3.01]	0.3760	0.2773
t−2	Ct=4.063−0.006GDP・Rt−0.017REt−2 [15.84] [−0.08] [−7.79]	0.8296	0.5379	Ct=4.531+0.035GDP・Rt−0.016REt−2 [15.84] [0.19] [−3.34]	0.4252	0.1870
t−3	Ct=4.411−0.005GDP・Rt−0.019REt−3 [19.44] [−0.72] [−10.32]	0.8987	0.7902	Ct=5.053+0.019GDP・Rt−0.020REt−3 [8.68] [0.11] [−4.20]	0.5689	0.2243
t−4	Ct=4.785+0.042GDP・Rt−0.024REt−4 [23.12] [0.81] [−13.16]	0.9394	1.1147	Ct=4.411+0.005GDP・Rt−0.019REt−3 [10.16] [0.82] [−5.60]	0.7113	0.3980
t−5	Ct=4.929−0.034GDP・Rt−0.025REt−5 [30.20] [−0.82] [−17.66]	0.9655	1.5224	Ct=6.153−0.042GDP・Rt−0.030REt−5 [12.52] [−0.34] [−7.10]	0.8155	0.3848
t−6	Ct=4.974−0.035GDP・Rt−0.026REt−6 [26.01] [−0.80] [−15.40]	0.9608	1.7342	Ct=6.827+0.035GDP・Rt−0.036REt−6 [16.83] [0.33] [−10.28]	0.9090	0.5072
t−7	Ct=5.056−0.056GDP・Rt−0.027REt−7 [27.76] [−1.26] [−17.01]	0.9652	1.9860	Ct=7.138−0.080GDP・Rt−0.039REt−7 [20.76] [−0.96] [−13.11]	0.9426	0.7665
t−8	Ct=5.112−0.034GDP・Rt−0.028REt−8 [23.99] [−0.73] [−15.16]	0.9581	2.2775	Ct=7.590−0.068GDP・Rt−0.044REt−8 [23.14] [−0.95] [−15.34]	0.9594	1.0985
t−9	Ct=5.104−0.011GDP・Rt−0.029REt−9 [23.76] [−0.27] [−14.96]	0.9650	2.8910	Ct=8.090+0.029GDP・Rt−0.049REt−9 [25.30] [0.48] [−17.26]	0.9725	1.2336
t−10	Ct=5.075+0.001GDP・Rt−0.030REt−10 [21.13] [0.36] [−13.53]	0.9608	3.1165	Ct=8.347+0.059GDP・Rt−0.053REt−10 [30.13] [1.30] [−21.20]	0.9829	1.6988

注：[ ] 内 t 値。

係数）が高く、ダービン・ワトソン比も 2 に近く系列相関が少ないように みえる。一方で、融資全体の Charge-off を被説明変数とする推計式については、全体に系列相関が強く、また景気要因の符号も想定どおりとなっていない推計式が多いが、不動産価格との関係をみると、ラグがより長い方が決定係数の値が高く、少なくとも不動産向け融資の Charge-off を被説明変数とする推計式よりはラグが長いように見受けられる。

②不動産価格要因（REt）についてみると、不動産向け融資の Charge-off を被説明変数とする推計式に関しては、t 値を比較すれば t-5 から t-8 にかけてが説明力が強い。このため、説明変数 REt（不動産価格）から被説明変数 Ct（信用コスト）までのラグは、5 四半期から 8 四半期、すなわち 1 年強から 2 年程度と考えられる。一方、融資全体の Charge-off を被説明変数とする推計式については、ラグはさらに長いと考えられるが、想定する符号と整合的な推計式に限ってみれば t-8 すなわち 2 年程度のラグがあるように見受けられる。

③景気要因（GDP・Rt）については、総じて説明力が弱い。ただ、不動産向け融資の Charge-off を被説明変数とする推計式においては、相対的には、不動産価格とのラグが 7 四半期のときに比較的説明力（t 値）が高くなっている。一方、融資全体の Charge-off を被説明変数とする推計式については、符号が不安定なうえ、系列相関も強く、説明変数が足りていない可能性がある。

【2007〜2011 年第 1 四半期についての推計】

①各推計式とも、ダービン・ワトソン比が 2 から大きく乖離しており、系列相関が生じている。

②こうした中で、説明変数の係数符号が論理的に矛盾しないもの（不動産価格 REt の被説明変数へのラグが 3 四半期以上の推計式）の中で比較すると、不動産向け融資の Charge-off を被説明変数とする推計式・融資全体の Charge-off を被説明変数とする推計式ともに、説明変数 REt に関して t-3、 t-4において推計式の決定係数が高く、説明変数（不動産価格）のt値も高くなっている（t-2でも決定係数は高いが一部説明変数の符号が逆のため、ここでは除外した）。このため、説明変数RE_t（不動産価格）から被説明変数C_t（信用コスト）までのラグは、3四半期から4四半期、すなわち1年あるいはそれを幾分下回る程度とみられる。

③前述（2000～2004年の推計式）の結果と照らし合わせると、説明変数RE_t（不動産価格）から被説明変数（C_t）までのラグについては、構造変化が生じており、2000～2004年頃と比べ2007～2011年頃にかけてラグが短くなった、すなわち不動産下落から短いラグで金融機関の不動産向け融資のオフバランス化が行われ、融資全体でもCharge-offが行われるような構造に変化したと考えられる。

④景気要因（GDP・R_t）については、RE_tのラグが3～5四半期（概ね1年内外）の推計式において、比較的説明力が高いが、t値からみて説明力は十分ではないようにみえる。

⑤不動産価格要因（RE_t）のt値は、t-3において37.90（不動産向け融資のCharge-off）および21.48（融資全体のCharge-off）と、2000年第1四半期～2004年第4四半期データでの推計式のRE_tについてのt値（最大17.66および21.20）と比べて高いことからみて、——系列相関などを無視して考えれば——不動産価格変動の説明力が相対的に高まっていると考えることができないわけではない。

さらに、米国についての推計結果を前出のバブル崩壊期の我が国の信用コストについての推計式と比べると、以下のような点が指摘できる。

①90年代以降の我が国については地価から信用コスト発生までのラグが2.0～4.0年あったことに比べ、米国についての不動産価格の下落から信用コスト発生までのラグは2000～2004年が1年強～2年、2007年以降が概ね1年内外となっており、我が国と比べ米国のほうが不動産価格から信用コストへのラグは短いと考えられること。

②我が国、米国とも景気要因より不動産価格要因の方が強いように見受けら

第2章 金融危機拡大の波及スピードについての考察 59

表2-6 推計結果、不動産価格と償却額との関係（2007～2011年第1四半期）

RE（不動産価格）のラグ	推計式（被説明変数は不動産向け融資の償却額）	調整済みR^2	D.W.	推計式（被説明変数は融資全体の償却額）	調整済みR^2	D.W.
t	$Ct = 31.928 + 1.334 GDP \cdot Rt - 0.154 REt$ 〔19.41〕〔4.65〕〔-15.29〕	0.9377	1.0890	$Ct = 20.938 + 0.765 GDP \cdot Rt - 0.098 REt$ 〔18.34〕〔3.84〕〔-14.06〕	0.9263	0.8295
t-1	$Ct = 31.204 + 0.825 GDP \cdot Rt - 0.146 REt-1$ 〔26.20〕〔3.84〕〔-20.52〕	0.9645	1.0351	$Ct = 20.534 + 0.440 GDP \cdot Rt - 0.093 REt-1$ 〔25.88〕〔3.07〕〔-19.73〕	0.9613	0.8533
t-2	$Ct = 31.290 + 0.266 GDP \cdot Rt - 0.143 REt-2$ 〔38.59〕〔1.79〕〔-30.25〕	0.9834	1.0150	$Ct = 20.575 + 0.082 GDP \cdot Rt - 0.091 REt-2$ 〔34.78〕〔0.76〕〔-26.53〕	0.9782	0.7732
t-3	$Ct = 31.734 - 0.264 GDP \cdot Rt - 0.142 REt-3$ 〔48.17〕〔-2.17〕〔-37.90〕	0.9894	0.8719	$Ct = 20.736 - 0.250 GDP \cdot Rt - 0.090 REt-3$ 〔28.10〕〔-1.84〕〔-21.48〕	0.9672	0.4902
t-4	$Ct = 32.410 - 0.686 GDP \cdot Rt - 0.143 REt-4$ 〔25.08〕〔-2.91〕〔-19.83〕	0.9621	0.5423	$Ct = 20.941 - 0.504 GDP \cdot Rt - 0.089 REt-4$ 〔16.58〕〔-2.19〕〔-12.71〕	0.9111	0.4182
t-5	$Ct = 33.151 - 0.992 GDP \cdot Rt - 0.144 REt-4$ 〔13.19〕〔-2.25〕〔-10.48〕	0.8754	0.4141	$Ct = 21.095 - 0.674 GDP \cdot Rt - 0.088 REt-4$ 〔10.18〕〔-1.86〕〔-7.81〕	0.7922	0.3622
t-6	$Ct = 33.515 - 1.169 GDP \cdot Rt - 0.144 REt-6$ 〔7.89〕〔-1.69〕〔-6.28〕	0.7113	0.2996	$Ct = 20.899 - 0.751 GDP \cdot Rt - 0.085 REt-4$ 〔6.56〕〔-1.44〕〔-5.01〕	0.6018	0.2779
t-7	$Ct = 32.383 - 1.053 GDP \cdot Rt - 0.136 REt-7$ 〔4.95〕〔-1.09〕〔-3.90〕	0.4717	0.2045	$Ct = 19.630 - 0.636 GDP \cdot Rt - 0.078 REt-7$ 〔4.25〕〔-0.93〕〔-3.17〕	0.3523	0.1983
t-8	$Ct = 28.105 - 0.560 GDP \cdot Rt - 0.112 REt-8$ 〔2.93〕〔-0.46〕〔-2.20〕	0.1814	0.1268	$Ct = 16.241 - 0.291 GDP \cdot Rt - 0.059 REt-8$ 〔2.50〕〔-0.35〕〔-1.73〕	0.0825	0.1244

注：〔　〕内t値。

れること。

3-4 不動産価格から信用コストへの影響におけるラグの長さ

次に、アプリオリに設定した2000～2004年の期間のデータの推計式および2007年～直近（2011年第1四半期）の期間の推計式について、ステップダウン法により、最適な次数を求めた。

まず、2000～2004年の期間については、「被説明変数を不動産向け融資のCharge-offとする推計式」に関しては、AICおよびSBICに関してはt-0～t-6の期間で大きな変化はなく、RE_tのt値はt-5で最大となった。一方、「被説明変数を融資全体〈含むリース〉のCharge-offとする推計式」に関しては、t-4、t-5で最適次数となった。一方、RE_tのt値についてはラグが長いほど高くなったが、いずれの次数においても十分な説明力がある値となった。

次に、2007～2011年第1四半期の期間についてみると、AIC、SBICに関しては、「被説明変数を不動産向け融資のCharge-offとする推計式」ではt-2～t-3が、「被説明変数を融資全体〈含むリース〉のCharge-offとする推計式」ではt-1～t-3が、概ね最適次数となっているように窺われた。また、RE_tのt値についても、それぞれt-2～t-3およびt-1～t-3で最も高くなっているなど、AIC、SBICと整合的な結果となった。

なお、それぞれの期間について、不動産価格から信用コストへのグレンジャーの因果関係[11]を検証すると、2000～2004年の期間では、「不動産価格から不動産向け融資のCharge-offへの因果関係」は有意水準5％で検証されたものの、「不動産価格から融資全体〈含むリース〉のCharge-offへの因果関係」は有意水準10％では検証されたものの5％では検証されなかった。

一方、2007～2011年第1四半期についても同様に検証すると、「不動産価格から不動産向け融資のCharge-offへの因果関係」、「不動産価格から融資全体〈含むリース〉のCharge-offへの因果関係」ともに有意水準1％でグレンジャーの因果関係が成立しており、統計的に不動産価格から信用コスト（不動産向けローンの引当て）への因果関係があることが確認され、2000～2004年の期

表2-7 ステップダウン法による最適次数の検証（2000〜2004年）

（被説明変数を不動産向け融資の Charge-off とする推計式）

REt のラグ	9	8	7	6	5	4	3	2	1	0
REt の t 値	-14.955	-15.156	-17.009	-15.397	-17.656	-13.160	-10.319	-7.785	-8.046	-7.106
AIC	1.237	1.057	1.009	0.927	0.832	0.784	0.827	0.753	0.865	0.820
SBIC	1.096	0.912	0.862	0.778	0.682	0.635	0.678	0.604	0.717	0.673

（被説明変数を融資全体〈含むリース〉の Charge-off とする推計式）

REt のラグ	9	8	7	6	5	4	3	2	1	0
REt の t 値	-17.267	-15.345	-13.118	-10.287	-7.106	-5.601	-4.207	-3.344	-3.015	-2.342
AIC	2.162	1.729	1.389	0.957	0.322	0.047	0.376	0.612	0.653	0.819
SBIC	2.053	1.608	1.258	0.820	0.180	0.194	0.524	0.760	0.802	0.968

表2-8 ステップダウン法による最適次数の検証（2007〜2011年第1四半期）

（被説明変数を不動産向け融資の Charge-off とする推計式）

REt のラグ	8	7	6	5	4	3	2	1	0
REt の t 値	-2.203	-3.900	-6.282	-10.480	-19.833	-37.899	-30.247	-20.519	-15.286
AIC	5.391	4.953	4.349	3.509	2.318	1.048	1.494	2.252	2.816
SBIC	5.538	5.100	4.496	3.656	2.465	1.195	1.641	2.399	2.963

（被説明変数を融資全体〈含むリース〉の Charge-off とする推計式）

REt のラグ	8	7	6	5	4	3	2	1	0
REt の t 値	-1.732	-3.175	-5.017	-7.814	-12.710	-21.485	-26.537	-19.731	-14.062
AIC	4.606	4.258	3.771	3.121	2.272	1.275	0.863	1.440	2.084
SBIC	4.753	4.405	3.918	3.268	2.419	1.422	1.010	1.587	2.231

間に比較してグレンジャーの意味での因果関係が明らかに高まっていることが確認された。また、F値については、興味深いことに、「不動産向け融資のCharge-off」の場合よりも「融資全体〈含むリース〉のCharge-off」の場合の方が高かった。

4　小括

上記の分析の結果を簡単に纏めると、以下の点が指摘できる。

①不動産価格から金融機関の不良債権発生（具体的には金融機関の貸出金等

表2-9 グレンジャーの因果関係の検証（2000～2004年）

（被説明変数を不動産向け融資のCharge-offとする推計式）

帰無仮説	F値	Prob.（％）	コーザリティ判定
信用コストは不動産価格に対してグレンジャーの意味での因果関係はない	0.861	44.5	因果関係は無い
不動産価格は信用コストに対してグレンジャーの意味での因果関係はない	6.606	1.0	帰無仮説は有意水準5％で棄却され、因果関係はある

（被説明変数を融資全体〈含むリース〉のCharge-offとする推計式）

帰無仮説	F値	Prob.（％）	コーザリティ判定
信用コストは不動産価格に対してグレンジャーの意味での因果関係はない	0.724	50.3	因果関係は無い
不動産価格は信用コストに対してグレンジャーの意味での因果関係はない	3.256	7.1	帰無仮説は有意水準10％で棄却されるものの、5％では棄却されない

表2-10 グレンジャーの因果関係の検証（2007～2011年第1四半期）

（被説明変数を不動産向け融資のCharge-offとする推計式）

帰無仮説	F値	Prob.（％）	コーザリティ判定
信用コストは不動産価格に対してグレンジャーの意味での因果関係はない	0.676	53.0	因果関係は無い
不動産価格は信用コストに対してグレンジャーの意味での因果関係はない	7.708	0.9	帰無仮説は有意水準1％で棄却され、因果関係はある

（被説明変数を融資全体〈含むリース〉のCharge-offとする推計式）

帰無仮説	F値	Prob.（％）	コーザリティ判定
信用コストは不動産価格に対してグレンジャーの意味での因果関係はない	0.389	68.7	因果関係は無い
不動産価格は信用コストに対してグレンジャーの意味での因果関係はない	8.837	0.6	帰無仮説は有意水準1％で棄却され、因果関係はある

の償却・引当）への因果関係は90年代以降の日本、2000年以降の米国ともに成立している。
② 不動産価格下落から不良債権発生までのラグを推計すると、我が国においては2.0〜4.0年程度となっており、これは米国と比較して長い。
③ 一方、米国については、「不動産向け融資のCharge-offを被説明変数とする推計式」「融資全体〈含むリース〉のCharge-offを被説明変数とする推計式」ともに証券化商品やホームエクイティローンの普及があまり進んでいなかった2000〜2004年頃には１年強〜２年、それらが広がった2007年以降が概ね３四半期程度となっており、我が国と比べラグが短いほか、最近の方がよりラグが短くなる傾向があるようにみえる。
④ さらに米国については、2000〜2004年の期間と比べ、2007以降の方が明らかに不動産融資からCharge-offへの因果関係は高まっているように見受けられる。
⑤ このように2008年のリーマンショックを中心とする金融危機では、不動産価格下落から不良債権までのラグが短くなっている一方で、金融機関の活動がグローバルに展開され海外金融市場のショックが我が国にも影響しやすい状況になっていることに鑑みると、今後、新たな金融危機が発生した場合には、時間的な対応の余裕が乏しくなる可能性が高い訳であり、速やかに危機に対応できる体制を予め整えておく必要がある。

注
1） 例えば、1995年３月期、1998年３月期決算とその後の状況が挙げられる。当時、当局・エコノミスト等が、不良債権問題について「一区切りがついた」といった発言を行った。
2） これらの要因がどのようなメカニズムで長いラグを引き起こしたかについては、植林［2011b］参照。
3） この２年半から４年というラグはいかにも長い感があるが、これは、①地価統計の統計作成上の問題、②金融機関の不動産担保評価方法の仕組みによる会計の仕組み上の要因、③金融機関の不良債権処理に対するスタンスの面の問題、など

が複合的に絡み合って起こっている。その中でクルーシャルと考えられる要因は、②の問題、特に金融機関の不良債権処理に関する償却・引当ルールの問題である。詳しくは、植林［2011］参照。
4） 任意の最大ラグ次数から次数を―情報量基準（AIC、SBIC）をみながら―順次減らしていき、各ステップの推計で最後（＝すなわち最長）のラグ変数の係数が有意となったとき、そのラグ次数を選択する方法。
5） 米国の場合、実務上、企業向け融資では不動産を担保にとるケースがよくみられるほか、住宅ローンも含めた不動産融資では当該不動産を担保にとることが一般的であるが、中小企業向けや個人向け融資においては、格付けあるいはFICOスコア（個人の場合）によって信用力を判定し、必ずしも不動産担保を取らないケースが多い。
6） 米国の住宅ローン残高に占めるホームエクイティローン残高の割合（FRB公表データから作成）

（単位：％）

年	1995	1996	1997	1998	1999	2000	2001	2002	2003	2004	2005	2006	2007	2008
構成比	7.1	7.4	7.9	7.6	7.5	8.5	8.2	8.3	8.6	9.9	10.3	10.8	10.8	10.7

7） 我が国についての推計式（半期データ）と異なり、データが四半期データであることに注意。
8） 米国に関する推計式については、景気要因を単純に実質GDP（前年比）とした。また、ここでの関心は不動産価格からのラグであるため、同説明変数の最適次数等についての分析は割愛した。
9） 我が国の推計式においては説明変数は地価であったのに対し、米国については上物も含めた不動産価格であることに注意を要する。
10） 期間の選び方については恣意性が残るが、比較的はっきりと推計結果が出るため、同期間とした。なお、敢えて理由を挙げれば、SECが投資銀行に対してのNet Capital Ruleを変更し、自発的な監督の枠組み（CSE〈Consolidated Supervised Entity〉プログラム）を導入することを決定したのが2004年4月であり2004年が一応のメルクマールとなること、2007年1月30日に今回のリーマンショックに繋がる端緒となるべき住宅専門金融会社カントリーワイド・フィナンシャル、貸倒引当金の大幅積み増しを行っており、2007年以降とそれ以前とでは明らかに金融機関の経営環境のモードが異なっていることを指摘できる。
11） ここでの目的が不動産価格から信用コストに対する因果関係を確認することのみであることから、本稿においては3変数間の因果関係を調べるブロック外生ワルドテストは行わなかった。

第3章　金融危機を事前に防止することはできるのか

1　はじめに

　今回のリーマンショックを中心とする金融危機の経験を経て、各国横断的な取り組みとしてバーゼルⅡの強化・見直しとバーゼルⅢの導入、欧州委員会での銀行監督体制等の見直しなどの対応のほか、欧米各国それぞれにおいても各種の提言・議論等を経て金融制度に関連する法律の改正、監督金融機関等の組織の見直しが図られるなど、プルーデンス面においてさまざまな動きがみられた。これらの多くは、再びこうした金融危機が発生しないような金融の制度、枠組み、監督体制を構築しようとするものである。

　しかし、こうした自己資本比率規制を中心としたルールベースの対応、規制強化により、金融危機の再発を完全に、あるいは、それに近いところまで防止することは難しく、危機発生やその影響の抑制は限定的なものにとどまると考えられる。このため、政府（監督当局）・中央銀行は事後的な対応を柔軟かつ迅速に行い得る体制を構築するべきである。

　本章では、2節で金融危機を事前に把握することや、事前的——リーマンショック等のようなパニック状態になる以前の——プレ危機段階での対応、制度を強化して危機発生を防止することが難しいことについて、政府と中央銀行の役割を踏まえながら説明し、3節では2節で論じた中での予測可能性に焦点を当て、90年代日本経済とリーマンショックでの経験において当局が政策運営等を行っていく上でどういった指標をみて状況把握をしようとしていたのかについて分析する。さらに、4節では、それらを踏まえた結論を簡単に纏めた。

2 金融危機発生の把握や事前的対応の困難性

　今次危機においてリーマン・ブラザーズの破綻をきっかけに数カ月にわたりCP市場、社債市場、デリバティブ市場、短期金融市場等が機能不全に陥ったあるいは著しく機能低下した状況や、我が国において97年から98年にかけて三洋証券、山一證券、北海道拓殖銀行、日本債券信用銀行、日本長期信用銀行等大手金融機関が倒産し、そうした中でインターバンク市場が一時的に機能不全に陥ったほか、金融機関の仲介機能が著しく低下するといった状況がみられた。ところで、こうした金融危機の発生をあらかじめ予測し、プレ危機の段階で金融制度面の変更や金融監督面での対応策を打ち出すことでなどでこれを防ぐことはできたのか？　それ以前の段階で、そもそもの発生の原因となっているバブルを認識する、あるいはバブルが膨らむ前に潰すことはできなかったのか？あるいは、そもそも金融機関に対する規制・監督等を強化することなどで、金融危機が生じえないような金融の枠組みを構築することはできないのか？

　これらについて考えると、それぞれの対応についてさまざまなレベルでの困難性を有していることがわかる。

2-1　金融危機の発生を事前に把握することの難しさ

(1)　バブルの把握・判別についての難しさ

　金融危機は均衡的な経済状況、市場の状況において、突然発生するものではない。その発生の前提として、バブルの生成（と崩壊）が存在することが指摘できる。

　今次金融危機に関しても、主たる原因あるいはその一つとして多くの経済学者がバブルの存在を指摘している。たとえば、植田［2010］[1]は、「危機の最大の本質は強力な金融緩和環境の下での住宅価格バブルであり、しかもその生成の過程でさまざまな主体（特に家計と金融機関）が、負債を過度に拡大させ、

第3章 金融危機を事前に防止することはできるのか 67

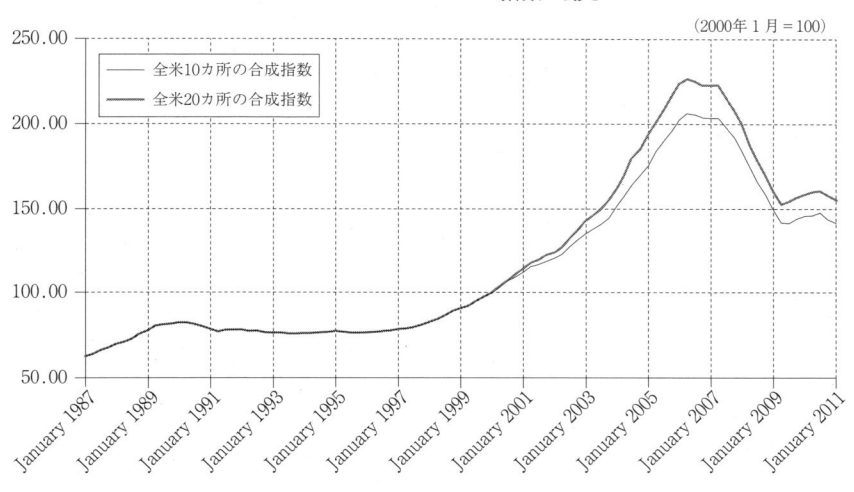

図3-1　ケース・シラー指数の動き

(2000年1月＝100)

レバレッジを高めて住宅ないし住宅ローン関係商品に対する投資を進めたことである」と述べている（図3-1）。

また、我が国の90年代の金融危機発生においても、土地を中心とした不動産価格、株価等の資産価格のバブルが存在したことは、一般的に広く指摘されており[2]、実際の動きをみてもわかる（図3-2、3-3）。

さらに、こうした危機発生のパターンは、過去の多くの金融危機と本質を同じくしており、過去の金融危機の発生においても、金融緩和とそのもとでの金融的不均衡の蓄積、バブルの発生は、過去、米国だけではなく、欧州等世界各地でみられた現象であることが指摘されている[3]。

では、バブルが進行しつつある段階で、果たしてバブルを認識することができるのであろうか。

ここで、多くの先行研究に従いバブルを「ファンダメンタルズから乖離して資産価格が上昇または下落していくこと」と定義[4]すると、資産価格の大幅な上昇は、①バブルすなわちファンダメンタルズから乖離した価格の動きと、②ファンダメンタルズ自体の変化による価格の動きに分けることができる。後

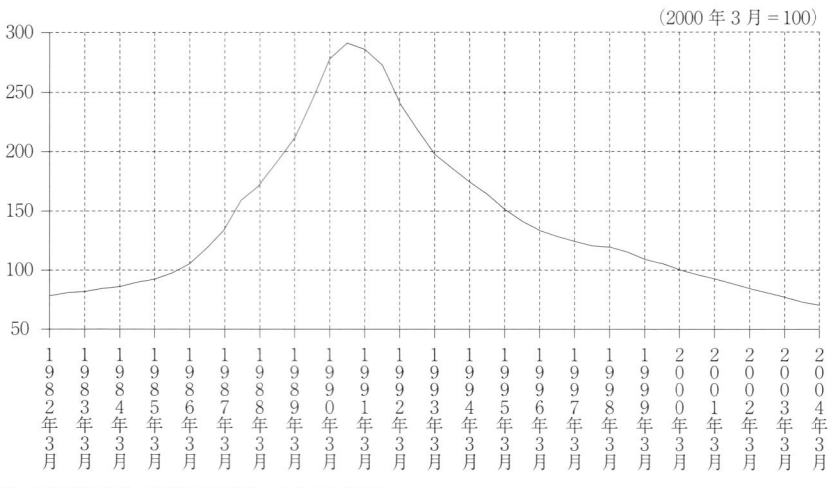

図3-2　我が国の地価の推移

(2000年3月=100)

注：不動産研究所・市街地価格指数、6大都市商業地。

者であれば、大幅かつ継続的に価格が上昇しても、ファンダメンタルズからみて、適切な価格であるということになる。

　それでは、バブルであるかどうかの判別は果たして可能であろうか。この判別のためには、上記①、②を客観的に区別し、具体的にはファンダメンタルズによる資産価格上昇部分を実証推計し、そこからの乖離分を把握する必要が出てくる。もっとも、ファンダメンタルズによる資産価格上昇については、構造的な環境変化、制度変化、政策の変化、潜在成長率の変化等のマクロ要因、また今次危機における証券化市場のような場合においては、新たな商品やビジネスモデルの導入といった要素が関連している。資産価格上昇がこうしたファンダメンタルズの変化と考えられるものであるかどうかの判別は、資産価格が下落した後の事後的な検証・分析により明らかになるものと考えられる。ここでは上述局面についてのバブルかどうかの判断を留保する[5]が、価格が上昇している正にその時点においてバブルかどうかの判断が極めて難しいとことは理解できよう[6]。しかしながら、プレ金融危機の段階でのマクロ面からの政策対

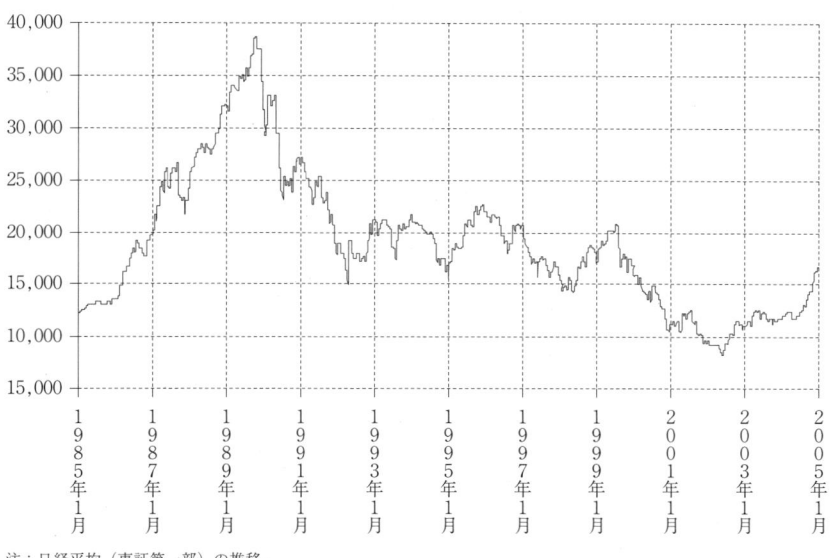

図3-3 我が国の株価の推移

注:日経平均(東証第一部)の推移。

応を考えた場合は、事態が進行している中でバブルかどうかの判断が求められることになる。

　例えば、80〜90年代にかけての我が国の地価・株価については、野口［1992］、西村［1990］、植田［1989］、吉川［2002］がバブルであったという判断を示す一方、国土利用白書［88年版］、原田［1988］、宮尾［1989］などにおいては必ずしもバブルとは言い切れないという見方を示している。

　また、今次金融危機における住宅価格の上昇についても、植田［2010］、Turner［2008］等がバブルであったとの明確な認識を示す一方で、リッチモンド連銀総裁のLacker［2006］が「住宅価格の下落はバブルの崩壊などではない」と講演で述べるなど、直前の2006〜2007年当時の見方は分かれていたといえる。

　さらに、今後の我が国の経済における判断を考えた場合、バブルかどうかを判断する上で極めて重要な要素である潜在成長力との関係で資産価格がバブル

かどうかを考えてみると、人口が減少局面に入りつつあり、潜在成長力も低下しているなかで、従来に比べ低い資産価格上昇率でもバブルあるいはそれに近い状況となってくる可能性があり、これをリアルタイムで把握することは──明らかにバブルだとわかる非常に高い資産価格上昇を除けば──難しい面を有しているといえる。

(2) 事象の金融システムへの影響の予測（危機に至るかどうかの判断）における難しさ

次に考えなければならないのは、当該事象の金融システムへの影響の大きさ、波及スピード、深刻度合（根深さ、将来への影響）などについて、的確に予測できるかどうか、といった問題である。CDOのような一商品の市場、あるいは住宅価格といった資産市場において価格が大幅に上昇し、これがファンダメンタルズから乖離しているとわかり、明らかにバブルであったとしよう。そうであったとしても、バブルが崩壊し、金融危機に繋がるか、金融システムに対して重大な影響を与えることに繋がるかどうかの判断は、それほど容易ではない。

例えば、今次危機の場合、サブプライムローンを中心とした証券化商品の問題に端を発したが、当初、例えば2007年春の段階では、証券化商品全般、CP市場、社債市場、デリバティブ市場のみならず、インターバンクの短期金融市場にまで甚大な影響が出ると予測していた関係者は、極めて少ないと思われる[7]。

今次危機において、サブプライムローンを原資としたCDOという一証券化商品の大幅な価格下落がマーケット全般に対して予想を超えるインパクトを与え、短期間で波及した背景としては、金融商品についての証券化・市場化の進展や、商品の複雑さ、ビジネスモデルの複雑さを指摘できる。これらによって、市場を通じてごく短期間に影響が伝播し、ある段階を超えると市場参加者が疑心暗鬼に陥り、一部の先は流動性確保のために投げ売りすることもあって、価格が付かなくなる（フリー・フォールとなる）という事態は今次危機でみられ

たプロセスである。また、プレ危機から本格的な危機に至る段階で、危機波及のスピードが極めて早かったことも特徴である。

さらに、個別金融機関の破綻についても、この金融システム面への影響を的確に予測することは非常に難しいと思料される。

今次危機において、英国のノーザンロックの取り付けの影響がここまで広がりを持ち大きくなるとは考えられていなかった[8]ほか、米国においても、リーマンショック破綻直後の時点においてすら、その影響や政府・FRB の対応への評価については見方が分かれていた[9]。

また、我が国の90年代のバブル崩壊後の金融危機においては、三洋証券の会社更生法の申請がインターバンク市場の機能不全に陥ることは予想されていなかったと言える。

なお、個別金融機関の救済については、こうした金融システム面への影響という視点のほかに、モラルハザードといった観点からの問題、すなわち、いわゆる"too big to fail"問題があることも付け加える。今次危機においては、この点も素早い本格的な対応による事態収拾を、関係当局（特に政府）に躊躇させる一因となったとみられる（本章2-2（3）参照）。

ただ、政策当局の上述の面についてのモニター機能をみると、我が国の場合、中央銀行は、市場については日常的にモニターしており、またインターバンクの短期金融市場については市場調節を常に行っているので、この分野の把握については一定のスキルを備えていると言える。また、個別金融機関の経営状況の把握については、監督当局（金融庁）、中央銀行（日銀）ともいわゆる検査・考査による個別金融機関への立ち入り調査権を有している。もっとも、市場化が進展し金融商品の複雑化・金融業務の多様化が進み、ヘッジファンド等の活動が国際的に広がっている中で、影響を予測するうえでの前提となる実態把握についても難しくなってきているのが現状であると言える。

2-2　金融危機を事前に抑制することの困難さ

状況把握の次に考える必要があるのは、バブルが発生している途中でこれを

抑え、ブームを抑制したり、事象が進行している中で本格的な危機段階に至る前に制度的な変更や監督の強化等により、これを抑えることである。

前者は、主として金融政策面での対応（金融引き締め）、後者は、主として規制・監督当局による対応が中心となってくる。

(1) 金融政策面での対応の難しさ

株価、不動産価格等、資産価格が大幅に変動しており、その結果として金融的な不均衡が発生するといった状況の下での中央銀行における金融政策のあり方については、近年、Fed view 対 BIS view という図式で論じられることが多い。また、金融危機発生の前提に資産バブルの存在があるとするならば、資産バブルを抑制することは、プルーデンス政策上も非常に大きな意味をもってくることになる。

本稿の目的は金融危機対応であり、事前的なバブル抑止のための金融政策ではないのでここでは、簡単に触れておくにとどめる。

Fed view とは「金融政策は資産価格に割り当てられるべきではなく、バブルが崩壊した後に積極的（aggressive）な金融緩和を行うことによって対応すべきである」という議論であり、BIS view とは「バブル崩壊後に発生する経済へのマイナスの影響の大きさを考えると、金融政策は"leaning against the wind"型の金融政策を追求することで、バブルの発生を回避することに努めるべきである」と議論であるとされる[10]。

前者は、Ahearene、Korn、Posen らが展開しており、論者によって主張の内容にいくつかの違いはあるものの、そのエッセンスを政策対応の観点からごく簡単に纏めると、①そもそもバブルかどうかをリアルタイムで判別は極めて難しく、②金融政策の対象はあくまで一般物価で、金融危機等に対しては金融政策ではなくプルーデンス政策で対応すべきであり、③バブル崩壊後においては大胆な金融緩和と金融システム防衛策等を講じることでうまく対応できる、という点が主張されている。一方、後者については、Borio、White などが議論を展開しており、金融政策当局は、一般物価水準だけではなく資産価格上昇、

第3章　金融危機を事前に防止することはできるのか　73

レバレッジの拡大、スプレッドの縮小等の金融的不均衡にも注意を払い、持続可能性が疑われる状況であるならば、金融政策（"leaning against the wind"型の金融政策を追求）とプルーデンス政策が協力して対応する必要があるという主張である。

　それでは、仮に資産市場がバブルである、あるいは持続が難しい状況であると判断できたとして、その場合、中央銀行が、現実に、金融政策をバブル抑制のために使えるかどうか。この点に関しては、以下の点を考慮する必要がある。

　第一は、一般物価水準あるいは景気とのバランス、すなわち他の政策目標とのトレードオフに関わる論点である。仮に中央銀行が資産価格にまで配慮すべきという立場を採ったとして、金融政策の手段が短期金利（あるいは当座預金量）という一つのツールに限られている中では、両者をみながら金融政策を考えていく必要が出てくる（二つの目的に対して一つの手段）。このため、当該資産市場におけるバブル生成・崩壊の金融システム、実体経済への影響を把握した上で、景気・一般物価面とのバランス等を総合的に勘案しながら対応せざるを得ない。緊急措置的にプルーデンス対応（信用秩序維持）のため、あるいは資産市場への対応のために、金融政策を使うとするならば、それは金融危機が実際に起こった後の危機的な状況、具体的には金融政策を発動して金利を下げることで経済を刺激したり潤沢な流動性を供与しないと市場不安が深刻に広がっていくとか、さらなる信用不安の連鎖、システミック・リスク顕現化の可能性がある、あるいは、金融・資産市場の悪化が深刻な経済の落ち込みを招く可能性があるなどの状況に限定せざるを得ないのではないかと考えられる。

　この点に関する根本的な問題として、政策手段に対して、政策目標が多すぎるという「政策手段の割り当て問題」が存在する。すなわち、教科書的な非開放経済の図式であれば、景気・物価に対して、金融政策と財政政策を割り当てることで対応できるが、例えば日本の現状に即して考えると、財政政策が国債残高の累増により対応が難しい中、景気・一般物価、資産価格（複数）、為替レートと多数の指標に配慮しながら金融政策を対応することとなる。加えて、コールレートO/Nものがゼロ近傍で推移している中、金融政策は効果発揮の

ためコミットメントによる時間軸効果を使いつつの対応を強いられることが多いため、バブル潰しのため機動的に金融政策を使うことについては（引き締め方向の政策であるだけに）なかなか難しい局面の方が多いと考えられる。

第二は、利害関係者、政治家等の金融引き締めへの抵抗である。たとえば、我が国の引き締めに対する政治的な圧力はよく知られているところである（本章、3-2（1）参照）。また、商品の歴史が浅く、新興市場である場合においては、市場の厚みがない中で、引き締めによるマイナスインパクトは市場の急激な縮小や崩壊に繋がりかねないだけに、利害の関係する市場関係者からの抵抗は非常に強くなる可能性がある。

第三は、金融引き締めを実施するタイミングの問題である。多くの先行研究でみられるように、実体経済面への影響はトランスミッションメカニズムを通してラグをもって発現する[11]ほか、市場や資産価格への影響も市場関係者、取引主体の認識受け止め方により異なってくると考えられ、不確実性が大きいように思われる。

こうした点を考え合わせると、結論的には「資産価格の上昇を抑制することに金融政策を割り当てることは適当ではない」[12]とのスタンスが妥当であると思料される。

(2) 制度的な変更（法的対応）や財政措置が伴うフレームワークを用意することの難しさ

金融危機に至る前に事前に対応するもう一つの方法は、影響がはっきりしてきた段階、あるいはプレ危機の段階で、金融監督当局（規制当局）が、規制や法律により対応したり、監督を強化することである。

しかし、こうした対応をとるには、金融危機の経済的な悪影響がはっきりわからないと難しい場合が多く、特に、踏み込んだ抜本的な対応等をとることは、たとえば大手金融機関が破綻したり、市場で甚大な影響が出るなど、政治的・社会的にもインパクトがあるような大きな事象が発現しない限り、政治的なコンセンサスが得られず、難しい場合が多い。このため、資産市場の価格が急騰

しているけれども、悪影響が具体化していないといった——パニック的な金融危機には至っていない——段階においては、金融制度の枠組みを抜本的に変更するなどの対応は採らないことが一般的である。さらに、国民負担を伴う制度・枠組みの構築については、我が国の90年代の金融危機の対応でみられたとおり、金融危機に至っても、なかなか行われないことが多い。もっとも、財政負担を伴う資本注入については、90年代の我が国の場合、最終的な決断までにかなりの年月を要したものの、今次危機においては、比較的速やかに対応したと言える。

(3) 個別金融機関の救済等の難しさ

　市場の混乱や連鎖的な大手金融機関の破綻懸念等の本格的な金融危機の発生に至る前の段階では、個別金融機関の経営危機が発生する。この段階で金融監督当局、中央銀行が直面する問題は、個別金融機関の救済（ここでは特融等の通常の、資金供給以外の個別金融機関に対する流動性供与・補完等の措置も含める）が、市場規律を働きにくくし、金融機関経営者のモラルハザードを招きリスクテイクしやすくしたり、リスク管理を十分に行わなくなる可能性があるといういわゆる TBTF（too big to fail）問題である[13]。金融監督当局、中央銀行は、システミック・リスクに繋がりかねないかということを基本的な視点として、具体的には決済システム全体への影響、金融機関の連鎖的な倒産・経営危機に繋がりかねないか、個別金融機関が存在しているその地域において不可欠かどうか、経済・市場面へのインパクトなどを総合的に判断して決めているのが実情であると考えられる[14]。

　金融監督当局・中央銀行の具体的な対応方法についてみると、多くの国において、中央銀行からの流動性供給、中央銀行や、政府によるライン保証、政府出資、国有化、行政上の措置（銀行法上の業務改善命令、業務停止命令等）など[15]のさまざまな手段が用意され、対応策が一応は整備されている国が多いものの[16]、実際の対応に関しては、状況の展開によってどのタイミングでどういった対応を行うのか、判断の余地が出てくることとなる。

TBTF問題が、金融危機時の判断を難しくした例としては、今次金融危機におけるリーマン・ブラザーズへの対応や緊急経済安定化法案（Emergency Economic Stabilization Act of 2008）の例がよく知られている。このケースでは、政府・連銀が、システミック・リスク顕現化の可能性を把握しながら、世論・議会の強い個別救済批判を背景にリーマン・ブラザーズを救済しなかった[17]ほか、事後的な対応に関わる点ではあるが、リーマンショック発生直後においても、議会は市場等が動揺しているにもかかわらず下院において緊急経済安定化法案を一度否決している[18]。

2-3 金融危機が発生しない、あるいは、極めて発生しにくいような枠組み・制度の構築

次に考えるべき問題は、金融システムに危機が発生しないように、商業銀行等狭義の金融機関や証券会社、ヘッジファンド等の業務、行動、財務面等について規制をかける（ルールベースで対応する）というアプローチについてである[19]。これには、各国の法律による対応のほか、国際的な枠組みによる動き（例えばバーゼルⅢなどのルール）も含まれる。しかし、そうした、自己資本の質的充実、自己資本比率の向上、商業銀行等金融機関の業務内容（ビジネスライン）の制約、流動性基準の設定、規制対象金融機関の範囲の拡大、モニタリングの強化といった手段を国際的な枠組みおよび国内法制の強化によって実施したり、既存の枠組みの中で監督・立ち入り調査を強化して実現するというアプローチについては、金融危機が発生した場合のマグニチュードをある程度軽減するといった効果はあり、必要でもあると思われるものの、根本的な解決にまでは繋がらないと考えられる。

その理由は以下のとおりである。

(1) 規制裁定（Regulatory Arbitrage）の問題

今次危機の背景には、銀行と同様の機能を果たしながら、商業銀行並みの規制を受けないプレーヤー、いわゆるシャドーバンキングシステムや、会計上連

結対象となっていない実質的には子会社ともいえる金融機関本体の別動隊 SIV（特別目的会社）、ABCP conduit（ABCP を発行して投資を行う子会社）、銀行本体でも規制上の扱いが異なるトレーディング勘定などの存在があることが広く指摘されている[20]。すなわち、商業銀行は、他の業態と比較して預金者保護等の観点から相対的に厳しい規制を受けているため、利益を狙ってレバレッジを高めようとするために、本体ではない子会社等により業容を拡大したり、自己資本賦課が高いバンキング勘定ではなくトレーディング勘定で証券化商品を扱うといったことを行った。こうした現象を Regulatory Arbitrage（規制を利用した裁定行動、以下「規制裁定」）と言う。当然のことながら、こうした行動は、商業銀行と他業態の間、あるいはバンキング勘定とトレーディング勘定との間に、例えば、所要自己資本比率、リスクウエイトなど、規制面で差があるからこそ発生するものであり、規制に全く差がない、すなわち商業銀行を含めて全く規制をかけない状況、あるいは、関係するすべての業態、勘定に同じように規制を課すこととすれば、規制裁定は発生しないこととなる[21]。

しかしながら、商業銀行が預金を取り扱っていることを考えると財務内容における健全性や業務内容等において、適切な規制を課さないということはありえない。一方で、業態間の規制の差によって競争における不公平感が出ることや、裁定行動が発生するいわゆる boundary problem も防ぐ必要がある。このため、今次金融危機を受けて、①金融機関に対する規制を財務内容、業務内容などそれぞれにおいて強化する、②従来商業銀行（あるいはその銀行勘定）に比べて規制が緩かった証券会社（投資銀行）やトレーディング勘定に対する規制を強化する、③当局による規制・モニタリングの対象範囲を直接的あるいは間接的（＝銀行経由）に広げることで極力隙間を埋める、といった対応が、バーゼル委員会や各国当局により検討され、進められてきている。

それでは、こうした規制強化、対象範囲（業態）の拡大により、今後の重大な金融危機の発生が本当に防げるのであろうか？

結論からいえば難しいのではないか。その理由として、以下のような点が指摘できる。

第一は、業態間のレベル・プレイング・フィールドの問題である。預金取扱金融機関であり、多数の人々から預金を受け入れることができ、法的にも強いセーフティネットが用意されている銀行と、証券会社やその他の業態を一律同じ規制で縛ることは難しい。しかしながら、金融技術や金融商品の発達・多様化とともに、かつてのような伝統的な区分けで複雑・多数の商品・業務内容を分類することはできず、結果として同じ領域（例えば証券化商品）での競合といったことも発生する。その際に利益追求を志向すれば、規制対象ではなく、会計上オフバランスでよい SIV、ABCP conduit といった別動隊を組成する[22]などの行動が起こることとなる。さらに、銀行と証券会社との間の関係だけではなく、（リスクアセットに制約のない）ヘッジファンド等との関係も考える必要がある。こうした業態間のレベル・プレイング・フィールドの違いを考慮すると必ず規制裁定の機会は生じることとなる[23]。また、業態間の問題ほど解決は難しくないと考えられるが、バンキング勘定とトレーディング勘定の間の規制の違いの調整も解決する必要がある。

　第二は、国際間のレベル・プレイング・フィールドの問題である。ある一つの国においてある程度業態間に公平性が保たれる規制を作成することについて可能となったとしても、各国間においては、過去の歴史や、それぞれの経済・政治的な事情等により、必ず違いが生じることとなる。一方で、市場がグローバル化し投資行動が国際化しているほか、金融機関の行動も国境を越えて行われる部分が大きくなってきているだけに、国際的な比較のレベルにおいて裁定機会が生じることとなる。こうした裁定機会は、バーゼルⅡといった国際的な枠組みにより調整を図っても、各国の市場、金融機関の発展度合いや法整備の進展等の実情により具体的な法整備にはかなりの差が出ることによって残る。特に、発展途上である一部の国々においては、金融制度等の整備が十分でない状況ながら、金融市場の国際化が進展し、規模も相当程度大きくなっていることが、要因として指摘できる。

　第三は、金融技術の発展と金融業務の複雑化を背景に、商品の広がり等金融の発達に対しては規制対応が後追いにならざるを得ない部分があるということ

である。今次危機についても、金融技術の発展を背景に普及した Originate to Distribute 型モデルが問題の根源となっているほか、証券が商品の広がりについては CDS 市場の発展が背景となっている。また、決済が可能で実質的に預金類似の機能を持っている MMMF への対応が問題となった。

最後に指摘しておきたい点は、ヘッジファンド等、規制の差を狙って投資する規制裁定をレゾンデートルとする業態が存在しており、国際的な市場経済の進展の中において、規制の違いにレバレッジをかけた投資等を行うことで大きな利益機会にしようとするインセンティブが常に働いていることである。

こうしたことから考えて、規制裁定の動きは常に発生しており、局面によってその影響が非常に強くなることが考えられる。これらは、金融規制の制度設計により異なってくるが、金融技術の進展のスピードや市場経済化といった点を考えると、規制裁定による問題を完全に解決することは難しく、金融市場の状況などによってはこうした問題が容易に顕現化すると思料される。

(2) 過度な規制が金融仲介機能やイノベーションへの活力を削ぐ可能性

一方で、規制裁定の問題等への対応のため、あまりに包括的かつ厳しい規制を課すことになると、金融セクターの金融仲介機能や多様なサービスあるいはその背景となっているイノベーションへの活力を削ぐほか、大きな社会的コストとなる可能性がある。

1990年代におけるバブル崩壊後の我が国の金融危機発生時においても同様の現象が発生した[24]が、ひとたび銀行等を中心に金融危機が発生すると、世論の金融機関に対する批判が過熱して、政治がこれに迎合するため、金融機関に対する過度な規制に繋がりかねないという点である。

しかし、こうした動きが過度なものとなると、金融仲介機能が損なわれるほか、金融セクターの技術進歩が阻害されかねず、結果としてそれらが実体経済の発展に対してよくない影響を与えかねないことが指摘できる。例えば、自己資本比率規制を強め、相当に高い自己資本比率を要求すると、これは金融機関の資本コストを高めて収益を圧迫し、その結果、リスクをとって積極的、イノ

ベーティブに取り組むことに対して抑制的に働くであろう。

また、規制強化が行き過ぎて金融仲介が極めて非効率なものとなり、実体経済にはねかえってくる遠い過去の事例としては、大恐慌、戦間期の混乱を経た第二次大戦後において、国際金融取引について強い規制をかけ、国際資本移動が原則禁止となった戦後のブレトン・ウッズ体制が指摘されている[25]。

(3) 規制強化によって金融危機の事前的な発生防止にどこまで取り組むべきか

一般に、資産価格の上昇に対する金融政策のあり方については、事後的な対応を重視する Fed view と事前的な対応を重視する BIS view という二つのアプローチに分けて議論されることが多いが、ここで、プルーデンス政策、特にバーゼルⅡ等自己資本・流動性等についての金融機関へのガイドライン（規制）を政府による政策手段ととらえ、金融危機発生抑止への対応の観点から、これになぞらえて考えてみると、「金融規制は過度に行うものではなく、金融危機が発生した後に事後的に資本注入、流動性対応、制度的対応（規制強化）等を行うことによって、金融危機へ対応するべきである」というアプローチと、「金融危機が発生する経済へのマイナスの影響の大きさを考えると、予め金融危機が発生することを回避するよう金融規制（強化）を行うべきである」というアプローチに単純化して議論することができよう。勿論、90年代の我が国の金融危機や今次危機のような大きな金融危機が発生した場合、全く規制、金融制度等を変更しないということはあり得ないであろう。しかし、どちらのスタンスをとるかによって、規制の強化度合いは大きく異なってくると考えられる。

前者の観点からみれば、①バーゼルⅡ等の枠組みはそもそもレベル・プレイング・フィールドを整えるために導入されたものであり、金融危機の発生抑止は主目的ではない、②金融危機へ至るかどうかの判断や、その前提となるバブルの判定は困難性が付きまとい、これを途中段階で制度的、あるいはプルーデンス政策により抑止することは難しい、③一方で、規制の経済的コスト（金融の発展を阻害することによるコスト）は非常に大きいとみられるので、基本的には、金融危機が発生した後、事後的に対応せざるを得ない、ということにな

る（纏めれば、金融危機は事前に発生を予知・抑制することは難しく、事後的な対応が重視される）。このため、金融危機を意識しての規制強化は、ある程度緩やかなものを志向することとなる。

一方、後者の視点からは、①ひとたび金融危機が発生することの経済的・社会的・政治的なコストは極めて大きい、②金融危機発生の前提として、多くの場合、バブルの発生、レバレッジの拡大などの金融的不均衡が存在するほか、金融セクターにおける十分な自己資本の質・比率の確保や、十分な流動性の確保などが図られていない、などが指摘できる、③このため、レバレッジの拡大の抑制、自己資本の質・比率の確保、流動性の確保等について規制を行うべきである、④規制の対象も漏れができる限りないように行っていくべきである、という考え方になろう（事前的な制度面からの抑制を重視）。こうしたアプローチで臨めば、規制強化の度合いは大きいこととなる。

我が国については、90年代のバブル崩壊による金融危機発生の過程において、それまで未整備であったセーフティネットが整備されたほか、金融検査マニュアル等の厳格な資産査定ルール、公的資本投入の法整備等、これまで欧米に比べ劣後していたプルーデンス関係の法律・制度の整備が一挙に進んだ一方、今次危機においては、金融機関への影響が軽微であったこともあって、バーゼル委員会等での議論における国際的な規制強化の動きに対してはあまり積極的でないスタンスであったように見受けられた。

一方、今次危機における欧米各国の対応とスタンスをみると、財政資金を含めた資本注入や不良債権買い取りなど、金融危機への直接的な対応のための制度整備等については、各国とも押し並べて早期に踏み込んで行ったと言えるが、一方で、事前的な抑止のための枠組み整備については、バーゼル委員会での議論の過程を外部から見る限りは、例えば自己資本比率、流動性確保などの観点で、かなり踏み込んで強い規制の枠組みをつくろうとする欧州と、欧州ほどは積極的ではない米国との間に差があるように見受けられた。これは、特に欧州を中心とした各国における金融規制強化を求める政治的な圧力が、大きく影響しているように考えられる。なお、バーゼル委員会等のこうした議論の過程に

おいては、規制を導入した場合の金融機関への財務的な影響などについてQIS[26]等で調査が行われているものの、こうした規制が実際にどの程度の効果を持つのかについては十分に議論されていないように見受けられ、規制強化の効果についての包括的な実証分析やその公表は今後の課題と考えられる。

3　問題点の具体的な検証

次に、90年代の我が国のバブル崩壊後の金融危機とリーマンショックを起点とする今次金融危機に関して、それぞれ、政府・中央銀行が、どのように把握し、対応していったのか、具体的にみていく。

ここでのポイントは、そもそも認識できていたのか、対応できたのか（認識できずに対応できないケースや政治的に対応できないケースが考えられる）、ということと同時に、今次金融危機が市場を通じて短期間に広がったことを考えると、認知ラグ、決定ラグ（利害調整等による実行決定までのラグが問題となってくる）、実行ラグ、政策効果発現までのラグなど、時間的なラグを抑えておくことが重要になってくる。ここでは、認知ラグと決定ラグを取り上げてみたい。

3-1　金融経済実態の実際の把握状況（認知ラグや認識レベルの問題）

まず、金融危機の発生前の段階で、実際に政策当局がどのように事態を認識・把握していたか、できていたのかについて、我が国の90年代のバブル崩壊後の局面および、今次金融危機における英国のノーザンロックの破綻および米国のリーマンショック発生時について、具体的にみてみたい。

(1)　90年代の日本における把握状況

我が国の場合、90年代後半の金融危機をみると、97年後半の三洋証券会社更生法申請から、山一證券、北海道拓殖銀行の破綻までの局面と、98年10〜12月にかけて、大手金融機関である日本長期信用銀行と日本債券信用銀行が立て続

表3-1 政府・中央銀行の金融面についての認識を示す（あるいは含まれる）主な定期刊行物

○：あり ×：なし		発行頻度	現状 (2010年)	山一・北拓破綻時 (97年)	長銀・日債銀破綻時 (98年)
日本銀行	金融システムレポート	半期	○	×	×
	金融市場レポート	半期	○	×	×
	金融政策決定会合議事要旨	月1〜2回	○	×	○
内閣府[27] （経済企画庁）	年次報告書（経済白書）	年次	○	○	○
金融庁 （金融監督庁・大蔵省）	金融庁の1年 （大蔵省の1年）	年次	○	○	○

けに破綻した局面の二つが、クレジットクランチといえる時期であると考えられる。我が国の金融についての当局の認識については、中央銀行を中心に拡充が図られ、現在、金融システムレポート、金融市場レポート（＝2011年10月から金融システムレポートに統合）等さまざまな資料で把握することができるが、当時の当局の認識状況については、必ずしもそうした公表資料が作成されていなかった（表3-1）。また、政府の年次報告書（経済白書）、金融行政当局の年間回顧はいずれも年報で、内容的にも経済的分析、事実関係の回顧が中心であり、政策当局の把握状況、判断根拠を示すものではない。このため、当時、月に1〜2度のペースで公表されていた日本銀行の金融決定会合の議事要旨（98年4月分より作成・公表）を通して、98年10〜12月にかけての長銀、日債銀破綻時の中央銀行の認識・モニター状況でみていくことする。

議事要旨を通してみられる認識・モニター状況をみる限り、98年10〜12月の長銀、日債銀破綻の1〜2カ月前の段階においては、すでに中央銀行はジャパンプレミアム、各種スプレッド等のプルーデンス政策に深くかかわる指標をフォローしており、資本投入も含めたプルーデンス政策のあり方や国会審議の金融市場等への影響などについても議論を進めるなど、中央銀行として備えるべき流動性対応の準備はできていたことを窺わせる議論が展開されている（表3-2）。

もっとも、このように98年9〜12月の局面で、我が国中央銀行において金融

表 3-2　金融決定会合で議論された金融

金融政策決定会合実施日	議事要旨に掲載されている議論において取り上げられている金融・経済指標の数	そのうち金融指標の数（資産価格、為替は含まない）	左記のうち特にプルーデンス政策と関係が深い指標の数	同具体的な指標
98年9月9日	38	14	4	◆ジャパンプレミアム ◆ユーロ円・TB金利差 ◆金融債・国債金利差 ◆米国リスクプレミアム
9月24日	31	13	5	◆ジャパンプレミアム ◆ユーロ円・TB金利差 ◆金利のリスクプレミアム ◆長短スプレッド ◆リスクプレミアムの銀行間格差
10月13日	37	17	3	◆ジャパンプレミアム ◆米国金融資本市場のリスクプレミアム ◆米国金融市場のボラティリティ
10月23日				日本長期信用銀行破綻
10月28日	36	11	1	◆ジャパンプレミアム
11月13日	30	11	2	◆ジャパンプレミアム ◆社債のクレジットスプレッド
11月27日	36	13	1	◆ジャパンプレミアム
12月13日				日本債券信用銀行破綻
12月15日	29	9	0	－

指標とプルーデンス関係の記述（日本銀行）

具体的なプルーデンス関係の記述
・「さらに何人かの委員が、金融システム問題を巡る不透明感が、金融市場や実体経済に重石となってのしかかっているとする趣旨の発言を行った」（p.7、第2パラグラフ） ・「ほかの複数の委員は、金融再生法案の国会審議の進捗度合や一部金融機関の処理問題など、金融システム問題全体の先行きが不透明であることを眺めて家計が防衛的な支出態度を強めている感があるとの見方を示した」（p.7、第3パラグラフ） ・「このほか、委員の間では、企業や金融機関の信用リスクに関する議論も活発に行われた。――以下略――」（p.7、第3パラグラフ）
・「ある委員から、当面の景気の足を引っ張る要因として、金融システム問題がとりわけ大きいとの指摘があった。――中略――重要なことは、銀行部門全体としての資本の現状にどう対処するかであり、業界の再編成を促していくためにも、公的資金の投入は必要不可欠との意見が述べられた。――中略――日本の金融機関は、存続可能なものも含めて全体として過小資本なのではないかとの懸念が示され、金融機関サイドでは、自己査定をベースに早期の不良債権の償却が進められることや、リストラや再編が重要であること、また政策面では早期に公的資金の投入に国民的合意がなされるべきことが強調された」（p.5、第9パラグラフ）
・「我が国にもともと内在するリスクとしては、金融システム問題の先行きが依然として不透明であることに各委員から異口同音に懸念が示された」（p.6、第2パラグラフ以降） ・「この関連で、ある委員からは、――中略――自己資本比率の算定を厳格化するとともに公的資本を早期一括大量に注入するといった対応を採らない限り、年末、年度末へ向けて、貸し渋りは厳しくなる一方ではないかとの危惧が表明された」（p.6、第6パラグラフ）
・「金融面の動向については、企業や金融機関の資金繰りに関する懸念が、実体経済に対して大きなダウンサイドリスクとなっている点に、委員の注目が集まった」（p.6、第2パラグラフ以降） ・「もっとも、早期健全化スキームが発動されるタイミングや条件等について現時点ではなお不明確であること、さらにそれによって金融機関の与信行動にどのような変化が生じるかについてはなおさらに不確実性が大きいことなどについて、ほぼ共通の認識がみられた」（p.6、第9パラグラフ） ・「早期健全化法の下での金融機関に対する公的資本の注入については、その効果について一定の効果を期待しつつも、現時点では実体経済へどのように影響していくのか不確実性が大きいというのが多くの委員の認識であった」（p.7、第5パラグラフ以降） ・「また、もう一人の委員は、公的資本注入によって起こりうる結果として、(1) 不良債権の償却が進み短期的にはデフレ圧力となるケース、――中略――の3つの可能性を挙げた」（p.7、第7パラグラフ）
・「金融面については、内外の金融資本市場で一時強まった信用収縮懸念が後退してきたことや、我が国金融機関、企業の年末越え資金調達も進みつつあることから、実体経済面と同様に、金融市場も小康状態にあるとの認識が概ね共有された」（p.6、第4パラグラフ以降） ・「具体的には、何名かの委員から、(1) 邦銀の年末越え外貨資金調達が峠を越えてユーロ円金利がピークアウトしてきていることや、(2) 金融機能早期健全化法のもとで、大手行の多くが――以下略――」（p.6、第10パラグラフ）
・「金融面については、各委員から政府が実施した信用保証制度の拡充や公的資本受け入れを含む金融システム建て直し策の策定――中略――落ち着いてきているとの評価が一様に示された」（p.8、第4パラグラフ以降） ・「金融システム立て直し策との関係では、日本債券信用銀行に対し特別公的管理の開始が決定されたことの影響について、いくつか言及があった」（p.8、第6パラグラフ）

システム面に関する議論がかなり踏み込んで行われていたことの背景として、①すでに前年の段階で山一證券、北海道拓殖銀行等大手金融機関が破綻し、次の破綻可能性が長信銀であることが市場関係者で認識されており、連鎖的な波及に備えて金融情勢を注意深くウォッチするモードに入っていたこと、②国会においても金融再生関連法案や公的資本投入の議論が進んでいたこと、③年末にかけてジャパンプレミアムが上昇することが多く、海外での邦銀の資金調達についてかなり前より不安があったことなどの事情があったことが指摘できる。言い換えると、金融危機の局面がこの時点で一般的な共通理解になっていたとも言える訳で、中央銀行がモニターを強め、踏み込んだ議論をしていたことは当然と言える。このため、議事要旨での議論が、平時からのモニタリング体制が金融危機を事前に把握できるレベルになっていることを必ずしも示しているとは言えず、公表資料からは金融危機を事前に把握できるレベルになっていたかどうかは不明である。

なお、当時すでにモニターすることができた各金融機関の CDS のプレミアムや劣後債等の指標についても、少なくとも議事要旨からは、議論された形跡が窺われない。

(2) 今次危機の把握状況①──英国ノーザンロック破綻のケース──

次にみるのは、今次危機における政策当局の認識・モニター状況である。最初に、リーマン・ブラザーズほど大きなインパクトはなかったが、今次金融危機のステージが変わるメルクマールとなり、また、本件の結果がその後の英国の金融監督体制にも大きな影響を及ぼした、英国ノーザンロックの破綻についての BOE のモニター状況をみてみたい[28]。

英国ノーザンロックは、19世紀に住宅金融会社として設立され、97年に普通銀行に転換した金融機関で、資産規模は97年10月末段階で1,010億ポンド（英国の銀行で資産規模第8位）と相応の規模を有する金融機関で、バランスシート上の特徴として、資産の90％が住宅ローンなどの個人向けローンが占める一方、資金調達の約65％を市場性調達に依存していた[29]。

破綻当時、「（英国において）ほぼ百年ぶりの取り付け」と報じられ、また、金融監督当局（FSA）において導入していた ARROW というアプローチによるリスクベースのモニター・立ち入り調査が不十分ではないかという批判を浴びた[30]。

ノーザンロックについては、2007年9月14日に BOE に支援要請を行ったことなどをきっかけに取り付け騒ぎが起き（翌2008年2月17日に一時国有化）、この取り付けがリーマンショックに繋がる一つの大きなメルクマールとなったが、本件に関し英国金融当局（FSA）のモニターが不十分であったことは、英国政府の報告書で明らかになっている[31]。

もっとも、同報告書では時点の経過とともに当局のモニターや認識がどう変わっていったかが把握できないため、英国の Tripartite Supervisory System（財務省・FSA・BOE）の主体の一つである BOE の MPC（Monetary Policy Committee）の Minutes（議事要旨）および FSR（Financial Stability Report）をフォローすることでどういった認識であったのかを確認したい。

まず、MPC（Monetary Policy Committee）の Minutes についてみると、取り付けが発生する2カ月前の7月4～5日、1カ月前の8月1～2日の段階では、「資産のリスクプレミアムは通常ではない程度の圧縮されており、もしこれが以前のレベルに戻れば資産価格が下落し、消費・投資に影響が出る」という認識であり、金融システムが脆弱といった認識は有していなかったようである。また、2007年の1月から6月にかけてサブプライムローンの不良化を背景に米国の住宅専門金融会社（モノライン）等の格下げ・引当金の大幅上積みを行ったほか、6月下旬にはベア・スターンズ傘下のファンドがサブプライム関連投資の失敗を背景に大幅な増資を行ったにもかかわらず、2007年7月4～5日開催分の Minutes では、サブプライムローン関連証券等についての記述はみられず、サブプライムモーゲージやその証券化商品に関連しての指標を取り上げているのは、8月1～2日開催分以降の Minutes からである。また、金融市場の脆弱性を認識した記述がされているのは、ノーザンロックの取り付け（9月14日）の直前の9月5～6日開催分の Minutes からである。もっとも、

表 3-3　金融決定会合で議論された金融

金融政策決定会合実施日	議事要旨に掲載されている議論において取り上げられている金融・経済指標の数	そのうち金融指標の数（資産価格、為替は含まない）	左記のうち特にプルーデンス政策と関係が深い指標の数
2007年7月4～5日	33	6	3
8月1～2日	35	6	4
9月5～6日	33	8	5
9月14日			ノーザンロック取り付け発生
10月3～4日	34	8	5
11月7～8日	48	9	3

以降のMinutesをみても、金融市場の動向に関しての把握に終始しており、我が国のようなプルーデンス政策や資本注入等についての議論の記述はみられず、BOEの経営レベルでプルーデンス面についてどのような議論がなされたのか、あるいはプルーデンス面についてどのように認識されていたのかは、Minutesからは不明である。この背景には、Tripartite Supervisory Systemといっても、BOEは金融機関向けの流動性供給を行うことが役割であり、金融

第 3 章　金融危機を事前に防止することはできるのか　89

指標とプルーデンス関係の記述（BOE）

同具体的な指標	具体的なプルーデンス関係の記述
◆投資適格社債等のスプレッド ◆ドル建て準投資適格社債のスプレッド ◆資産のリスクプレミアム[32]	・株価はボラタイルで投資適格社債のスプレッドは小さいがリスク資産のスプレッドは広がっており、ドル建て準投資適格社債のスプレッドも拡大している。 ・資産のリスクプレミアムは通常ではない程度に圧縮されており、もしこれが以前のレベルにもどると多くの資産価格が下落し、消費・投資に影響が出る。（パラグラフ5）
◆サブプライムモーゲージにおけるリスクプレミアムのレンジ ◆サブプライム関連証券の対社債スプレッド ◆リスクフリーアセットとリスキーアセットのイールド[32] ◆クレジットもの金融資産のボラティリティ	・資産のリスクプレミアムは通常ではない程度に圧縮されており、もしこれが以前のレベルにもどると多くの資産価格が下落し、消費・投資に影響が出る。（パラグラフ2） ・今月の金融市場での重要なニュースは、クレジットマーケットが急速に悪化し、関連して株価の下落や金利が変化したことである。この混乱のトリガーは、米国サブプライムモーゲージマーケットに関連して主要なヘッジファンドがロスを出し、MBSの格付けが訂正されたことである。（パラグラフ3）
◆サブプライムモーゲージのデフォルト率 ◆証券（ABS等）のクレジットスプレッドの動向等 ◆ABCP市場の需要動向 ◆LIBOR-OISスプレッド ◆LIBORスプレッド	・いくつかの金融市場は依然脆弱であり、正常に機能していない。（パラグラフ2） ――金融市場に関しての既述で、個別金融機関、制度等に関する記述はみられない。
◆MBSのスプレッド ◆ABSのスプレッド ◆LIBORスプレッド ◆社債イールド ◆モーゲージレートの標準偏差	・いくつかの金融市場は依然脆弱であり、正常に機能していない。（パラグラフ2） ――金融市場に関しての既述で、個別金融機関、制度等に関する記述はない。
◆非プライムMBSのスプレッド・格付け ◆オプション市場のインプライドボラティリティ ◆社債スプレッド	・いくつかの金融市場は依然脆弱であり、正常に機能していない。（パラグラフ2） ・マネーマーケットにおける貸出ボリュームは依然正常な水準をかなり下回っている。（パラグラフ3） ――金融市場に関しての既述で、個別金融機関、制度等に関する記述はみられない。

機関への立ち入り調査を行えなかったほか、98年以降はほぼ金融政策に特化しているため、プルーデンス対応はBOEの主たる役割ではなく、したがってMPCのMinutesの記述は、金融政策関係中心となっている程度が我が国以上に強いという事情がある。一方、FSAが当初どのような認識で、それがどう変化していったかについては、定期公表物がないことから不明である。

　一方、BOEのマクロプルーデンスに関する公式見解を示し、金融システム

表3-4　FSR（Financial Stability Report）で取り上げられている金融指標（BOE）

公表日	FSRにおいて取り上げられている金融指標の数	市場関係指標の数				銀行財務指標の数
		サブプライムローン関係	CDS関係	スプレッド・ボラティリティ	LIBOR-OISスプレッド	Tier1、レバレッジ等
2006年7月12日（No. 20）	48	1	3	5	非掲載	2
2007年4月26日（No. 21）	81	6	3	16	非掲載	2
9月14日	ノーザンロック取り付け発生					
2007年10月25日（NO. 22）	81	16	7	17	掲載	2

　のダウンサイドリスクを分析する半期に一度の定期刊行物であるFSRについてみると、チャート等で取り上げられている金融指標が2006年7月公表分の段階では48にすぎなかったのが、2007年4月のノーザンロックの取り付け発生5カ月前の段階では81と大幅に増加しており、発生半年程度前の段階においてはマーケット状況を中心に把握が進んでいたと考えられる。とりわけ、株式、社債等の市場に関するスプレッドやボラティリティについての指標に関する分析が大きく増加しているほか、サブプライムローン関係についても増加している。もっとも、ノーザンロックの取り付け発生から約1カ月後のFSRではサブプライムローン関係の分析指標をさらに大幅に増加させ、CDSについての記述を増やしたほか、それまで取り上げていなかった今次危機においてマーケット関係者において重視されたマーケットの流動性リスクやカウンター・パーティ・リスク等をみる上で欠かせないLIBOR-OISスプレッド[33]をようやく掲載するようになったなど、2007年4月公表のFSRと10月公表のFSRでは分析・モニターしている指標や分析内容にギャップが大きく、事象が発生してから事後的にモニターを強めた部分があることは否めないように思われる。

　FSRにおいて中央銀行が日常分析している指標を全て取り上げるわけでは

ないが、FSR における指標の取り上げ方や分析の記述等からみて、①平時段階では、金融危機において詳細なモニターが必要な指標を十分に抑えているわけではないとみられること、②（ノーザンロックに関しては）危機発生の数カ月前の段階では市場関係指標を中心にかなりモニターレベルを上げていたことがわかるが、それでも一部にモニターが十分とは言えない部分があった可能性、すなわち認知ラグが存在した可能性がある。

(3) 今次危機の把握状況②——リーマン・ブラザーズ破綻のケース——

米国においては、日英と異なり、FSR が作成・公表されていないことなどから、中央銀行等当局のプルーデンス面に関わる認識やどういった指標などを分析していたかどうかや、その局面におけるモニターレベルなどについては、現時点でも定点観測的な把握が難しい状況であり、金融政策面での意思決定に至る記述が中心である FOMC の Minutes あるいは議事録において金融政策面との影響から触れられている範囲で当局の認識状況を把握していくことが一つの方法である[34]。

これをリーマン・ブラザーズが破綻した9月15日前後の FOMC の Minutes を通してみると、すでにノーザンロックはベア・スターンズの問題が発生し、プレ危機的状況となっていた6月時点においては、取り上げられている金融指標、金融面の議論は、必ずしも金融危機と関連する項目についてのものが多くはなく、金融危機関連のものは半分程度（13のうち6）にすぎない。また、市場におけるカウンター・パーティ・リスクの広がり等を把握する指標である LIBOR-OIS スプレッドも明示的には示されていない。一方、直前の会合においては、金融危機関連の指標・項目等についての議論が増加している（金融危機関係指標等 6→10）ほか、LIBOR-OIS スプレッドも指標として挙がっている。さらに、リーマン・ブラザーズ破綻翌日の FOMC においては、議論で取り上げられている金融危機関連の指標・項目等が一段と増えているほか、破綻したリーマン・ブラザーズだけではなく、メリルリンチといった個別行についての議論も示されている。さらに、金融機関の流動性確保や金融システム危機の実

表 3-5　FOMC の Minutes で取り

金融政策決定会合実施日	議事要旨において掲載されたFOMC での議論・説明の項目等の数（パラグラフ数）	取り上げている金融指標の数（ストック価格、為替は含まない）	そのうち特に金融危機、プルーデンス政策と関係が深いものの数
2008年6月24〜25日	18	13	6
8月5日	27	12	10
9月15日			リーマン・ブラザーズ破綻
9月16日	29	18	16

体面への影響等の議論が行われていることがわかる内容となっている。

こうした議論の内容からみて、①6月段階（3カ月前）から8月段階（1カ月前）にかけて当局の把握状況がより一段と深まり、モニターする内容も変化していったこと、②リーマンショック直後においては、他金融機関への波及や実体経済への影響に関し一段と関心を強めたことがわかる。逆にいえば、3カ月前の時点では、LIBOR-OIS スプレッドが明示的に示されていないことや

上げられている関連した内容・指標等

同具体的な指標、内容等
◆低格付けCPのスプレッド ◆流動性の状況（TAF〈Term Auction Facility〉、PDCF〈Primary Dealer Credit Facility〉利用状況等） ◆適格社債・非適格社債・国債のイールド、スプレッド ◆ジャンボモーゲージのスプレッド ◆GSEsによって発行されたMBSの動向 ◆主要国のマネーマーケットの状況・イールド
◆LIBOR-OISスプレッド ◆低格付け非金融CPのスプレッド ◆ABCPのスプレッド ◆PDCF利用状況 ◆適格社債・非適格社債・国債のイールド、スプレッド ◆GSEsの状況とソルベンシーサポートプラン ◆住宅モーゲージ、30年ジャンボモーゲージのスプレッド、レート ◆MBS流通市場の状況 ◆主要国のマネーマーケットの状況 ◆金融市場参加者と住宅市場との関係等
◆ドルファンディング、ドル流動性の状況と通貨スワップ枠供与 ◆LIBOR-OISスプレッド ◆低格付け非金融CPのスプレッド ◆TAF利用状況 ◆ABCPのスプレッド ◆PDCF利用状況 ◆レポ市場の状況 ◆適格社債・非適格社債・国債のイールド、スプレッド ◆GSEsの財務省による管理開始とバックストップ貸付制度設置の公表について ◆リーマン・ブラザーズ破綻、メリルリンチ等の状況 ◆PDCFおよびTSLF（Term Securities Lending Facility）拡大等 ◆FFレート維持のための対応とFF等のイールド ◆住宅モーゲージの発行・流通市場の状況 ◆リーマン破綻のファンディング等への影響 ◆金融機関の流動性・資本の状況 ◆金融システムの緊張の実体経済への影響等

MBS、ABCPについても取り上げられていないことなどからみて、カウンター・パーティ・リスクや国内短期市場での流動性についての懸念や、ABCP市場の機能不全の可能性などについては3カ月前では予測できていなかった可能性があるとみられる。

ここでの一つの示唆は、危機発生前の段階で、危機のさまざまな市場への広がり等についてあらかじめ予測することは極めて難しいと考えられることであ

る。

(4) 当局の金融システムの状況についての認識についての簡単なまとめ

以上、中央銀行の金融政策決定会合の議事要旨およびFSRを通して、主として当局（中央銀行）のフォローの状況をみたが、これら等から以下の点が指摘できる。

①金融政策を決める決定会合での議論においても、中央銀行は、マクロの実体経済動向・金融市場の動向だけではなく、金融システムの状況をモニターし、これも踏まえて金融政策を決定していることがわかる。

②もっとも、決定会合の議論においてモニターされている関係指標をみると、今次危機においては、危機が発生した直前あるいは直後の決定会合になって大きく増えているほか、それ以前の段階では重要なモニター指標が議論の対象から抜けていることがわかる。こうした状況からみて、中央銀行の認識度合いやモニターレベルは、平時あるいはプレ危機段階では十分ではなく、認知のラグ等が生じていた可能性がある。少なくともフォーワードルッキングに金融危機に対応するためには不十分であった可能性がある。これは、今回の金融危機が市場型であり、当局・市場関係者の予測を超えて急速なスピードで広がったこととも深く関係する。

③一方、90年代後半の我が国の場合については、展開の速い市場型システミック・リスクではなく銀行型システミック・リスクであったこともあり、少なくとも98年秋以降の長銀、日債銀の破綻段階では──一部に追加すべき指標はあるものの──概ね適切なモニターができており、危機対応のための時間的な余裕はあったと思われる。

④なお、我が国について監督（規制）当局サイドの金融システムに関する認識やモニター状況に関して、適切なインターバルで把握できる資料は、年間回顧的な資料を除けば、公表されていない。このため、規制や監督面でスタンスを変えたとしてもその背景や金融システムへの認識の変化を定点観測的にモニターすることはできない[35]ほか、的確にモニターを行って

いるかどうかや、認知ラグ等も不明であり、今後は監督（規制）当局がどういった議論を行いどのような認識をしているのかについて、定期的に示すことを検討してもよいと思われる。

3-2　危機発生に至る前の事前的な政策対応の状況と圧力のレビュー

次に、政策（個別金融機関に対するプルーデンス政策、金融システム全体のバランスを考えたマクロプルーデンス政策、金融政策）を実施のラグが生じることや、規制の尻抜け（あるいは規制裁定）となる背景である業界・議会（政治）・市場等からの圧力について考えてみたい。

すなわち、まず金融政策（金融引き締め）によるバブル抑制に関して考えると、資産価格等の上昇や規制の緩和は、業界、国民にとっては利益機会あるいは利益そのものが増えることに繋がり、好ましく感じられることが多く、逆に金融引き締めによる資産価格上昇の抑制や規制強化は、利益や利益機会が減ることとなるため、反対する動きが生じることとなる。

とりわけ、我が国の金融政策については、プライマリーバランスの悪化、国債発行高の累増等を背景に財政政策の追加余地が限られている状況下、政府・政治家からも金融緩和圧力がかかることが多い。これは、バブルの生成を早い段階で食い止め、金融危機を事前に抑止するための政策について、金融危機が発生したときに対応する二つの主体、すなわち政府と中央銀行が、事前の段階では足並みが揃わない可能性があることを示す。

一方、市場モニタリングの強化、法律・制度の変更（規制強化）などについては、業界の反対、あるいは逆に緩和を求めるケース、所属する状態についての適用回避への動きなどがみられる。米国の場合は多くはロビイスト活動を通じ、我が国の場合は、業界等から規制当局への要請といった形をとることが多いようである。

また、事前的資本注入についても税金投入に繋がることから、国会あるいは国民からのコンセンサスがなかなか得られないことが指摘できる。

以下では、具体的にこれまでの事例において、金融危機に至る前の段階での

表3-6　政府・中央銀行の事前的な政策対応（政策手段）とこれにかかる圧力

（○：機能あり、×：機能なし）

政策手段等	政府	中央銀行	圧力主体等
市場・金融機関モニタリング（事前的対応）	○	○	業界・市場からのモニタリング強化回避のための圧力。特にヘッジファンド等シャドーバンキングシステムからは回避圧力。
金融政策（事前・事後）	×	○	政府、国会、関係業界から緩和圧力。
流動性供与（事後的対応が基本）	×	○	—
資本注入（事後的対応が基本ながら事前的対応もあり）[36]	○	△（特融[37]）	国会、国民より回避圧力（税金負担回避）。
立ち入り調査の強化（事前・事後）	○	○	関係業界から強化回避の要請。中央銀行に対しては業界から二重負担回避の要請。
法律・制度対応（自己資本比率規制等のバランスシート規制、その他）（事前・事後）	○	×	関係業界から、規制強化回避、規制緩和の圧力・要請。

（左側の矢印：市場↑関係の深い分野・領域↓国会）

政策対応について、どういった圧力が加わったかを簡単にレビューしたあと、制度的な強化による対応などルールベースでの対応等に関しての限界について述べる。

(1) バブル生成・崩壊期の日本のケース

バブルの生成・崩壊の我が国においてよく知られている事実は、金融政策に関して政治からのプレッシャーである。

日本銀行に対しての政治が圧力をかけたとみられる代表的なケースとして、以下の3つの事例が広く知られている。こうした政治から中央銀行へのプレッシャーは、我が国は先進国の中では比較的強いようにみえる。

▽1989年12月　大蔵大臣が公定歩合引き上げの白紙撤回させたと報じられた事例

▽1992年2月　与党副総裁（当時）が「日銀総裁の首を切ってでも利下げさせる」とコメントして利下げ圧力をかけた事例

▽2000年8月　与党幹事長（当時）が、日銀法改正をちらつかせ、追加利上

げを牽制した事例（政府自体も金融政策決定会合で議決延期
請求権を行使）

このうち、最初の事例は、旧日本銀行法の下であり、現在とは政府と日本銀行との関係が根本的に異なることに加え、為替レート・海外からの緩和要請等複雑な事情があったことなどから、当時の政治・経済環境、法的な枠組みの下で、バブルがほとんどピーク時点の状況であっても、バブルを抑制するために機動的に金融政策を使うことが難しかった事例と言える。言い換えれば、金融危機に対応する二つの主体である政府と中央銀行の足並みが、状況次第では必ずしも揃わないことを示す事例である。

また、バブル期における規制面からの対応については、1990年3月から銀行局通達で総量規制および三業種規制[38]を実施する中で、住専等を経由した迂回融資が急速に進み（＝規制のループホールの存在）、これが不良債権の増嵩に拍車をかけたことは、数多く指摘されている[39]が、こうした状況下、住専を中心としたノンバンクからの不動産関連融資が進んだ理由としては、①「免許制でないノンバンクに、総量規制など強い行政措置は取れない」（当時の土田正顕大蔵省銀行局長）として、ノンバンク自体は（銀行とは異なり）総量規制の対象外になったこと、②総量規制の欠点を補う（金融機関融資の）三業種規制は、住専を含むノンバンク、建設、不動産に対する融資状況を半期ごとに大蔵省に報告することを義務付けたが、各都道府県レベルの信用農協連合会などの農林系金融機関に三業種規制は課せられなかったこと（このためノンバンクは資金を確保できたこと）[40]、が指摘できる。このような規制強化のループホールができたことの背景についてみると、金融政策のようなあからさまな利下げ要求、利上げ回避要求とは異なり、当時の裁量的行政の中での密室的な行政と業界との関係の中でのことであり、「真相は現在でも依然として闇の中」と当時の論文、マスコミ報道では異口同音に伝えられているが、住専が大蔵省・母体行から多数の天下りを受け入れる中、「その『秘密』を解く鍵はおそらく政策当局・母体行・住専三者の癒着関係のなかにあるのではないか」[41]との見方が多い。すなわち、密室の中で住専への規制強化回避が決まっていった

とみるべきであろう。このように、我が国の場合は、かつては密室的な業界と規制当局とのコミュニケーションの中で、規制回避的な対応が決定されるケースがあったといえる。

(2) 今次危機時

米国の場合、資本注入を行う場合の財政資金投入への反対（国民・世論を通じて議会に来る）といったケースもあるが、業界からの要請やプレッシャーはロビイスト活動を通じて議会関係者に対して行われるケースが多い。

具体的にみていくと、すでに多くの論文、著作で指摘されているとおり、今回の金融危機発生の大きな背景として、2004年の大手投資銀行持ち株会社に対するNet Capital Rule免除の例が挙げられる[42]。この事例は、欧州の金融界が米国に対して投資銀行の規制強化を要求していた状況下、米国投資銀行はSECの傘下に入ると同時に、CSE（Consolidated Supervised Entity）プログラムへの参加を条件に、1934年のSecurities Investment Act以来続いていたNet Capital Ruleの適用が外され、従来のNet Capital Ruleの下では15倍以内に制限されていたレバレッジが拡大可能となったものである。こうした対応の背景に、業界からの工作、ロビー活動等があったと言われている[43]。また、最終的に、投資銀行が事実上なくなり、Net Capital Ruleの適用除外先がなくなったのは、リーマンショックが起こった後であった。

また、1993～94年にかけて国際的なデリバティブ規制強化の流れの中で、4つの規制法案が議会に提出されたものの、ISDA（国際スワップ・デリバティブ協会）を中心としたロビー活動により、結局、自主規制を行うにとどまった。これが、最終的には、CDO等各種の証券化商品やCDSの急速な拡大を招くことになり、今回の金融危機発生の遠因となったと指摘されている[44]。

一方、金融政策面では、Fed View的な考え方の下グリーンスパン議長時にはFed自らが緩和的なスタンスで臨んだこともあって、今次金融危機に至るまでの金融緩和局面では業界、政治か等からの日本のような露骨な金利引き下げ圧力の例は表立ってはみられなかったが、かつてを振り返ると、加藤・山広

[2006][45]によれば「A. F. ブリマー FRB 元理事が1989年に書いた論文によれば、FRB 創設時以降の14人の大統領（ウィルソンからシニア・ブッシュ）のうち、12人の大統領は FRB に対して何らかの圧力をかけてきた」とされる。こうした過去の経緯からみる限り、資産価格の上昇に対してバブル発生を抑えるために金融引き締めを行うことが容易ではない場合があることは、想像に難くない。

このように、我が国においても、米国においても、中央銀行の金融引き締め方向での対応や金融規制強化に向けた動きに対しては、常に抵抗やあるいは規制の場合はループホールを模索する動きがみられ、政府・中央銀行が機動的に金融危機の事前抑止のための対応を行うことについては、状況次第では難しいと考えられる。

3-3 ルールベースでの対応の限界

次に、ルールの厳格化、規制強化で、金融危機発生を防ぐことができるのか、自己資本比率を一例として簡便に検証をしておきたい。

現在バーゼル委員会で検討されている動きの中で中心的なものは、国際的な活動をする銀行に関し、新たに定義した中核的自己資本の最低限度を設け、レバレッジを抑制しようというものである[46]。これにより今次金融危機に匹敵する規模のストレスに、金融機関が耐え得ることを可能とすることを狙っており、方向としては健全性維持に資することとなる。もっとも、実際の決定においては、QIS（定量的影響度調査）を行い、各国の主要な金融機関が対応可能なレベルに設定されており、事実上、金融外交の産物といえないこともない。

しかし、中核的な自己資本が8％を上回る程度で本当に健全性は維持されるのであろうか。この程度で十分なのであろうか。極めて乱暴な議論であるが、資産のうち融資が60％、有価証券が40％という構成ですべて100％リスクアセットであると仮定し、また自己資本が8％とすると、有価証券の価格が2割以上下落すれば債務超過に陥ることとなる。しかし、今回の Markit 社の ABX 指数[47]を最上位格付けの AAA についてみても、通常100であるものが、2009

年3月16日段階ですでに59.75と4割以上指数レベルが下落している。仮にポートフォリオで保有する有価証券がサブプライム住宅担保MBSに集中しているとすると、最上位格付ですら耐えられないという計算になる。

　実際、ヘッジファンドでアクティブな運用を行っている先では、リスクの高い運用に一定の制約をかけたり、バランスシート上の総資産対比での自己資本比率について30～50％以上をキープする方針の先も窺われる[48]。

　結局のところルールベースの対応により、各国が対応できる範囲で中核的自己資本の最低水準を幾分引き上げたところで、将来の未知の金融危機に対して必ず耐え得るかというと、そうした保証はない。金融システム全体におけるリスクを抑制し、システミック・リスク発現を防止しようというマクロプルーデンス的な観点での対応は方向として有効であっても、それが実証研究等を根拠に十分であることを検証するなど十分な確認を経ていないとみられ、仮にこれが各国の利害、対応可能な範囲等の制約を考慮した政治的な決着であるならば、多少の抑止効果はあっても根本的な解決は難しいと思料される。

　そのほか、融資基準規制等、金融機関の資産サイドの量を抑制するというアプローチも考え得るが、企業の調達ルートが多様化し間接金融に限られていないためバブルの抑制に対して十分有効であるかどうか判断が難しい面があるほか、金融機関業務についても市場関係取引を中心に多様化し、また国際化も一段と進展している中で、実効性を上げていくことは非常に難しいと考えられる。

　もっとも、現在研究・検討が進んでいる景気サイクルに対してプロシクリカルにならないような自己資本比率設定方法など、一定のフィードバックルールを有し、これが銀行行動へのインセンティブに影響を与える仕組みを導入することは、政治的なアクションなしに金融システムが安定する方向に作用することもあり、金融危機発生を抑止するうえで一定の有効性を持つ可能性がある。

4　小括

　以上を簡単に纏めると、次のようになる。

①金融政策面での事前的な対応により金融危機の前提であるバブルの発生を防ぐことは、バブルであるかどうかの判別が難しいこと、一般物価水準・景気、資産価格等複数の目標を金融政策という一つの手段で対応せざるを得ないこと、政治家・国会・政府等関係者が反対する可能性があることなどから、容易ではなく、基本的には難しいと考えられる。

②規制をはじめとする制度の変更により金融危機のインパクトをある程度軽減することはできるが、どのような変更を行ったところで規制裁定の問題が残る。また、規制強化で対応することについては、業界圧力・利害調整コスト等を伴うことから危機が発生する以前に行うことは容易ではない。特に抜本的な対応・強化であれば、関係者のコンセンサスは得られる可能性は少なく、(いったん危機が起こりその影響が広く認識された後の)事後的な対応が中心となる可能性が大きい。

③このため、金融危機については、事前的対応で発生を完全に防止することは難しく、事後的な対応を速やかに弾力的に行いうる体制を構築することが重要である。ただし、マクロプルーデンスの視点から、一定のインセンティブを与えることで銀行行動をコントロールしていくような枠組みを考えていくことは、金融システムの安定性を高め、危機発生時の影響を小さくする上で有効であると考えられる。

④また、当局(政府・中央銀行)が、将来予測力を中心に――現状必ずしも十分とは言えない――モニター機能を高め(ストレステスト等)、フォワードルッキングな視点をもって対応することも重要である。モニターについては、市場参加者でもある中央銀行の役割が大きい。

注
1) 植田和男［2010］「世界金融経済危機：機器の原因、波及、政策対応オーバービュー」『CARF ワーキングペーパー』CARF-J-062、3 ページを参照。
2) 例えば、白塚重典・田口博雄・森成城［2000］「日本におけるバブル崩壊後の調整に対する政策対応――中間報告――」『日本銀行　金融研究』2000年12月号を参照。

3) Reinhart, Carmen and Rogoff, Kenneth [2009] *This Time is Different*, Princeton University Press 参照。
4) 妹尾芳彦・塩屋公一・鴨原啓倫 [2009]「バブル及びデフレについて――基本的概念と歴史的事実を中心に――」『内閣府経済社会総合研究所 New ESRI Working Paper Series』No. 9、2～5ページ、柳川範之「バブルとは何か――理論的整理」村松岐夫・奥野正寛編 [2002]『平成バブルの研究 上』東洋経済新報社、196～197ページをもとに記述。
5) 例えば、伊藤修・黄月華 [2010]「バブル発生の認知と膨張の抑止」伊藤修・埼玉大学金融研究室編『バブルと金融危機の論点』日本経済評論社、79～106ページでは、地価、不動産のバブルについて資本還元法での理論価格（賃貸料あるいは家賃／金利）と実際の価格を比較して判別。
6) さらに、我が国においては、仕組み上、公示地価等の地価統計が実勢に比べ遅れることや、金融機関の引き当てルールにより、地価変動による担保価額の変動の貸出金引当、不良債権額への反映がラグをもつことも、判断を難しくしている原因といえる。
7) 米財務長官のヘンリー・ポールソンは2007年春、「議会証言において、サブプライムローン問題は「封じ込められたようだ」と語っている（テット [2009] 260ページ）。ところが、2007年8月以降、ABCPの金利が急騰するなど突如としてCP市場などが変調を来した。
8) 2007年9月14日に取り付けが発生し、その後も拡大していったため、9月17日に政府が預金を全額保証しBOEが必要運転資金を供給して取り付けを収集した。もっとも、これ以降、サブプライムローン危機は、シャドーバンキングシステムだけではなく銀行システム全体の危機へ波及していった（テット [2009]）。2008年1月、英国下院の報告書 "The run on the rock" 参照。
9) 多くの報道が他の金融機関への影響や市場の急落を報じる一方で、例えば*NY Times*の9月16日の社説では、「財務省とFRBがリーマン・ブラザーズを破綻させ、バンクオブアメリカへのメリルリンチの身売りを財政支援せず、トラブルに陥った保険会社AIGグループに融資する代わりに仲介役にまわったのは、奇妙とはいえ心強いことである」「政府が介入していれば、世界の金融システムの極度の危機、または連邦当局の極度の弱さを露呈することになっただろう」と論じた。
10) 白川方明 [2008]『現代の金融政策――理論と実際』日本経済新聞出版社、399～403ページ、伊藤修・黄月華前掲「バブル発生の認知と膨張の抑止」80～83ページ、翁邦雄 [2010]「バブルの生成崩壊の経験に照らした金融政策の枠組み――FED VIEWとBIS VIEWを踏まえて」、吉川洋編『デフレ経済と金融政策』第1章、慶

應義塾大学出版会、を基に筆者整理。
11) 実証分析については、例えば、原田泰・増島実［2010］「金融の量的緩和はどの経路で経済を改善したのか」『デフレ経済と金融政策』第8章、慶應義塾大学出版会での推計結果を参照。
12) 白川方明［2008］『現代の金融政策——理論と実際』日本経済新聞出版社、413ページを参照。
13) TBTF（too big to fail）問題について、より詳しくは、Stern, Gary H. & Feldman, Ron J.［2004］*Too Big To Fail*, Brookings Institution Press を参照。
14) 金融機関救済の原則としては、米国の預金保険法（Federal Deposit Insurance Corporation Improvement Act）においては、その地域において不可欠と考えられる金融機関においてはこれを救済するという「不可欠性原理」が示されている。また、我が国においても、預金保険法第102条において、金融システムへの影響、地域にとっての不可欠性という要件が示されている。一方、流動性供与を行う中央銀行に関しては、我が国の場合、特融の実施にあたり「①システミック・リスクが顕現化する惧れがあること、②ほかに資金の出し手がいないこと、③モラルハザード防止の観点から、関係者の責任の明確化が図られるなど適切な対応が講じられること、④日本銀行自身の財務の健全性維持に配慮すること」という特融四原則が示されている（1999年5月日本銀行業務報告書）。
15) 過去の経験からみると、政府・中央銀行共同での市場安定化、システム不安沈静化にむけた「声明」といった手段もよく使われている。
16) 我が国の場合は、2000年の預金保険法の改正により、システミック・リスクへの対応にあたっては、政府の役割として対応することが規定されている。
17) 例えば、アンドリュー・ロス・ソーキン『リーマン・ショック・コンフィデンシャル』早川書房、2010年、第13章を参照。
18) リーマン・ブラザーズの破綻は2008年9月15日、金融経済安定化法案の下院での否決は2008年9月29日。
19) 税制による対応も考えられるが、例えばバブルが生じる投機対象資産に課税を強化することは、——もともとの税制が中立的である限り——中立性が失われ、資源配分等に歪みを生じさせるため、望ましくないといえる。
20) 例えば、植田和男［2010］「世界金融経済危機：危機の原因、波及、政策対応オーバービュー」『CARF ワーキングペーパー』CARF-J-062、11～20ページ参照。
21) 例えば、翁百合［2010］『金融危機とプルーデンス政策』日本経済新聞出版社、43～50ページ参照。
22) これらの活用により金融機関は本体のリスクアセットを増やさずにすみ、この

結果、自己資本比率を維持できた。
23) 業態による規制の差は収益機会に繋がり、プレイヤーは規制緩和を求めたり、規制の小さい業態（機関）を活用したりした。具体的には、①業界の強い要望により大手投資銀行の自己資本比率におけるNet Capital Ruleが2004年に外され自主規制になったことが今回の金融危機の背景となっていること、②大手投資銀行等がサブプライム住宅ローンを原資産とした証券化商品利用したOTDモデルを進める際に、本体で行うのではなく規制の対象外となっている組織を新たに設立したといった動きがみられたこと、などが指摘できる。
24) 一例をあげると、我が国の場合、1999年1月の引き当てについての「要管理先15％、破綻懸念先70％」のメルクマール提示や、2002年4月の「5割8割ルール」（主要行について破綻懸念先債権を1年以内に5割減、2年以内に8割減）等が、金融機関の融資抑制や貸し剥がしへのインセンティブとなった。
25) 植田和男「世界金融経済危機：危機の原因、波及、政策対応オーバービュー」35ページ参照。
26) 定量的影響度調査（Quantitative Impact Study）のこと。
27) 内閣府は、例えば、『世界経済の潮流』（半期毎に発行）において今次金融危機を詳細にフォローするなど、定期的に状況把握に努めているように窺われるが、ここでの議論のポイントは1997～98年当時の我が国金融情勢についての政策当局の把握状況であるので、当時、同資料は発行されていなかったことから、上述の表からは外した。一方、年次報告書、月例経済報告は金融当局も含めた政府全体がオーソライズしたものであるのでここに含めた。
28) 規制当局であるFSAの認識が示されるFinancial Risk Outlookは70ページ程度のコンパクトに纏まった冊子であるが、年報で銀行のリスクテイク状況、リスク管理体制についての記述が中心であり、また、金融市場等についての判断は基本的に示されていない。
29) 経緯について詳しくは、House of Commons Treasury Committee［2008］参照。
30) ARROW（Advanced Risk Responsive Operating Framework）とは2000年1月より導入されているリスクベースのアプローチで、概略は、インパクトの評価（4段階）、リスク顕在化可能性の評価（ビジネスリスク、コントロールリスクに分けた上でグループ分けをして評価）を行った上で、リスク評価に応じた経営改善計画を金融機関に策定させ、これをチェックしていくという手法。モニタリングの効率を優先しており、表面上の計数から計算してリスクが小さい先においては立ち入り調査の頻度が少なくなどしたことから、これが金融機関のモニターが不十分なことに繋がったのではないかとの見方があった。このため、ノーザンロック

第3章　金融危機を事前に防止することはできるのか　105

問題に関して、2007年10月9日の英国下院財務委員会（Treasury Select Committee）において、一義的なモニタリングを行う当局であるFSAのMcCarthy長官に対して、リスク評価・検査等モニタリングの頻度、FSAから財務省・BOEへの報告のタイミングや連携状況等について聴聞が行われるなど、頻繁に金融危機対応のあり方・当局間の連携等について国会（下院財務委員会等）で議論がなされた。

31) House of Commons Treasury Committee［2008］参照。
32) ※を付した指標に関しては、厳密には、必ずしも金融指標とは言えないが、金融面のリスクと深く関連しているので、ここに含めた。
33) LIBOR（ロンドン銀行間取引金利）とOver-Night Index Swap Rateの乖離幅として計算され、市場における流動性リスクと信用リスク（カウンター・パーティ・リスク）が金利に反映されたプレミアム部分を示す指標として広く利用されており、日銀FSRでも今次危機において重視した指標の一つ。なお、OIS市場の概要や取引形態、意味合いについては、日本銀行［2007］「OIS市場調査の結果（07／5月実施）」参照。なお、LIBOR-OISスプレッドは、市場関係者では日常的にモニターされている重要な指標であるが、米国短期金融市場における2007年夏以降の局面におけるTAF（Term Auction Facility）の効果を巡って、その変動要因について「主としてカウンター・パーティ・リスクを反映して変動している」（Taylor and Williams）という見方と「カウンター・パーティ・リスクのみならず、ターム物金利市場の流動性の低下（上昇）の影響を受ける」（McAndrews et al.／Wu）いう見方に分かれ議論されたいわゆる「ブラック・スワン論争」が知られているが、この点については本稿では論じない。

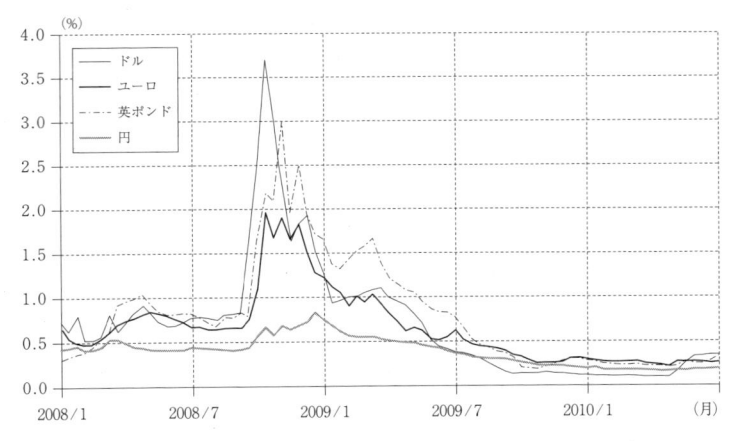

因みに、2008年以降のLIBOR-OISスプレッドの推移は上記のようになる。

34) ただ、FOMC の Minutes については、日銀 MPM の議事要旨や BOE の MPC の Minutes と異なり、分野・項目ごとの記述で、具体的にどういった指標・統計をみているかは言及されていない場合が多いので、日英と同様の分析を行う際には、議事録をチェックしたり、Minutes の記述内容から類推していかざるを得ない面がある。なお、ほかに、FRB では "Monthly Policy Report to the Congress"（日本銀行の金融経済概況にあたるもの）、"Monthly Report on Credit and Liquidity programs and the Balance Sheet"（各金融ファシリティの実行状況の説明が中心）、Treasury も各種議会報告のためのレポートや各種委員会の Minutes を作成しているが、いずれも事実関係の記述が多く、政策判断のプロセスや背景となる金融動向等については FOMC の Minutes ほど参考とならない内容となっている。

35) 年間回顧で事実関係を把握できるほか、毎年7月頃の時期に改定する金融機関に対する業態別の監督指針の変化点をみることはできるものの、いずれも年に1度であり、国際化し、市場経済の影響が大きくなり、変化が激しくなる中においては十分とは言えない。

36) 2004年8月に成立した金融機能強化法は事前的な資本注入が目的。

37) 日銀特融は通常、四原則に従いソルベンシーに問題がない先の流動性供与が中心であるが、山一、日債銀で行ったとおり、資本注入も可能。

38) 平成2年3月27日大蔵省銀行局通達第555号。総量規制とは、「（土地関連融資について）総貸出の増勢以下に抑制する」こと、三業種規制とは「不動産業及び建設業、ノンバンクの三業種に対する融資の実行状況を報告する」ことを各銀行に義務づけたことが、その内容。

39) 例えば、相沢幸悦『日銀法二十五条発動』中公新書、1995年、第3章参照。

40) 毎日新聞特別取材班［1996］『住専のウソが日本を滅ぼす』毎日新聞社、59～75ページ参照。

41) 佐伯尚美［1997］『住専と農協』財団法人農林統計協会、45ページ参照。

42) 証券取引委員会（SEC）の規制緩和検討会議は、欧州系投資銀行との競争に不利にならないようにするため、大手投資銀行に対し負債を自己資本の12倍（当時の規制では15倍）にするとしてきた Net Capital Rule を除外し、自発的な監督の枠組み（CSE〈Consolidated Supervised Entity〉プログラム）を導入することを決定した。この対応が、その後の大手投資銀行のレバレッジ拡大に繋がった。

43) Halloran, M. J. [2009] "Systemic Risks and the Bear Sterns Crisis" *The Road Ahead for the Fed*, Ed. By J. D. Ciorsiari and J. B. Taylar, Hoover Institution Press, pp. 151-169 参照。

44) この間の事情については、ジリアン・テット［2009］『愚者の黄金　大暴走を生

んだ金融技術』日本経済新聞出版社、第2章「規制当局との駆け引き」に詳しい。

45) 加藤出・山広恒夫［2006］『バーナンキのFRB』ダイヤモンド社、255〜257ページ。

46) 主だったものとしては、このほかに、Liquidity Coverage Ratio（適格流動性資産／30日のストレス機関に必要となる流動性＞100％）、Net Sable Funding Ratio（安定調達額〈資本＋預金・市場性調達の一部〉／所要安定調達額〈資産×流動性に応じたヘアカット〉＞100％）という二つの流動性指標の導入による流動性規制がある。これは、金融危機における政策対応上の時間的猶予を得るうえでは一定の効果があると思料されるが、十分性の検証についてはさらに実証等を深める必要があるように思われる。

47) サブプライム住宅担保証券（MBS）20銘柄のクレジット・デフォルト・スワップより算出された価格指数。

48) ここで意味している自己資本の中身は、安定的な出資、運用益からの内部留保等である。勿論、この高い比率には、デリバティブでの運用を行っているなど、商業銀行と比べてかなりリスキーな資産運用を行っていることが背景にある。なお、ヘッジファンドの実情については不透明な部分が多いうえ、各ファンドにより差が大きいとみられる。筆者が把握できた数少ない事例をベースに記述しており、ヘッジファンドにおいて共通とは言えないことに注意を要する。

第4章　平時の金融監督体制の工夫と危機発生時の対応

1　はじめに

　本章では、金融危機を踏まえての平時における監督体制の工夫と危機発生時における具体的な対応について考察を進める。

1-1　本章の位置付け

　第3章の分析により、金融危機発生の前提となっているバブル発生の見極めについては、——事例によってはそれほど遅くない段階でバブルとの判断が可能な局面が存在する場合も存在するものの、——多くの場合、特に初期段階においては大きな困難が伴い、また、バブルと見極められるような場合においても、バブル抑制方向での政策対応は政治的にコンセンサスを得ることが難しく、事前に金融危機の発生を完全に防止することは困難であることを説明した。また、第2章では伝統的な銀行の与信形態である貸出を原因とした信用不安の伝播による金融危機の発生と比べ、いわゆるリーマンショックにみられるような市場性が高く仕組みが複雑な証券化商品を活用した銀行ビジネスモデルの下での金融危機は、市場を通じた伝播であるだけにその波及スピードが速いうえ、複雑なストラクチャーを有した商品をベースに流動性を調達していることなどから、金融危機発生後の対応は難しさが増していることも述べた。
　こうしたことを踏まえると、金融危機は今後とも相応の頻度で発生し、しかも金融商品の市場化の進展を背景に危機の波及スピードが一段と速くなる可能性があることから、その対応はこれまでにも増して難しくなると予想される。

このため、将来、このような対応が難しいケースが発生する可能性があることを前提に、――危機発生を事前的に完全に抑止することはできないにしても――発生のインパクトを極力小さくするような仕組みをビルドインした金融規制・監督の枠組み[1]、あるいはアドホックな工夫をまず考える。リーマンショックなどこれまでのさまざまな金融危機の経験から、金融機関行動に対して、発生時のインパクトが小さくなる方向へのインセンティブがかかっていないフレームワークの中では危機は拡大しやすく、金融危機発生後の対応が一段と困難なものになることが予想される。これを避けるためには、金融危機を完全に抑止することができないにせよ、その被害を最小限に食い止めるための規制・監督上の仕組みを工夫することが重要であることは理解できよう。そこで、本稿の主題である金融危機時の対応から多少ずれる面もあるが、こうした工夫について本章で検討を加える。それを考えるに当たっては、これまですでに実施・検討されてきたような、金融機関における所要自己資本引き上げ、レバレッジ規制、流動性規制、トレーディング勘定に関する規制、リスクアセットへの規制など、従来から金融業界で取り組まれてきているアプローチだけではうまくいかない恐れがあり、そうした状況を打開するためには、安全工学やシステム生物学[2]的なアプローチなど、従来、金融ではあまり使ってこなかったさまざまな知見を利用することが必要であると思料される。

また、どのような金融システムのルール、金融監督の枠組みをつくったところで、金融危機が「決して発生しない状況」をつくることはできないので、「いかなる枠組みであれ金融危機は発生する可能性がある」という視点から、金融危機が実際に発生した場合の対応、すなわち金融危機発生時の「コンティンジェンシー・プラン」について考察、検討を進めていく。その際、国際的にみてユニークな面がある我が国金融制度の中で、危機対応を担う中心的な存在である政府、中央銀行の役割――どういった役割分担を考えておけば、的確な対応を行いうるのか――について具体的に考察する。

さらに、金融危機対応を行った後、これをどういった視点から事後的にチェックしていけばよいかについて、考察を加える。

なお、これらの点については、現在、バーゼル委員会をはじめとする国際的な監督機関等の場や各国規制当局、中央銀行、学会等において、学術的な面や将来的な政策対応のみならず実際の制度変更、具体的政策対応についてまでも含めて正に議論が進んでいるところであることを申し添えておく[3]。

1-2 今後の金融危機対応を考えていくうえでの考え方の整理

3章までの分析を踏まえ、本章で具体的な対応を展開する前に、リーマンショック等最近の金融危機発生時において危機対応・政策対応が難しくなってきていることの主な理由、および、その対応へのインプリケーションを予め示しておくと、以下のとおりである。

➤ 2章で確認したように、金融機関経営における市場化の進展などを背景として、金融危機の波及のスピードが速くなっており、対応についてスピード感が求められること。こうしたことから、初期対応のためには流動性供与手段を整備・拡充することが必要となる。

➤ 危機発生のメカニズムや関係する商品のストラクチャー、ビジネスモデルが難しくなるなど、複雑性が増してきていること。さらに、危機発生後の事態の展開も、複雑性やその広がりのスピードもあって、事態の展開の予測がかつてに比べて難しくなっているケースが多いこと。これに対応するためには、まず、政府・中央銀行——とりわけ市場参加者でもあり、流動性供与手段を有している中央銀行——におけるモニター力の向上が重要になると考えられる。

➤ 税金投入等、対応に社会的なコストがかかる場合には、危機対応を決定するために議会等でコンセンサスを得ることが難しく、決定までの時間もかかること。この対応のためには、平時の段階で、危機に陥った際の処理スキームを用意しておくこと、危機に陥った際には一部の決定権限を特定の機関に付与することで、危機に迅速に対応できるようにする仕組みを構築しておくことが考えられよう。

➤ 我が国については、そもそも事前に準備されている危機管理の枠組みやそ

の前の段階での金融監督のあり方、関連法制などが、これまでは、従来型の貸倒れを背景に個別金融機関が破綻するケースに対応したものであり、市場型の金融危機に十分適合しているとは必ずしも言えないこと。これに対応するためには、危機対応の枠組みをチェックする仕組みを構築したうえで、金融規制、危機管理の枠組み・ルール（法律等）について見直す必要があろう。

➤さらに、多くのケースにおいて金融危機発生の背景となっているバブルの抑制、是正（いわゆるバブル潰し）についても、特に初期時点では、バブルかどうかの判別が難しく、またそれが判断できたところで、マクロ政策等によるバブルの抑制については、利害関係者の反対などから困難を伴うとみられること[4]。

➤金融監督・規制の観点からの対応（金融危機が発生しづらいような徹底した規制強化）を考えると、どのように規制を強化しても規制裁定が起こりうること。また、安定性と効率性・発展性（イノベーション）はトレードオフにあり、金融への規制のコストは大きいと考えられるので、十分な安定性が確保されたような枠組みを構築し、これを維持し続けることは難しいこと[5]。この対応には、現在、商業銀行にやや偏った感がある当局・中央銀行によるモニタリングをシャドーバンキングシステムにまで、——その行動を大きく阻害しない範囲内で——拡充していく必要があろう。

それでは、こういった問題に対して、具体的にどのように取り組めばよいのか。また、どういった工夫が有効なのであろうか。具体的な対応等を検討する前に、アプローチの視点、考え方におけるポイントを示しておきたい。

第一は、考察に当たっては、従来の経済学、金融論に基づいたアプローチ（バーゼル委員会での議論や今回の金融危機後の対応における各国の多くの議論）に加えて、安全工学的な考え方（フェイルセイフ、原因究明と責任追及のあり方、IEC61508〈機能安全国際規格〉等）やシステム生物学的アプローチによるシステム・ロバストネスの考え方（フィードバックルール、冗長性、ロ

バストネス・トレードオフ等)の視点を参考にすることが、有益と考えられることである。

　第二は(前述の列挙部分でも挙げた点であるが)、危機の展開が早く、また関連商品が複雑でその本質の理解も難しい可能性が高いことを考えると、予想外の事象が多々発生することが危機の現実であり、事前に危機管理の具体的な対応を詳細まで——法律、政省令等で——決めておくことは難しい。むしろ、専門機関であるところの危機に対応するプレーヤー(政府、中央銀行等)ごとに(具体的な対応の詳細ではなく)その役割、行動における目標および責任を決めておくことが実際的であると言える[6]。これを決めることによって、対応主体の裁量性を限定的に認める訳である。一方で、処理、対応等における費用負担や典型例に当てはまるようなケースの破綻処理の方法などについては、可能な範囲で、破綻が生じる前の段階で定めておけば、各プレーヤー、組織の対応における意思決定が迅速に進むと考えられることである(Living Will の活用)。これにより、当該金融機関を金融システムから秩序だって離脱させることで、金融システム自体を守る訳である。

　こうした対応を行う前提としては、各プレーヤー、組織の性格的な特性、組織の特徴をよく認識して、役割分担を決めておく必要がある。

　第三は、すでにこれまで述べてきたとおり、金融危機を事前的に制度的対応により完全に防止することは、①規制裁定の問題や、②金融システムが複雑化してきており発生の予見が困難であること、さらに、③予見できたところで利害関係者との調整が難しいこと、などから事前的な防止は難しいものの、制度的に金融危機発生時のインパクトをある程度抑え、その発生頻度を抑制することは可能であると考えられる。よりよい制度のフレームワークの構築に当たっては、(1) 参加者のインセンティブを十分踏まえて制度設計を行い、リスクが時間の経過とともに拡大しない形となるようフィードバックルール、ビルドイン・スタビライザー機能を埋め込むことが有益であるほか、(2) one-size fits all strategy の金融規制では対応が難しいため[7]、主体ごとに分けたきめ細かいルールを設ける形で金融規制の制度設計を行うべきであると思料する[8]。我

が国の金融においては、規制の制度設計やその決定・実施は議会および行政（金融庁など）が担う形となっているが、その前提となる金融市場やプルーデンス面でのモニターについては中央銀行が一定の役割を果たしており、この位置づけを明確にしておくことは有用であると思われる。

　第四は、金融危機における一連の対応についての検証の必要性およびその検証に基づいた対応である。すなわち、危機が発生した際の金融規制について制度上大きな漏れはなかったか、規制裁定の発生に対してそれが発覚した際にスムーズに対応できるような仕組みはあったのか、金融システムに対するモニターは的確かつフォーワードルッキングにできていたのか、実際に危機が発生した際の対応はスピーディかつ的確にできたのか、危機的なステージからの脱却についての判断（ストレステスト）は妥当だったのか、などの点について、第三者的な立場から的確な検証がなされ、その検証に基づいての是正的な対応が行われるようなPDCAサイクルを構築することが必要である。また、検証に当っては、今回、幾つかの国、国際機関等で公にされたようなレポートが我が国でも作成、公表され、議会等に対して説明されるべきである。

　第五は、政治、議会との関係についての考察が不可欠であるということである。すなわち、金融危機における一連の対応を単純な図式で捉えると、発生後、応急的な措置として中央銀行が流動性を供与するなどの対応を行うが、当該銀行のソルベンシーに問題があるもののデフォルトさせた場合にシステミック・リスクが顕現化しかねないなどの場合においては、流動性供給だけの対応では済まず、公的資金注入など財政資金を投入しての対応が必要となる場合が多い。過去の事例をみても、こうした財政負担を伴うような対応を決定しない限り、システミック・リスクの顕現化を抑えることができず、ドミノ的な金融危機波及の側面から脱却できなかったケースが少なからず窺われる。しかしながら、こうした税金を使った対応を実施することについては、予め立法等でスキームが定められていない場合には、議会の承認が必要となってくる。その際には、必ずしも金融について必ずしも専門的な知識、理解を持たない議会を納得させない限り、新たな対応は難しいということになる。こうした状況においては、

議会の承認を得るまでの間の対応として、中央銀行がシステミック・リスク顕現化を抑えるため流動性供給以上の役割を果たさざるをえない場合も想定され得る。このような問題についてどうアプローチすればよいのかということを念頭におきつつ、危機対応を考えていく必要がある。ただし、本稿においては、危機対応と政治との関係については、簡単に触れるだけにとどめる。

今後の危機対応やプルーデンス政策を考えていく上で参考になると考えられる概念の中でも、伝統的な経済学、あるいは金融の概念でないものや、ごく最近、国際的な議論の場で出てきた概念・用語などについて、以下のボックスで予め簡単に説明する[9]。

【BOX】

ツールキット（関連用語）の説明[10]

◆システム・ロバストネス（System Robustness）
　システム生物学的アプローチでは、「システムの特徴で『システムが、いろいろな擾乱に対してその機能を維持する能力』」と定義し、それを向上させるファクターとして、①（ネガティブ）フィードバック（……システム制御）、②冗長性と多様性[11]、③モジュール構造[12]、④デカップリング（バッファリング）構造[13]、が挙げられる[14]。工学では、こうした概念は、航空機等輸送機械、電気製品等電気機械、その他安全性を求められる分野で広く取り入れられている（安全工学）。金融においてもすでに利用されている概念があり、今後、さらに活用が広がる可能性がある。

◆フィードバックルール
　擾乱（実際の状況の想定された状況に対するずれ）に対して、システムの状態と望ましい状態との差を、入力にフィードバックして、その差を修正する制御手法。ネガティブ・フィードバック（負帰還）とは、誤差の方向に対して反対方向（＝負）に制御して戻すところからついた名称である。1927年8月にベル研究所のエンジニア Harold Black によって発明された方法[15]とされる。

◆冗長性（Redundancy）[16]
　一般的には、バックアップシステムの果たす同じ機能を持った予備機によるバックアップ機能と考えるとわかりやすい。ロバストネスを向上させるためには、いわゆる fault tolerant（失敗や誤差等が生じても正常に稼働するなど、許容性が高い）あるいは fail soft（意味は同様）なシステムとなっていることが必要で、

これを満たす必要がある。例えば、同じ働きをする要素がたくさんあり、それがお互いにバックアップするときに、「冗長性」という言葉が使われる。具体的に冗長性を満たす例を挙げると、航空機においては重要計器は二つ用意されていることが多いが、これは一例である。また、生物学においては、人間に腎臓が二つあることが、冗長性の一例として挙げられているケースもある。我が国の金融制度に準えると、例えば、当局の銀行への立ち入り調査に関しては、金融庁の「検査」と日本銀行の「考査」があるが、どちらも「金融検査マニュアル」に依拠して実施されており、その内容はあまり異ならないと言える。すなわち、両者は機能面からみて代替性があると考えられるため、プルーデンス政策の観点からみれば、緊急時の対応等において冗長性の概念からその意義を見出すことができよう。

◆フェイルセイフ（fail-safe：多重安全装置）

装置・システムにおいて、誤操作・誤作動による障害が発生した場合、安全側に制御すること、またはそうなるような設計手法で、信頼性設計の一つ。これは、システムは必ず故障する、あるいは、ユーザーは必ず誤操作をするということを前提としている。元々は、ランド研究所の Albert Wohlstetter（1913-1997：核戦略家として著名）が、「あらゆるものが計画どおりに動くとは限らない」という前提の下、「もし各爆弾搭載の爆撃機が誤ってモスクワ攻撃に向けて出撃したら、どのように爆撃機を呼び戻せばよいのか」ということを考えた場合、これを回避するためには、「攻撃命令が確かに出ていることを確認するための一連（複数）の『チェックポイント』を設け、爆撃機がそれぞれのチェックポイントでチェックを受けなければ、攻撃を続行できないようにすべき」で「攻撃命令が確認できなければ、攻撃命令は自動的に取り消される」とする考え方およびシステム。米国空軍でこの考え方が採用され、「これまでにいくつかの局面で核の大惨事から世界を救っていたかもしれない」と言われている[17]。例えば、インターバンク参加者における会社更生法適用について、専門的な機関による事前チェックという形でのフェイルセイフが構築されていれば、三洋証券の破綻に伴うインターバンク市場の機能不全発生は防ぐことができた可能性がある。

◆バックストップ（Backstop）

元々は野球・テニス等のバックネットのことであるが、「非常時の場合の予防措置」との意味もあり、プルーデンス政策においては「経済・金融の安定の最後の支え」[18]のことを指す。例えば、金融市場が不安定な際における中央銀行の流動性ファシリティや多額・大量のオペなどは、CP・社債市場に対するバックストップになっているなどという評価がある[19]。

第4章　平時の金融監督体制の工夫と危機発生時の対応　117

　金融危機の拡大を防ぎ、悪影響を最小限に食い止めるには、短期金融市場（インターバンク市場）やCP・社債・証券化商品等の市場などに適切なバックストップを設ける必要があるが、整備が行き過ぎるとモラルハザードが生じかねないだけに、そのバランスが重要となる。

◆ Living Will

　直訳すれば「生前の意思」あるいは「生前遺言」で、元々は、例えば「尊厳死の権利を主張して延命治療の打ち切りを希望する」といった医療分野における事前の意思表示のことであったが、金融機関が破綻する前に事前に対応──破綻処理計画および再建計画──を決めておくという意味で使われている。いわゆるバーゼルⅢにおいては、バーゼル委が2011年7月に公表したシステム上重要な金融機関に関する協議文書において G-SIFI（Global Systemically Important Financial Institutions）に予め作成することを義務付けた RRP（Recovery and Resolution Plan）がこれに当る。G-SIFI は一定の条件に該当するような経営危機に見舞われた際には、金融機関が主体となって予め作成した Recovery Plan（再建計画）に従って going concern として立て直す一方、さらに深刻な破綻に危機に瀕した場合には、当局が主体となって予め作成した Resolution Plan に従って対応する仕組みである。なお G-SIFI は、G-SIB（Global Systemically Important Banks）と記されているケースも多い。

◆ マクロプルーデンス[20]（Macroprudence）

　金融システムを構成するさまざまな要素や、それらの相互関連に目配りをしながら、金融システム全体のリスク動向を分析・評価し、それに基づいて制度設計や政策対応を図ること（G30［2010］など、なおマクロプルーデンスの定義について詳しくは、後述4章2-1を参照）。今次危機のケースにおいては、資産間の相関などの問題により多くの金融機関が（リスクが分散されたと考えていたにもかかわらず）結果として共通のリスクをもつエクスポージャーを膨らませてしまったこと、規制裁定の問題、さらには個別金融機関のリスク回避的な行動が金融システム全体においては逆にリスクを増大させたことなどから、個別金融機関の健全性の確保だけでは金融システム全体の安定性が必ずしも確保されないことが広く認識されるようになっており、こういった視点での政策対応が必要なことが明らかになっている。⇔ミクロプルーデンス（個々の金融機関の健全性を確保するよう規制・監督を行うこと）

◆ Cocos（Contingent Convertible Securities）[21]

　会計上の自己資本比率がある一定水準を下回った場合に資本に転換負債性の証券

（一種の社債）。コンティンジェント・キャピタル（条件付き資本）の一形態である。
◆資本サーチャージ（Capital Surcharges）
　金融システム上重要な金融機関に対して求める資本の上乗せ。
◆Bail-in 債務（Bail-in Debt）
　　金融機関が破綻あるいは破綻に瀕した際に、債権者が債務の削減・減免や返済猶予などの形で負担すること。具体的には、破綻に瀕した大手金融機関が債務を株式に転換できるような債券を発行するといったスキームが検討されている。なお、bail-in とは、第三者が資金を提供することで破綻から救い出す bail-out に対する言葉として使われている。
◆マルチディシプリナリー・アプローチ（Multidisciplinary Approach）
　　FRB が近年打ち出した考え方で、システミック・リスクを示唆するような事象を監視するための日常的なレビューを行う際に、それを行うワーキンググループの構成員として、銀行監督官、金融アナリスト、会計・法律の専門家、エコノミスト、リスク管理の専門家、金融リスクのモデラー、規制資本アナリスト、検査官等多くカテゴリーの専門家を活用し、多面的にチェックしていこうとするアプローチのことである。

2　平時[22]における金融監督体制の工夫

　前述したとおり、本稿は、制度設計により金融危機を完全に抑止することはできないという立場である。しかしながら、金融機関行動等に一定のインセンティブをかけるように制度設計することで、ある程度、そのインパクトを軽減することができると考えている。そうした制度設計を考えるに当たり、最近、学会、実務家等がさまざまな場で行っている議論[23]のうち、有益と思料される論点や現行の制度・枠組みを簡単に説明しつつ、今後の制度設計において参考となるポイントを取り上げる。

2-1　枠組み全体のあり方についての最近の議論（マクロプルーデンスの定義、そのあり方）

　いわゆるミクロプルーデンス政策が個別金融機関の健全性維持のための政策

と位置付けられるのに対し、マクロプルーデンス政策については必ずしも明確なコンセンサスが得られた定義があるわけではないが、本稿では、「金融システム全体の安定性を維持し、システミック・リスクの顕現化を回避するための政策」と単純化して考えることとする[24]。役割分担的には、ミクロプルーデンスに関しては、規制・監督当局（我が国においては行政当局である金融庁）に一義的な責任があるものの、流動性供与に関しては中央銀行の対応が中心となることに加え、マクロプルーデンスに関しては、後述するように、規制・監督当局のみならず、中央銀行も大きな責任を有していると考えることができる。

次に、マクロプルーデンスに関する最近の論点をみる。

マクロプルーデンスとミクロプルーデンス、あるいは個別金融機関の健全性の問題とシステミック・リスク、マクロ的な金融全体の問題を論ずる上では、個別金融機関によるリスク回避的な行動が場合によっては金融システムを崩壊させかねないという、いわゆる「合成の誤謬」を考慮したうえで、枠組み全体を考えていく必要がある。この点については、Shin［2009］はバーゼルⅡのフレームワークとの関係で次のような事例を挙げている。

「例えば、銀行1は銀行2から借り入れがあるとしよう。銀行2はほかにも貸出債権があるとして、これらが何らかの事情によって焦げ付いたとする。この場合、銀行2はこれ以上自己資本が毀損されることを回避するために、銀行1への貸し出しも回収するであろう（負の外部性）。これは、銀行1からみれば『取り付け』にほかならず、ノーザンロックやリーマン・ブラザーズの破綻は、こうした『取り付け』が顕現化した事例であると言える。このように、個々の金融機関レベルのリスク回避行動（この例の場合は銀行2のリスク回避行動）がシステム全体からみれば好ましくない結果をもたらし得ることは明らかであるにもかかわらず、バーゼルⅡはこうした行動を（個別金融機関に）促す仕組みとなっている」。

Shinは、その解決策として、外部性の度合いであるスピルオーバー効果の大きさを測るための「システミック・インパクト係数（systemic impact factor）」[25]を金融機関ごとに測定し、これをベースに「ピグー税」[26]を課すこと

を提案している。この事例のように、個別の金融機関に対して、金融システム安定化に繋がるようなインセンティブをかける形でのフィードバックルールを考えて金融システムのデザインに取り入れることは、システミック・リスクの顕現化を避けるために有益であると考えられる。

　Calomiris［2011a］は、頑健なインセンティブ付けを行う金融改革プログラムが必要であるとして、①当局が格付けごとにデフォルト率とその信頼区間を設定し、格付け会社は半期ごとに長期債務格付けを調整する義務を負う、②貸出債権のリスク・ウエイトは貸出金利（スプレッド情報）を用いて計算する、③規模が大きい金融機関には、自己資本比率が一定水準を下回った場合に資本に転換されるCocosを一定量以上発行するように義務付ける、④金融機関には流動性リスクの顕現化に備えるため、資産の最低20％を現金で保有するよう義務づける、⑤当局が金融機関を救済する際には、債権者に対して元本と金利に対する最低10％ヘアカット（掛け目）を求める、などを提案した。また、こうしたルールを策定するに当たっては、①ルールはシンプルでわかりやすいものでなくてはならない、②金融業の複雑化を食い止め責任の所在を明確化する必要がある、③金融機関にとってのインセンティブ上の問題点を改善しなくてはならないが、それを金融機関自ら改善することは困難であり、規制当局主導で進めていくことが重要である、と指摘している。これは、今後、金融規制を改善するためには、全体デザインを考えつつ、金融安定化に資するため、インセンティブ付けを行う対応の具体例を示した一案である。最近の提案は、インセンティブ付けを重視する方向に進みつつあるように窺われる。

　上述とは異なる観点からの議論であるが、白塚［2011］は、物価の安定と金融システムの安定の関係、言い換えると、一つの政策手段で金融政策とプルーデンス政策双方の目的——景気と物価の安定と、金融システムの安定の二つ——を持続的な形で追及していくために、中央銀行業務において「限定された裁量（constrained discretion）」を提唱した。すなわち、物価の安定と金融システムの安定を整合的かつ持続的な形で追及していくためには、両者の短期的なトレードオフ関係を考慮に入れつつ、プルーデンス政策の運営面においても

中央銀行が何らかの裁量的な判断を行っていく必要があり、その過程において中央銀行はこれまでの政策行動に関するトラック・レコードを重視しつつ中長期的な視点から「物価の安定と金融システムの安定を整合的かつ持続的に追及していくため」に政策措置を発動するとともに、その政策意図や理論的根拠を社会に対して説明していくべきであると主張した。

　また、マクロプルーデンスにおける役割分担に関しては、井上［2010］は、バーゼルⅢにおいてマクロプルーデンス政策がこれまで監督当局が担ってきた個別金融機関への監督機能を強化する一方で、システミック・リスクの兆候を察知する上では、金融機関や市場のデータ、情報を広く高頻度で収集、分析する必要があり、これは中央銀行が金融政策運営のために行ってきたモニタリングとの親和性が高いとして、「各金融機関に政策対応を行う部分は監督当局が、システミック・リスクの発生源を把握する部分は中央銀行が、おのおの分担しあうことが効率的で合理的である」と主張した。

　一方、日本銀行［2011］は、近年、ミクロの金融機関の危険回避的な行動が金融システム全体におけるリスクに繋がるケースがみられること、新しい金融技術や多様な投資家の出現などによりリスクの所在や規模が把握しにくくなっていることを背景に、マクロ的な金融システムの状況把握の重要性が高まっているとして、①金融システム全体の状況とシステミック・リスクの分析・評価、②システミック・リスクの抑制を目的とした政策手段の実行や勧告が重要であるとした。後者（②）については、監督当局・中央銀行による検査・考査やモニタリングの活用や、カウンターシクリカル資本バッファー[27]等の「直接ないし間接的に金融システムや実体経済の働きかけを行い、システミック・リスクを抑制しようとする」ようなマクロプルーデンス政策手段の導入を挙げている。

　また、最近、国際機関、海外当局等において、マクロプルーデンス政策の手段について、具体的な手段を説明することで、認識を深めようといった動きがみられる[28][29]。

　これらの議論を踏まえると、マクロプルーデンス面での政策対応においては、

①金融システム全体に対するモニタリングの強化——特に中央銀行のモニタリング力強化——、②ミクロの金融機関のリスク回避行動が金融システム全体のリスク増大に繋がらず、金融機関が金融システム全体のリスクに対して抑制的な行動を行うインセンティブを持つような制度設定の検討、③中央銀行におけるプルーデンス対応のための金融政策の裁量的な利用についての検討、が必要であるほか、④マクロプルーデンス政策手段について海外での動きに遅れることなく我が国でも継続的に検討し、知識・ノウハウを蓄積していくことが肝要であると考えられる。

2-2　規制・監督主体のあり方、切り分け、マクロプルーデンスに責任を有する機関

最近の各国あるいは国際機関の議論をみると、リーマンショックの混乱などの反省を受け、「マクロプルーデンスに責任を有する機関」を新たに設置あるいは明定し、その下で政府、中央銀行が定められた役割を示すといったマクロプルーデンスのデザインを提案し、改革を実行している先が多い。

G30［2010］では、マクロプルーデンス政策の遂行については、「複数の監督機関が調整することは非常に難しい」として、「単一の監督機関に与えることが望ましい」としている。さらに、そう述べたうえで「第一に、大半の国においては、金融の安定性に対する暗黙の責任を中央銀行が伝統的に負ってきた。第二に、中央銀行の主たる責任である金融政策は、マクロプルーデンス政策を多くの点で補完する。第三に、金融政策とマクロプルーデンス政策との類似性を考えると、マクロプルーデンス政策を実施するために必要な専門知識や組織的能力の多く、並びにこうした政策を実行するために必要な制度的評価を中央銀行はすでに得ており、特に大半の地域においては、中央銀行のみが最後の貸し手機能を果たすことができる」として、「中央銀行がマクロプルーデンス政策の枠組みの中で中心的な役割を果たすことは不可欠である」と述べている。ただし、「その権限を既存の機関に与えるか、新たなシステミック・リスク監督機関を設立するかの選択は、それぞれの費用・便益と、その国にすでに存在

する機関の能力を比較検討したうえで、各国が判断しなければならない」が、共同責任で対応することについては、「①マクロプルーデンスに関する専門知識のない人間が影響力のある立場に就いてしまう可能性、②共同責任は意思決定を遅らせる可能性があり、経済危機時においては問題、③組織権益の問題から、特定の事項に関して政治的妥協が生まれる可能性」を指摘し、これがプルーデンス監督機関の権限を弱めかねないとしている。また、このような場合には、マクロプルーデンスを所管する監督機関に対して、異なる政策手段ごとに付与すべき権限が異なるような形で、段階的な権限（a spectrum of authority)[30]を与えることが一つの解決方法であると述べている[31]。こうしたアプローチは、中央銀行にマクロプルーデンス監督権限がある国を前提として、単独で対応するか、あるいは共同責任体制で臨むかといった議論を展開しているように窺えるが、中央銀行が──LLR機能は持っているとはいえ──ミクロ面のみならずマクロ面の行政権限、監督権限（例えばマクロ的な数値規制、バーゼルⅡの国内規制等の企画立案、設定権限）を持たない我が国金融制度においては、中央銀行が単独で対応するアプローチが必ずしも適合するとは言えないと考えられる。

　一方、米国では2010年7月に成立したドッド＝フランク法の下で、システミック・リスクの特定に責任を有する「金融安定監督評議会」（Financial Stability Oversight Council：FSOC)[32]を設置し、そのFSOCをサポートする組織として、財務省内にOffice of Financial Research（OFR）を設置するとしている。

　また、英国では、それまでのTripartite（財務省、FSA、BOEの三者体制）の監督の隙間に落ちる形でノーザンロックの取り付けなどの混乱が生じたことを踏まえ、FSAを解体し、BOEの内部にFinancial Policy Committee（FPC）を新設し、そこで金融システム全体の安定性およびロバストネスについて責任を持つ一方、ミクロプルーデンスについては、BOEの子会社で運営上独立しているPrudential Regulation Authority（PRA）を、金融サービス分野における業務行為に関しては、Financial Conduct Authority（FCA）を、それぞれ新設して対応する形で2013年に発足させるとしている。マクロプルーデンスにつ

表4-2　米英欧の新しいマクロプルーデンス・金融監督体制

	米　国	英　国	ユーロエリア
マクロプルーデンス政策意思決定機関	FSOC（Financial Stability Oversight Council：金融安定監視協議会）〈2010年10月1日に初回会合〉	FPC（Financial Policy Committee：金融システム政策委員会）	ESRB（European Systemic Risk Board：欧州システミック・リスク理事会）〈2011年1月発足〉
意思決定機関のメンバー等	（議決権付メンバー〈10名〉） ・財務長官（議長） ・FRB議長 ・OCC議長、BCFP局長、SEC委員長、FDIC議長、CFTC委員長、FHFA長官、NCUA委員長、保険専門家 （議決権のないメンバー〈5名〉） ・OFR局長、FIO局長、州保険コミッショナー代表、州銀行監督当局代表、州証券コミッショナー代表	（議決権付メンバー〈11名〉） ・BOE総裁（議長） ・BOE副総裁（3名） ・BOE理事（2名） ・CPMA長官等外部委員（5名） （議決権のないメンバー） ・財務省代表	（メンバー） ・ECB総裁（議長） ・ECB副総裁 ・欧州（銀行、証券・市場、保険）監督機関の各議長 ・EU加盟国全中銀総裁 ・欧州委員会代表 （オブザーバー） ・EU加盟国監督当局代表 ・EU経済金融委員会議長
その他（中銀の関与）	FRBはSIFC（システミックに重要な金融会社）を監督。	BOE傘下にミクロプルーデンス当局としてPRA（Prudential Regulatory Authority）を設置 PRAのCEOはBOE副総裁を兼務。	ECBはESRBにセクレタリアートを提供。運営、調査分析、ロジ面などでESRBをサポート。

いては、責任は完全にBOEに一元化する形となる訳である。

　EUに関しては、すでに2009年2月のド・ラロジェール報告書を受け、2010年12月にマクロプルーデンスを担当するEuropean Systemic Risk Board（ESRB）が設立されたほか、ミクロプルーデンスを担当する業態ごとの機関European Banking Authority（EBA）、European Securities and Markets Authority（ESMA）、European Insurance and Occupational Pensions Authority（EIOPA）が2011年1月に設立されている。さらに、ECBの議長（＝ESRB議長）、副議長はESRB理事会のメンバーとなっており、ECBがESRBのための情報収集・処理、ESRBが責務を果たすための必要な分析の実施、運営レベルでのサポート等の役割を果たすことが定められている。

　では、こうしたリーマンショック後の対応の反省を踏まえた各国の枠組み見直しの流れの中で、我が国についてはどう対応すればよいのか。我が国の場合、

金融規制・監督当局としては金融庁がその役割を果たす一方で、特融の実施も含めた個別金融機関への流動性供与や市場流動性の確保については中央銀行が役割を果たしている。もっとも、預金保険法102条で規定されるシステミック・リスク・エクセプション（いわゆる危機対応）の際を除けば、金融システム安定あるいはマクロプルーデンスについてどこが責任を持つ主体であるか明確ではない部分があるうえ、リーマンショック等において金融システム面で大きな影響を受けなかったこともあり、平時における政府と中央銀行のモニタリング面での協力体制、双方向での情報共有体制の構築や、金融危機時に備えての役割分担の改善に向けた見直しが行われている状況にあるとは言えず、より緊密な協力体制を構築するべきであると考えられる。

　一方、上述とは別の観点であるが、我が国では、中央銀行は、規制・監督機関でないことが明確である一方で、個別金融機関と約定を結ぶことで、個別金融機関への立ち入り調査を行う権限が法律上認められており、実際にこれを行っている。また、内容的にも、どちらも「金融検査マニュアル」に沿って実施されており、資産査定や信用・市場・オペレーショナルリスクのチェックなど、基本的な部分は共通性が高いと言える。金融システム上重要な個別金融機関の健全性の把握はマクロプルーデンス、金融システム安定に必須の事柄であり、これを規制当局である金融庁と、市場に近い存在であり流動性を供与する機能を有している中央銀行が別主体として立ち入り調査を行うことで実態を確認している現行の組織体制は、例えば緊急時等にどちらかがワークしなければ他方が代替することができる訳である。冗長性の概念に照らせば、両組織間での情報面での共有が図られていれば、金融システムの機能の維持にとって極めて有益であると考えることが可能である。さらに、中央銀行にとっては、金融危機時において迅速な対応を求められる流動性供与について、自らの責任で当該金融機関のソルベンシーを判断したうえで実行するためにも、個別金融機関への立ち入り調査は必須の機能であると思料される。現在、双方向での情報交換が円滑に行われているとは言い難いと思料されるが、今後、情報共有の体制が整えば、二つの機関が立ち入り調査を行うことは、相互チェックが働きレベルア

ップに繋がることも考えられ、有効に機能していくと思われる。

現在、国際的にマクロプルーデンス体制の整備を進め、各国で平時・危機時における中央銀行、政府、或いは新設機関の役割や責任を明確に定めつつある中で、我が国においても、こうした動きに劣後することなく、我が国におけるプルーデンス政策の全体フレームワーク、政府各機関（内閣、金融庁等）と中央銀行の権限、役割分担をチェックし、危機時に速やかに対応できるような体制に改善していく必要がある。その際に考えるべき視点としては、①モニタリング上、あるいは、政策対応上の隙間が生じていないか、②関係組織（内閣、財政当局〈財務省〉、金融規制当局〈金融庁〉、中央銀行〈日本銀行〉）間での連携、海外当局との連携がスムーズにできるようになっているか、③危機時に速やかに対応できる体制となっているか、等が指摘できる。

こうした課題に対応するためには、政府・中央銀行は、国際的なマクロプルーデンス体制の変化を前提として、①立ち入り調査・モニタリング情報の共有化、②必要に応じて共同調査ができるような仕組みの構築、③オンサイト・オフサイトモニタリングの高度化、レベルアップ、④緊急時の協力体制の構築、⑤金融機関破綻処理や危機対応に関する事後検証体制の構築などについて、従来以上に広い視点から外部の専門家も入れて議論をする「専門的協議機関」を設立することも一考に値すると思料される。

2-3　資本規制についての考え方

資本規制の問題は、我が国においては国際的な議論に関しては、金融庁（行政当局）・日本銀行（中央銀行）双方が連携しながら取り組んでいるものの、国内規制のデザインや具体的なプランニングは規制当局（金融庁）の役割と考えられる。

今後の自己資本比率規制のあり方のみならず、金融制度・規制全体を考えていく上で重要なポイントとして、プロシクリカリティ（規制による景気増幅性）の問題が挙げられる。すなわち、現行の金融機関規制は、規制の必要がほとんどない景気の谷で最も厳しく、金融システムを危険に陥れる素地をつくる景気

の山において、市場に任せるという形になっている場合がしばしばみられる。この是正として、カウンターシクリカルな規制——すなわち、好況期には所要自己資本額を引き上げ、後退期には所要自己資本額の低下あるいは取り崩しを容認するような規制[33]——が提案・議論されることが多くみられた。

例えば、2011年3月のBOE主催のワークショップ[34]においてスペイン銀行のJesus Saurinaは、格付けデータから格付けごとの債務者数とデフォルト率を推計し、バーゼルⅡにおけるPITアプローチ[35]に基づいてデフォルト率ないし債務者数を修正し、その上で、現在のGDPとその長期平均値との乖離が正規分布に従うと仮定し、現在の乖離幅が実現する確率の2倍をPITに基づいて算出した所要自己資本に掛け合わせることで、資本量を平滑化するという手法を提案している。さらに、この手法による所要資本の調整幅は小さいが、資本量を平滑化するには有効であると主張した。

一方、Rajan［2009］は以下の理由から、こうした対応には懐疑的であり、サイクル・プルーフな規制（景気サイクルを増幅させない規制）の導入を主張した。

Rajanがカウンターシクリカルな規制について疑問を呈する理由は、以下のとおりである。

①好況期に資本を積ませようとすると、銀行はオフバランスの投資ビークルなど、規制外の業者を用いて行動しようとする。
②仮に当局がこの動きを防ぐような規制を導入したとしても、銀行は当局に見つからないような、あるいは、見つかってもペナルティが十分に小さいような方法でリスクテイクを行う（規制裁定〈regulatory arbitrage〉）。
③その後、景気後退期に入り、所要自己資本額が引き下げられたとしても、市場は、銀行により多くの資本をもつように要求する。
④先行き、現在の危機の記憶が薄れていけば、自己資本比率規制の緩和やその実施の緩和を求めるような政治的圧力が強まる。

このため、Rajanは①包括的（comprehensive）で、②状況に応じて変化（contingent）し——規制が好況時に強くなり、低迷時に弱くなるように設計

される必要——、③費用対効果に優れる（cost-effective）という3つの条件を満たすようなサイクル・プルーフな規制を導入することが望ましいとしている。その具体例として、①金融危機が発生し、かつ、自己資本比率がある閾値を下回れば資本に転換される債券、②金融危機が発生したときに、所要自己資本額が確保されるよう資本を注入できる保険、③CDSスプレッドが拡大すると既存株主は資本を増強しなければならないという規制を導入、といった3つの方法を提案した。

このように、サイクル・プルーフな規制がいくつか提案されており、実施すれば一定の効果は見込まれると考えられるが、導入の具体的な内容次第[36]では所期の目的が十分達成されない可能性があるほか、逆に、大きな資本バッファーなどを求めると、他業態の参入、規制裁定の問題も発生する可能性もある。さらに、こうした規制・枠組みの効果の検証にも時間を要することなどを考えると、当面の間は、危機が発生することを所与として、それに対応する機関の役割を考えておくことに重きを置いて制度設計を行っていく——すなわち、サイクル・プルーフな枠組みの構築よりも、危機が起こった後の対処の枠組みを整備しておくことを優先する——ことの方が、近い将来を考えた場合には、現実的かつ有効であると思われる。

他方、金融機関の所要資本量については、Admati［2011］は、金融機関の所要資本量をめぐりいくつかの主張についてその誤りを指摘し、金融機関の所要資本量が金融システム全体への安定性への影響を勘案して評価される必要があると主張した。その誤りの典型例として、①金融機関の資本は高くつくため、レバレッジを高めることが株主利益の最大化に繋がる、②資本規制を強化すると貸出余力が低下するといった点を挙げた。①については、レバレッジの低下は株価のリスクプレミアムを引き下げることを通じて単位当たりの資本コストを低下させるため、必ずしも正しいとは限らないと主張している。②については、資産・負債構成を再構築することで資産を縮小させることなく資本を拡大させることが可能であるため、所要資本量の増加が必ずしも金融機関の貸出規模を縮小させることにはならないと述べた。反対に、所要資本を低く設定する

結果生じる金融機関の高いレバレッジは、金融システム全体で評価した場合には、経済環境が極端に悪化するなどの特殊な状況下では、大きな負の外部性——具体的には金融システムの不安定化という社会コスト——に繋がりうる。これは、今次金融危機で明らかになったように、金融機関が資本不足に陥った場合には、投げ売りに伴う資産価格の下落や救済措置に伴う税金の投入といった高コストの外部性が発生する可能性が高く、このため、金融機関の資本を、金融システム全体として評価できる水準にまで引き上げる必要があることを意味する。金融機関の資本が充実していれば、損失の吸収度を高めることを通じて公的部門による救済措置の可能性を引き下げ、システミック・リスクの伝播も防ぐことができるため、質の向上も含めた所要自己資本の引き上げに肯定的なスタンスである。

また、Hellwig［2010］は、現行の国際的な規制の枠組み（BIS規制等）が必ずしも経済学的な理論に基づいて策定されておらず、自己資本規制は、所与資本の量を保有資産のリスク量に応じて決めるのではなく、残高ベースで決めることが重要であると主張した。今次金融危機では、BIS規制上リスク量がゼロとされていた一部の資産の価格が予想以上に下落し、特に、資産相関やカウンター・パーティー・リスクが大きく変化し、これらを事前に予測するのが極めて困難になるという事態に遭遇した。このように、一部が過少に評価されたリスク量に応じて所要資本量が決められた結果、資産価格の状況局面で、多くの大手金融機関の財務諸表上の資本量が資産残高の1～3％程度まで下がり、ひとたび資産価格が下落に転じると、財務健全性確保を企図した資産の投げ売りが発生したほか、リーマン・ブラザーズやベア・スターンズが支払い不能に陥るといった問題も生じた。これらを踏まえると、所要資本は、複雑で危機時のリスクを過少に見積もる可能性があるリスク量ベースよりも、残高ベースに立ち返って評価する方が良いのではないかと提案した。さらに、金融機関には、残高ベースでみて少なくとも資産の10％のコア資本が求められるのではないかという見解を示した。

こうした必要な自己資本の積み増しが大きなものになるという見解は実務家

の実感にもフィットしているが、一方で、「少なくとも資産の10％のコア資本」を課すことの負担は大きく、金融機関の信用仲介能力等の低下を招きかねないことなどを考慮すれば、過度に厚い資本を課すよりは、そうした対応は限定的なものにとどめ、一部の金融機関が破綻してもそれがシステミック・リスクや金融危機に繋がらないよう、行政当局、中央銀行が事後的な対応の方法を考えておくことの方が社会的なコストが少なくなる可能性があると思料される。

2-4 規制裁定、シャドーバンキングシステムへの対応

　金融規制の問題は金融当局および議会に課せられた重要課題であるが、金融システム全体の安定性との関係をみた場合には、伝統的な信用仲介システムだけへの対応を考えればよいという訳ではなく、シャドーバンキングシステム[37]をも含んだ金融全体を踏まえてそのデザインを考えていく必要がある。すなわち、米国についてみるとシャドーバンキングシステムの規模は、リーマンショック前の2008年3月で20兆ドル、リーマンショック以後の2010年第一四半期においても16兆ドルと伝統的な仲介システム（＝伝統的銀行システム）に匹敵する規模[38]となっており、決済機能や預金による資金仲介機能を付与されているため当局から監督・規制を強く受ける銀行等の伝統的な信用仲介システムと比べて相対的に活動の自由度が高く、各種の裁定行動を行うというチャネルを通じて活動を行う場合が多い。このため、伝統的銀行システムに対する規制等の変更は、銀行システム自体の効率性に影響を与えるのみならず、規制裁定のメカニズムを通じて伝統的銀行システムとシャドーバンキング・システムとの間の競合的な関係に変化を与える場合がある[39]ほか、証券化商品におけるSPC、ABCP conduitと銀行の関係などにみられるように補完・協同的な関係に対しても影響を与えることとなる。また、例えば、モニタリングを強化するなど、シャドーバンキングシステムに対して何らかの形で規制的な対応をとった場合には、逆に伝統的銀行システムのサイドの行動に変化を引き起こす可能性が否定できないほか、シャドーバンキングシステムの活動の変化を通じて、経済全体や金融セクター全体のイノベーション力、活力に対しても影響を

与える可能性があり、特に規制強化的な対応は、長期的にみて金融セクターの成長性を損なう可能性も否定できないと考えられる。このため、金融規制の変更に当たっては、こうしたシャドーバンキングシステムへの影響、規制裁定行動にどういったインセンティブを与えるのかを踏まえて、デザインを考えていく必要がある。

とはいえ、現状においては、規制当局（行政）のみならず中央銀行においても、シャドーバンキングシステムあるいはヘッジファンドをはじめとするその主体についてモニターが十分にできておらず、活動内容の詳細も把握していないのが現状である。こうした認識は国際機関においても共有されており、2011年10月には金融安定化理事会（FSB）がG20向け報告書"Shadow Banking: Strengthening Oversight and Regulation"を公表している[40]。また、一方において、商業銀行に対しては、バーゼルⅢで自己資本比率の上乗せを求めるなど、国際的に一段と規制強化的な動きが広がっていることを考えると、今後、我が国においても非商業銀行が金融危機発生時のキープレーヤーとなる可能性も否定できない。このため、市場モニター、金融機関モニターを日常的に行っておりモニター力について一日の長があると考えられる中央銀行を中心に、シャドーバンキングシステムに対して、その活力を削がない形で日常モニターを行う[41]体制を整え、知見、ノウハウの蓄積を行っていくことが、当面は肝要であると考えられる。

2-5　ミクロ面からの金融システム安定への対応

ミクロ面からの金融システム安定へのさまざまな対応の制度的な枠組みの設計や具体的な対応については、流動性供与や具体的な対応を行うための市場や個別金融機関へのモニターといった部分を除けば、基本的には行政サイドの役割であると言える。

今次金融危機におけるミクロ面からの対応の中で大きく焦点があたった問題の一つとしてTBTF問題があるが、これについてRajan [2009] は、巨大銀行に関して規模や活動内容に対しての規制は持続可能ではなく、むしろ清算を

させやすくするような規制が望ましいと主張した。すなわち、こうした規制を導入するためには、金融システムの安定性に影響を及ぼすような大きな金融機関を週末の間に清算させるため、当該金融機関に自らのエクスポージャーを注意深くトラックすることで記録を残させることや、当局のストレステストの実施も必要であるとした。また、こうした規制は、金融機関に不必要に複雑な投資スキームを導入することを削減するインセンティブに繋がったり、リスク管理能力の向上を促すという副次的な効果も期待できると主張した。

一方、Goodhart［2011］は、SIFI（Systemically Important Financial Institutions）が経営危機に陥った場合の解決法について、過去の危機発生時の対応を①他の金融機関と吸収合併させる、②一般法の枠組みで破綻処理する、③税金を投入して救済するという3つに区分した上で、これに対するアプローチとして、(a) 危機前に事前に策定した破綻計画（Living Will）を一般法に沿って実施することで秩序だった破綻処理を実現する、(b) SIFIの資本を十分に増強しておく、あるいは危機に陥る可能性がある場合に早期是正措置（Prompt Corrective Action）を発動する、(c) 税や資本とは別の損失吸収源で対応するという3つが考えられるとした。その上で、(a) については、各国で枠組みが整備されつつあるが、SIFIが国際的に活動している場合には、関係各国で損失分担を調整する必要などが生じるが、危機の進行は極めて早いため、対応が難しい場合があること、(b) については、バーゼルⅢの枠組みで不十分な場合は、配当や役員報酬について規制するなどして、さらに高い資本水準を要求し、十分な対応をとらない金融機関が存在する可能性があるため罰則を設ける[42]ことが必要であること、(c) については、危機時に秩序立って負債を弁済させる枠組みとして、SIFIにCocosを発行させることが提案されていると指摘した。

他方、前述のように個別金融機関の健全性（ミクロプルーデンス）と金融システム全体の健全性（マクロプルーデンス）の関連や監督体制については盛んに議論されているほか、サブプライムローンを原資とした証券化商品の問題点等[43]についても多数の論文がみられるものの、個別の金融商品の開発のあり方や金融商品自体の安全性確保に関する研究はあまりみられないように思われ

第4章　平時の金融監督体制の工夫と危機発生時の対応　133

図4-1　IEC61508で定める全安全ライフサイクル（IEC61508-1より邦訳・転載）

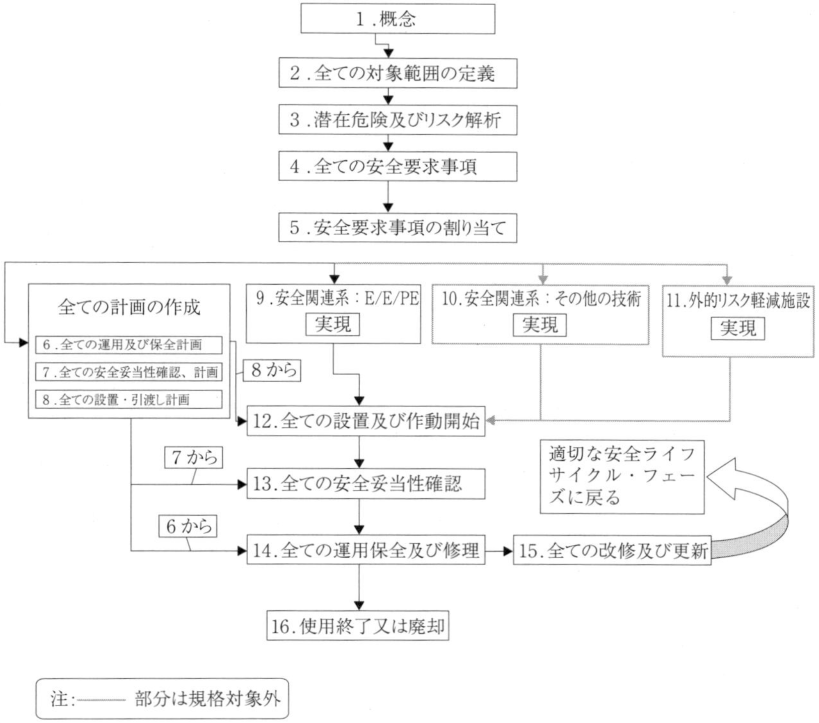

```
                    ┌─────────────┐
                    │ 1.概念       │
                    └──────┬──────┘
                           ↓
                    ┌─────────────────────┐
                    │ 2.全ての対象範囲の定義 │
                    └──────┬──────────────┘
                           ↓
                    ┌─────────────────────┐
                    │ 3.潜在危険及びリスク解析│
                    └──────┬──────────────┘
                           ↓
                    ┌─────────────────────┐
                    │ 4.全ての安全要求事項   │
                    └──────┬──────────────┘
                           ↓
                    ┌─────────────────────┐
                    │ 5.安全要求事項の割り当て│
                    └──────┬──────────────┘
```

（構造図：全ての計画の作成 ― 6.全ての運用及び保全計画／7.全ての安全妥当性確認、計画／8.全ての設置・引渡し計画）

9.安全関連系：E/E/PE 実現　　10.安全関連系：その他の技術 実現　　11.外的リスク軽減施設 実現

8から → 12.全ての設置及び作動開始

7から → 13.全ての安全妥当性確認

適切な安全ライフサイクル・フェーズに戻る

6から → 14.全ての運用保全及び修理 → 15.全ての改修及び更新

16.使用終了又は廃却

注：──── 部分は規格対象外

る。また、今のところ、個別の金融商品のストラクチャーに関して安全性の観点から規制するとか標準化を進めようという動きも、最近でこそ IOSCO（International Organization of Securities Commissions：国際証券監督者機構）で議論し始めているものの、従来はあまりみられなかったように思われる。だが、金融から視点を転じ、工業製品、交通等の分野をみると、例えば電気回路、電子回路あるいはプログラマブルな電子システムについては「国際規格 IEC[44] 61508」が存在しているほか、鉄道でも安全性に関する定量的指標[45] が導入されており、これは金融商品の健全性（非デフォルト）やリスクとリターンの関係について透明性を高め、わかりやすく示した上で販売することを考えていく

際の一つの参考になると思料される。

　IEC61508は製品そのものの安全基準ではなく、安全ライフサイクルという業務工程を定義してこれを確認する、安全に関するマネジメントの規格である[46]。これに準拠あるいは類似したプロセスを、デフォルトすると金融システムに大きな影響を与えかねない金融商品について義務付け、立入調査を行う当局がチェックする体制を整えるならば、商品の安全性のみならず金融機関内での商品開発に関するガバナンスを整えた上で金融機関が商品開発を行うようなインセンティブを持つことに繋がると考えられる。

　今次リーマンショックの発生においては証券化商品の開発・販売と報酬体系との関係がクローズアップされたが、その後の米国内における規制強化に向けた議論の展開においては、金融機関は報酬体系に関して介入されることについては否定的である。こうした中で、このような商品開発において商品の安全性が確保されるような仕組みを導入することは、金融機関の商品開発に際して、商品の安全性の方向から金融機関に対してプルーデントなリタラシーを持たせることに繋がる可能性があると考えられ、こうした枠組みの導入は一考に値するように思われる。

　IEC61508では、システムに求める安全度要求の基準として、SIL（System Integrity Level：安全度水準）という安全度要求の指標を設けている。これは、例えば、プラントの緊急遮断装置や防消火施設などの安全計装システムについてであれば、低ディマンドモード（＝作動要求が１年に１回以下）の場合、同安全計装システムが故障などにより働かない確率により、安全度水準を４段階に分けた上[47]で、安全ライフサイクルを回していこうという考え方のものである。

　これを金融商品に応用すれば、例えば、証券化商品における内部格付け、デフォルト率等が一定水準以上に悪化することを事故と定義し、この発生確率や損失額が一定水準以下になるような枠組みを、商品の組成から最終的な払い出しまでの金融商品のライフサイクルに関し構築して、開発プロセスや開発の際のモデルの構造、プライシング・リスク量等のデータトラックを全て保存し、

第 4 章　平時の金融監督体制の工夫と危機発生時の対応　135

図 4-2　ハイリスク金融商品についての安全ライフサイクルに沿った開発・管理と当局の検証の具体的イメージ

| 一定の基準に該当するハイリスクの金融商品（例えば、仕組み上元本割れを起こす可能性があり、流動性が低く、ボラティリティが一定の値を超える商品）に対して、予め定めた「金融商品の安全ライフサイクル」に基づく金融商品の開発及び開発後の管理を義務付け、また、モデルの構造（設計書）、開発に際してのプライシング・リスク量等のデータトラックについては保存を義務付け。|

⇩

| 上述のハイリスク金融商品の開発・運用会社は、「金融商品の安全ライフサイクル」に沿った形で商品の開発及び開発後の管理を自ら行い、販売に際してはそれを顧客に説明するほか、開発プロセスや管理データを保存し、毎年これを検証。|

⇩

| 上述のハイリスク金融商品の開発・運用会社は、「金融商品の安全ライフサイクル」に沿った商品の開発及び開発後の管理を行い、販売に際してはこれを顧客に説明するほか、開発プロセスや管理データを保存し、毎年これを検証。|

⇩

| 検査・考査に際しては、当該金融商品の開発・管理が妥当であったかチェック・検証を実施。問題が発覚した場合や顧客クレームが多数出てきたような場合には、当局はプライシングモデルの妥当性などにまで掘り下げて検証を実施し、真のリスクの大きさやマージンとの関係、顧客への販売にあたり適切にデータを提供しリスクを示していたかを確認（行政当局は問題があれば処分）。また、必要に応じ、開発時に計算したプライシング・リスク量の想定とその後のデータトラックとの間の整合性をチェックすることで妥当な開発であったかどうかを確認。|

これを開発主体が組織的に検証することが求められる、ということになろう。さらに、立ち入り調査を行う当局が、必要に応じて、開発プロセスの適切性だけでなく、モデルやリスク量・プライシングのデータまで含めてチェックすれば（バーゼルⅡにおける「監督上の検証」に準拠）、金融商品の開発プロセスの妥当性や、リスクとリターンの関係の妥当性が検証できることになる。こうした安全基準を設けることは、開発主体におけるコストも大きく、また金融セクターの活力を削ぐ危険性を孕んでおり、安直に全ての金融商品開発にあてはめることを考えるべきではないが、格付け上安全でも破綻した際の影響が大き

いなど、一定の条件に当てはまる金融商品、例えば住宅向けのサブプライムローンを原資産とした証券化商品については、──証券化された商品自体はプロ通しの売買であるとはいえ、原資産が広く販売されており、その波及も大きいと考えられるため──上記安全ライフサイクルの金融商品版を導入した上で、それに沿って開発がなされているかの検証を行うことも一考に値すると思われる。ただ、海外で開発された金融商品に対してどこまでこうした仕組みを当てはめるられるかなど、実際に踏み込んで行うことを考えた場合には、具体的な検討課題は多い。

このほか、証券化商品の発行に際して、これまでのヒストリカルデータからみて最低限どの程度の準備資産を保有する必要があるかを定めるとか、組成・販売規模が大きくかつリスクの高いと考えられるストラクチャード・ファイナンス等の商品については、商品設計や販売についての安全について配慮された全社的なガバナンスが構築されているかを当局がチェックするとか、プライシングモデルについて一定の部分の公開を義務付け、場合によっては当局が調査するといったことも将来的に検討に値すると思われる。

2-6　流動性供給ファシリティ[48]の整備

流動性ファシリティは、金融危機時において非常に重要な役割を果たすが、その「整備」については、基本的には、平時において制度的な用意がされていることが望ましい部分が多いと思料される。

金融機関、金融市場に対する流動性供給の手段等としては、大別すれば、①中央銀行サイドから流動性を市場に供給する公開市場操作（オペ）、②中央銀行による個別金融機関に対する貸付（例えば日銀特融）、③金融機関サイドが必要なときに資金を調達できるスタンディング・ファシリティのほか、④各種取引の担保要件、期間等の変更や超過準備に対する付利などが挙げられる。

今次金融危機においては、各国中央銀行等は、①オペの頻度・規模の引き上げ、オペ期間の長期化、オペ等における適格担保・取引相手方の拡大等「資金供給手段の拡充」のほか、②貸出ファシリティの貸出期間延長、超過準備に対

する付利制度の導入等、広い意味での「スタンディング・ファシリティの整備・拡充」を行った。それらは、既存のオペ、ディスカウント・ウィンドウ等の制度を拡充・変更したケースだけではなく、これまで行っていなかった対象に対して新たな資金供給等の制度を創設するケースも多数みられた。

こうした多様な流動性供給手段の中で信用秩序維持とも関係が深いスタンディング・ファシリティに焦点をあてると、平時から金融機関が利用可能な流動性ファシリティを中央銀行が整備しておくことは、不測の金融危機のきっかけをつくらないという意味で、極めて重要であり、また金融システムの状況次第では、危機に至る前の早い段階で流動性ファシリティ[49]を適宜拡充することが、金融市場の混乱等を防ぐために必要となってくる。また、これらのスタンディング・ファシリティは、金融危機が発生した段階でも危機対応に一定の役割を果たすツールの一つであるが、実際に危機が発生してから用意することは時間的なロスも起こしかねないだけに、平時から拡張性をもって整備しておくことが重要であるように思料される。

因みに、サブプライムローン問題が表面化しリーマンショックに至る前の懸念時、プレ危機時の段階では、個別金融機関が流動性を確保しようとする際において、以下のような問題が明らかになった。

① MBS（モーゲージ債）担保、エージェンシー債担保のレポレートが急上昇し、国債担保のレポレートとの格差が拡大（2007年7～8月には15～30bp程度であったのが、2008年に入ると恒常的に60～100bpで推移する形に拡大）し、本来、カウンター・パーティー・リスクをあまり強く意識せずに利用できるはずの有担保取引のメリットが有効に働かなかったこと。特に、MBS価格が大幅に下落した2008年以降の局面では、ヘアカット[50]、マージンコール[51]といった仕組みもこうした状況に陥ることを防げなかったこと。

② 貸出スタンディング・ファシリティについては、利用したことが明るみに出ると「資金繰りに窮している」というレピュテーションに繋がるおそれがあることから、米国、英国では金融機関がその利用に対して抵抗感、い

わゆる "Stigma" を強く持っている中で、信用不安の強い局面では必ずしも有効な利用に繋がらなかった面が否めなかったこと。

③従前、貸出ファシリティは預金取扱金融機関に対してのみ提供されていたが、サブプライムローンの証券化商品の価格が下落する中で、投資銀行（証券会社）もこうしたファシリティが必要となったこと。

④リーマン・ブラザーズ破綻直前の2007〜2008年前半までの段階でも、スタンディング・ファシリティだけでは金利安定、金融システム安定に対して十分な効果を発揮できず、政策金利とスタンディング・ファシリティの金利差を縮小させるなどして利用を容易にする一方で、中央銀行のオペによる大量資金供給で市場機能を維持させざるを得なかったこと。

こうした状況下、①の問題に対しては、国債以外の有担保資金市場の著しい機能低下に対応するため、FRB、BOEにおいてはオペの適格担保範囲を証券化商品などにまで拡充したほか、市場流動性の低下した証券化商品等を担保に国債を貸し出す「証券貸出制度」[52] も導入した[53]。さらに、市場機能不全を防止すべく2008年8月からはプライマリーディーラー向けの債券貸出プログラムSLP（Securities Lending Program）における国債の最低品貸し料を1.0%から0.5%に引き下げたほか、11月には貸出用件を緩和した[54]。②の問題に対しては、例えば米国ではFRBが貸出ファシリティの適用金利引下げ（2007年8月に政策金利であるFFレートとの差を100bpから25bpに圧縮）、貸出期間の延長（2007年8月にO/Nから最大30日に、2008年3月には最大90日に延長）といった対応を行い、利用しやすいようにした。③の問題に対しては、米国では、従来スタンディング・ファシリティは預金取扱金融機関のみを対象としていたのを、新たにプライマリーディーラー向けの貸出ファシリティであるPDCF（Primary Dealer Credit Facility）を導入し、同時に、上述のとおり、貸出金利とFFレートとの乖離幅も100bpから25bpへと圧縮させた。一方で、従来の通常のオペ（対象はプライマリーディーラー）と比べてより広い対象先に対して1カ月物入札型ターム物貸出制度のTAF（Term Auction Facility）を導入した。TAFは連銀のDiscount Windowの対象先のなっている金融機関を対

象にしているほか、Discount Window に適用される幅広い担保を裏付けとして使うことが可能であった。④については、例えば米国では2007年9月の臨時資金供給オペについて、それまで適格としていなかったMBSや一部証券化商品も適格として積極的に資金供給を行っていった。

　ここで、米国について、リーマンショック前後での流動性ファシリティをみると、以下のようにリーマンショックを境にして、数多くのファシリティが新たにつくられたことがわかる。

【今次金融危機以前の段階での主たる流動性ファシリティ】

　リーマンショックも含めたサブプライムローン問題が発生する以前の段階では、危機的状況に陥ったときに使われる連銀法第10条 A「加盟銀行団に対する緊急貸付」（Emergency Advances to Groups of Member Banks）、同第10条 B「各個の加盟銀行に対する貸付」（Advances to Individual Member Banks）、同第13条3「個人、パートナーシップおよび法人に対する割引」[55]といった、主として緊急時の連銀サイドのイニシアティブによって実施される貸付制度を除けば、日常的な業務運営においては、下記の Discount Window（スタンディング・ファシリティ）が中心的な役割を果たしてきた。

- Discount Window（Primary Credit Program）[56]：現在の枠組みは2003年に整備されたもので、適確担保を連銀に預けておけば、その範囲で金融機関は連銀から臨んだときに資金を借りることができるが、金利はFFレート＋100bpと高目に設定されていた（所謂ロンバート型貸出）。もっとも、金融機関サイドは、市場でのネガティブなレピュテーションに繋がるため、かなり苦しい状況でも使わないケースが多いと言われている（"Stigma"＝抵抗感の存在）。元々、O/Nであったが、2007年8月17日に期間30日にまで延長。

　サブプライムローンに基づく金融危機が生じて以降、連銀では、以下のような各種流動性ファシリティを追加し、利用を容易にすることで、流動性不足に

表4-3　今次金融危機時に拡充された主な流動性ファシリティ

公表日	ファシリティ名	略称	内容
2007年12月12日	Term Auction Facility	TAF	預金取扱機関への貸出。担保はディスカウント・ウィンドウの適格担保。1回当り750億ドル。2010年3月8日に終了。
2008年3月11日	Term Securities Lending Facility	TSLF	プライマリーディーラーを対象とする債券貸出。適格担保は全ての投資適格債券。1回当り750億ドル。2010年2月1日終了。
2008年3月16日	Primary Dealer Credit Facility	PDCF	プライマリーディーラーへの貸出。担保は株式を含むトライパーティーレポで差し入れ可能な証券。2010年2月1日終了。根拠は連銀法第13条3。
2008年7月30日	TSLF Options Program	TOP	TSLFのオプションを総額500億ドルで導入。担保は、国債、エージェンシー債、エージェンシーMBS、エージェンシーCMO、AAA格のRMBS、CMBS、ABS。2010年2月1日終了。
2008年9月19日	Asset-Backed Commercial Paper Money Market Mutual Fund Liquidity Facility	AMLF	預金取扱機関等へのノンリコースローンを通じてのMMMFへの貸出。銀行がMMMFから買い取ったABCPを担保に、連銀が銀行等にノンリコースローンを供与する仕組みで、対象となるABCPは一定以上の格付けが必要。2010年2月1日終了。根拠は連銀法第13条3。
2008年10月7日	Commercial Paper Funding Facility	CPFF	SPVへのリコースローンを通じてのCP発行体向けの信用供与。SPVは3カ月物CPを買い取り、当該CPを担保に連銀がSPVに貸出。2010年2月1日終了。根拠は連銀法第13条3。
2008年10月21日	Money Market Investor Funding Facility	MMIFF	民間SPVへのリコースローンを通じてMMMF等を対象に信用供与。民間SPVはMMMFから金融機関のCP等の短期債務を買い取り、民間SPVの全資産を担保に買い取り価格の90％を連銀が民間SPVに貸出。2009年10月30日終了。根拠は連銀法第13条3。
2008年11月25日	Mortgage-backed Securities Purchase Program	MSPP	GME保証が付いているMBSを投資マネージャーがブローカー・ディーラーから買い取るプログラムで、FRB策定の投資方針に基づき買い取るもの。公開市場操作の位置付けで、総額5,000億ドル。根拠は、連銀法第14条b。
2008年11月25日	Term Asset-Backed Securities Loan Facility	TALF	適格ABS、CMBSを保有する米国エンティティへのノンリコースローン。対象となるのは、学生ローン、自動車ローン、クレジットカードローン等のほか、一定の発行時期のCMBS（ただし一定以上の格付けが必要）。財務省はNY Fedに対し、①ABSについて200億ドル、②新規発行証券について350億ドル、Legacy証券（CMBS）について250億ドルのクレジットプロテクションを付与。2009年3月にプログラムを拡大（既発行CMBS・RMBSを対象に）。新発CMBS以外は2010年3月末に、新発CMBSは2010年6月末に終了。根拠は連銀法第13条3。

第4章　平時の金融監督体制の工夫と危機発生時の対応　141

よる不測の破綻が発生しないように対応したとともに、対象範囲を広げ従来以上にシャドーバンキングシステムに対してLLR機能を含むさまざまなファシリティを提供していったと言える。

　一方、我が国においては、LLRのほか、補完貸付制度など一定のファシリティが以下のとおり整備されているが、政策委員会による議決の必要な特殊貸付[57]を除けば、日本銀行の取引先に対して適格担保基準に沿って有担で貸し付ける制度となっている。リーマンショックにおいて民間同士での有担保貸付がスムーズに進まなかった状況を考えると、適格担保の範囲について緊急時に速やかに弾力化するような仕組みをアプリオリに用意するほか、現在、日本銀行との取引の対象となっていない非取引先のうち、将来的には破綻した場合にシステミック・リスクが顕現化することに繋がりかねない先[58]に対しても中央銀行から有担保での資金供給ができるような拡張性を検討、研究していくなど、さらに充実、改善していく必要がある。

　具体的には、①金融危機時の金融機関調達における政府保証・中央銀行保証、②金融危機時の中央銀行による担保（国債等金融危機時においても担保となりうるもの）貸出制度、③中央銀行の貸出取引先対象範囲の拡大（システミック・リスクに繋がりかねないノンバンクにまで対象範囲を広げる）などの検討が考えられる。

　さて、流動性リスク管理に関する近年の議論をみると、G30［2010］では、システミックな流動性逼迫の頻度や影響を低減させるため、マクロプルーデンスの政策手段の中に、流動性規制・監督を強化する手段が必要であると主張する。すなわち、①ある金融機関の流動性の問題は直接的に他の金融機関においても関連する問題を生み出すことから、流動性リスクは本質的にシステミックであること、②流動性リスク管理は近年複雑化してきていること、③システミックな安定性向上と、銀行が有する満期変換機能の恩恵を受けている非銀行部門全体の利益との間で複雑なバランスをとることが求められるが、その際には流動性の問題が生じ得ること[59]、を指摘している。

　そこで、G30［2010］は、このようなシステミックであるところの流動性を

表4-4　日本銀行の現行貸出ファシリティ

種類			根拠規程等		制度発足時期	貸付期間
			日銀法	取扱手続		
相対型電子貸付		補完貸付	33条	・日銀ネット相対型電子貸付関係事務取扱要領（H13.11.1付業第1716号）	2001年12月	O/N
		補完貸付以外の相対型電子貸付		・補完貸付制度基本要領に基づく相対型電子貸付に関する事務取扱手続（H13.11.1付業第1716号）		
	特殊貸付	資金決済の円滑の確保を図るための貸付	37条	一般手続によらず、政策委員会での議決を経て実施（利率等についても同様）		
		信用秩序維持のための貸付（LLR）	38条			
手形貸付	一般貸付	共通担保貸付	33条	・共通担保を担保とする手形貸付に関する事務取扱手続（H13.8.20付業第1369号）	2001年8月	O/N
		共通担保貸付以外の貸付		・手形貸付手続（S24.9.26付総第319号）	1949年9月	3カ月以内
		信用取引関係貸付（レギュラー・ウェイ貸）		・短資業者に対する貸出の取扱方（S53.6.5付総第113号）	1951年2月	3カ月以内
		公社債流通金融関係貸付（流金貸）		・証券会社支払手形を担保として受入れる場合の取扱手続（S53.12.1付総第241号）	1968年11月	3カ月以内
	特殊貸付	資金決済の円滑の確保を図るための貸付	37条	一般手続によらず、政策委員会での議決を経て実施（利率等についても同様）		1カ月以内
		信用秩序維持のための貸付	38条			定めなし
特約貸付		当座貸越	33条	・災害等の場合における資金の貸付けに関する特約に基づく資金の貸付等に関する件（H16.3.11付信第13号）	2004年3月	業務終了時（延長可）
			37条			業務終了時（1カ月以内の延長可）
		入金型（手形も証書も用いない貸付で、相対型電子貸付を除く）	33条			本行が必要と認める期間
			37条			翌営業日（1カ月以内の延長可）
日中当座貸越			33条	・当座貸越に関する規則（H12.11.27付業第1410号）	2001年1月	日中
手形割引			33条	・手形割引手続（S24.9.26付総第319号）	1949年9月	3カ月以内

(特融など、通常時以外のものも含む)

貸付先	概要等
相対型電子貸付取引先（手形貸付取引先であり、かつ当座貸越取引先）である補完貸付先	○手形や証書を用いることなく、日銀ネットを利用して実行される貸付。オンライン先はオンライン入力により、非オンライン先は電子借入申込書により貸付の申込を行うため、特にオンライン先については迅速な事務処理が可能である。
相対型電子貸付取引先	○補完貸付先に限らず、相対型電子貸付取引先に対しては、日中OD延滞回避等のための相対型電子貸付を実行することが可能となっている。
相対型電子貸付取引先	○従来、特殊貸付（特別の貸付利率、無担保による貸付等）は下記の手形貸付による方法のみであったが、H15年1月以降は、相対型電子貸付方式も併用されている。
手形貸付取引先であり、かつ当座貸越取引先	○取引先金融機関振出の日本銀行あて約束手形により行われる貸付（以下、手形貸付については、この点は共通である）。 ○相対型電子貸付先でない手形貸付先（共通担保を差入れている先）に対し日中OD延滞回避等のために実行する貸付。
手形貸付取引先	○相対型電子貸付先でない手形貸付先（共通担保を差入れていない先）に対し日中OD延滞回避等のために実行する貸付。
手形貸付取引先のうち短資会社	○短資会社が証券金融会社に貸借取引に必要な資金を供給した結果、短資市場が資金不足とならないよう短資会社に対し実行する貸付。制度金融の名残として残っているとも考えられ、1995年7月以降未実行。
手形貸付取引先のうち証券金融会社、短資会社	○公社債市場の整備育成を図る見地から、証券会社の在庫債券のファイナンスをする公社債流通金融の原資の一部として証券金融会社または短資会社に対し実行する貸付。制度金融の名残として残っているとも考えられ、H7/6月以降未実行。
非当座預金取引先でも可	○一般貸付以外の条件（特別の貸付利率、無担保による貸付等）により実行される貸付。信用制度の維持に懸念が生じた場合等に実行するもので、H7/8月に30年振り（昭和40年の証券不況時以来）に行われ、その後も金融機関の破綻処理に関連して実行されている。 　なお、電子情報処理組織の故障その他偶発的な事由により予見し難い一時的な資金不足に対応する場合には、37条を適用することとなる。
当座貸越取引先のうち災害等特約の締結先	○災害等の発生に伴い、①日本銀行と取引先との通常の連絡が不可能・困難な状況が発生し、②同時処理・集中決済において当該取引先の当預残高不足が生じている場合において、同時処理等を円滑に進めるために、事前に締結している特約に基づき取引先の借入意思をその都度確認せずに行う貸付。
同　上	○貸付の形態は、①当座貸越、②入金型（手形も証書も用いない貸付で、相対型電子貸付は含まない）の2種類がある。
非当座貸越取引先（当座預金取引先）のうち災害等特約の締結先	上記と同じ。
同　上	上記と同じ。
当座貸越取引先	○当座預金取引先に対し、共通担保の範囲内で行う無利息の貸付。
当座預金取引先	○取引先の所持する商業手形その他の手形を買い取ることによって取引先に資金を供給する方法。

管理するために、①金融機関に対するトレーディング資産とオフバランスシートのポジションに関する詳細なマチュリティラダーや想定される流動性分析等の監督当局への情報提供義務、②監督当局が個々の流動性ガイドラインを定める際に使用できる個別の詳細な流動性評価の作成義務、③企業に一定の種類の活動に伴う流動性リスクを価格付けし、内部システムに含めるようにさせること、④流動性に関するシステミックな動向を分析したシステム全体に関する報告書の定期的な発行、⑤クロスボーダーに業務を展開する金融機関に関する情報の多国間での相互交換と、各監督金融当局がこうした業務展開を行う金融機関の支店および子会社に対して現地でより厳しい所要流動性を賦課できる権限の強化、を提案している。加えて、(a) 流動性バッファー[60]、(b) コア・ファンディング・レシオ[61]、(c) 流動性に関する資本サーチャージの賦課[62]、の導入検討を提案している。

さらに、バーゼル委［2010］[63]では、国際的に一貫性のある定量的な最低基準として、①流動性カバレッジ比率（LCR：Liquidity Coverage Ratio）と②安定調達比率（NSFR：Net Stable Funding Ratio）を提案し、採用されている。①は具体的には、LCR＝適格流動性資産／30日間のストレス期間に必要となる流動性≧100％という条件を金融機関に義務付けるもので、個別行や市場における厳しいストレスが30日間続いた場合に発生しうるネット資金流出額（リテール・中小企業預金における安全預金および準安全預金の流出率が各5％、7.5％流出するストレスなど、負債ごとに一定の流出率を設定）を上回る、高品質の流動資産の保有を求めるものである。②は、NSFR＝1年を通じた安定調達額（資本＋預金・市場性調達の一部）／所要安定調達額（資産×流動性に応じたヘアカット）＞100％という条件を金融機関に義務付けるもので、運用資産との見合いで生じる要調達額よりも多い安定的な資金調達額（ⅰ自己資本、ⅱ満期まで1年以上の優先株式、ⅲ満期まで1年以上の負債、ⅳ満期まで1年未満の預金等の一部）の保有を求めることで構造的な資金流動性リスクを抑制することを狙っているものである[64]。

我が国においては、中央銀行が、主要金融機関を含む、信用組合等一部系統

金融機関を除くほとんどの金融機関に対して流動性ポジション[65]や第一線準備[66]、第二線準備[67]の状況のモニタリングを、他の主要国と比べると相対的にかなり詳しく実施し、ひとたび経営が悪化すれば詳細な日々のモニタリングを実施しているなどの実情に鑑みれば、すぐに前頁（a）～（c）のような指標やLCR、NSFRの導入がクルーシャルな意味合いを持つことはあまりないと考えられる。しかしながら、コア・ファンディング・レシオの設定など、カウンターシクリカルな制度はインセンティブを与えるという意味合いで検討に値すると考えられるほか、今後、トレーディング勘定の比率の上昇やオフバランス取引の増加、クロスボーダー取引のウエイト拡大が起これば、こうした取り組みは必要になると思料されるので、同指標の重視の度合いは、金融機関の実情の変化に合わせて考えていくべき課題だと考えられる。

2-7 当局のモニターにおける課題

2-4でも触れたとおり、リーマンショックにおいては、シャドーバンキングシステムが大きな問題となったが、Originate to Distribute型モデルの中に組み込まれたヘッジファンド、SIV、Conduit、モノライン等の複雑な機能の理解に手間取り、これが危機モードになったときの対応の遅れの一つの原因になったことはよく知られているとおりである。翻って我が国の広い意味でのシャドーバンキングシステムに対する政府・中央銀行のモニター状況についてみると、現時点では決して十分であるとは言えず、またその知見も、危機に陥った際においても十分なものを持っているとは言えないであろう。証券会社にこそ検査・考査といった立ち入り調査を含め定期的なモニタリングを実施しているものの、その他ノンバンクに対するモニターは発展途上段階で、とりわけ、金融業務が国際化している中で、ヘッジファンドをはじめとする国際的に業務を行っている機関については十分な知見が蓄積されていないと言えよう。

こうした状況を鑑みるに、金融機関、金融市場へのモニターを専門的に行う局を組成して対応している中央銀行がモニターする役割を担って、知見を蓄積する組織的体制を整備することが検討に値すると考えられる。

表4-5　日本銀行におけるモニター関連局等（2011年時点）

局　名	役　割
金融機構局	信用秩序の維持に資する施策に関する基本的事項の企画・立案、<u>考査その他金融機関等の業務及び財産の状況の調査</u>・同結果に基づく助言等当座預金取引先及び貸出取引先の選定手形割引及び資金の貸付の実施にかかる具体的事項の決定等
決済機構局	決済システムに関する基本的事項の企画・立案、日本銀行が運営する決済システムへの参加に関する基本的事項の企画・立案、日本銀行の業務継続に関する基本的事項の企画・立案（<u>2010年5月以降は関係者からコメントを求め、オーバーサイトの方針を明示的に示したうえで、決済システムに対するオーバーサイトを行っている</u>）。
金融市場局	金融市場調節の実施内容の決定、外国為替平衡操作の実施、国内金融・資本・外国為替市場の整備、国内外の金融・資本・外国為替市場の調査・分析
調査統計局	国内の経済及び財政の調査・分析、統計に関する事務
国際局	外国中央銀行・国際機関との連絡・調整外国中央銀行等の円資産運用及び国際金融支援に関する業務、日本銀行保有外貨資産の運用、海外経済・<u>国際金融に関する調査・分析</u>、国際収支統計等の作成

注：日本銀行HPより抜粋。筆者一部追加、下線。

　具体的には、シャドーバンキングシステム専門のモニターセクションを新たに組成し、そこにおいて日常継続的なモニターを行ってことや、対外的なレポートの作成、シャドーバンキングシステムに関連する Living Will についての中央銀行サイドとしての検討などを行うことが考えられる。これらを実施するに当たっては前述したとおり、シャドーバンキングの活力を失わないような形で、その活動の制約にならないよう配慮しモニター等を行っていくことが必要となろう。

　さらに、中央銀行のオンサイト部署の充実も大きな課題である。現在、金融庁の検査部署の人員が1,000名を超えている[68]のに対し、日本銀行のオンサイト要員は100名程度に過ぎず、中央銀行サイドの陣容に関しては、事象が複雑で波及も速くなっている最近の金融危機を把握するためには十分な体制とは言えないと思料され、今後、体制の拡大を検討することが望まれよう[69]。

3　危機時の対応

　前述したような形で金融システムの制度設計に工夫を加えることは有益であ

るが、3章でも分析したように、それでも金融危機は発生すると思料される。すでに述べているとおり、最近の金融危機は、きっかけとなる金融商品の市場のほか、金融商品、CP、社債、デリバティブや担保を通じる形でインターバンク市場にも、極めて短期間にカスケード的に波及していき、十分に対応策を議論する時間がないことが多いようにみえる。すなわち、金融危機は短時間で市場不全となるなど極めて困難な状態を招来し、最終的には「危機を食い止めるための対応は何でもあり」ということになる訳であるが、こうした事態に追い込まれる背景としては、①真に危機だと認識するまでには認知のラグがあり、それは中央銀行・政府・議会など関係者ごとにかなり異なること——リーマンショックのケースでみられたとおり、議会などは経済的な事象に専門性を有しない一方で国費負担を嫌うため危機の深刻さや本質を認識することに時間がかかり、認知のラグや（政策）決定のラグが大きくなる傾向がある——、②市場型の金融危機においては対応の遅れが加速度的に被害・影響の拡大を招くこと、③関係業態をすべてカバーする形でモニターや危機対応の役割分担を決めておかないと、結果として、隙間が生じ、危機に対してタイムリーに対応できない可能性があること——英国ノーザンロックのケースは、危機に至る前の監督の段階でTripartiteといわれるプルーデンスを担う財務省、BOE、FSAの三者の隙間があり、これが取り付け等英国での金融危機を招いたと分析されている——といったことが挙げられる。さらに、誰もが「危機である」と認識するに至っても、例えば2008年9月のリーマンショック後の緊急経済安定化法案の米国下院での否決にみられるように、必ずしも足並みがそろうとは限らない。

　こうしたことを踏まえると、金融危機が発生した場合の対応主体、すなわち、政府、中央銀行等の役割分担——責任の所在とも言い換え得る——を決めておくことが有効であり、また典型的なパターンの対応などについては、——それに当てはまらない想定外の状況が出てくる可能性があっても——予め具体的な対応を検討し、用意しておくことは有益であると思料される。それを検討するに当たっては、我が国のユニークな金融監督体制を踏まえておく必要がある。

　さらに、具体的に検討していくに当たっては、リーマンショックの経験を踏

表4-6　行動原理面からみた行政組織と中央銀行の特性の違い

カテゴリー		行政組織（金融庁、一部財務省）	中央銀行（日本銀行）
関心、関わりの近い分野		国　会	市　場
公権力の源泉		法律、行政対応（法律的な権限に基づく対応）、ただし税金投入等により資金供給も可能（財政支出、徴税権）	資金（シニョレッジ、資金供給）
行動の背景にある原理		政治、世論	市場原理、経済原理
行動におけるアプローチのイメージ		広く国民と接しており、一般性が強い	市場関係者に対することがより多く、専門性が強い
対応のスピード		予め規定されていない場合には遅くなる可能性（議会での議決に時間を要する場合）	早い（専門家の集団である政策委員会で決定すれば対応可能）
対応の弾力性		法律等に従う（硬直的）	裁量的な対応が可能（弾力的）
資金供給する場合のキャパシティ		大きい	政府ほど大きくない
LLR機能		預金保険法に基づく資金援助　金融機能強化法に基づく資本注入	いわゆる日銀特融をはじめとする貸付機能（日本銀行法に基づく）
金融・経済における関心の深い対象	金融	個別金融機関の法令順守、金融業界の安定的発展	円滑な決済、金融システムの安定
	経済	景　気	物　価

まえ、将来的に金融危機が発生した場合の対応に関して、市場性商品を通じて危機が拡大する際の対応を考えていく必要があるほか、危機対応に当たっての対象プレーヤーに関しても、商業銀行に限らず、証券会社、ヘッジファンド等のいわゆるシャドーバンキングを含めての対応スキームを検討、構築していくことが課題になると考えられる。

3-1　危機時の役割分担の切り分けについての考え方

まず、危機時の具体的な役割分担を考える前に、政府（行政組織）と中央銀行の特性について比較を行ってみたい。

危機対応と関係するフィールドについて、政府と中央銀行の特性を単純化して比較すれば、表4-6のとおりである。

さらに、政府（行政組織）と中央銀行の、金融危機対応に関連する機能的な相違点を単純化してみると、表4-7のとおりである。

上述の行動原理面、機能面からみた行政組織、中央銀行の特性を、より単純

第4章 平時の金融監督体制の工夫と危機発生時の対応　149

表4-7　機能面からみた行政組織と中央銀行の比較

（○：有り、×：無し、△：一応有り）

具体的機能	行政組織（金融庁）	中央銀行（日本銀行）
流動性供与	×	○
資本注入（資本性の資金）	○	△（決断すれば日銀特融で可能）
市場モニタリング（調査力）	△	○
立ち入り調査機能	○（強制力を持つ強い権限）	○（各金融機関との約定に基づく）
その他法律・制度的対応	○	×

図4-3　行動原理面、機能面からみた行政組織、中央銀行の特性の単純イメージ

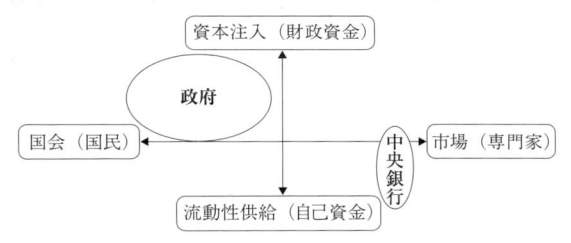

```
              資本注入（財政資金）
                    ↑
         ┌──政府──┐
         │         │
  国会（国民）←───────→ 中央銀行 ──→ 市場（専門家）
                    ↓
              流動性供給（自己資金）
```

化したイメージを図にすると図4-3のようになる。縦軸には機能面、横軸には行動原理（各組織の最も大きな関心の対象）を置いている。

　こうした機能面の特性などからみれば、金融危機が発生した際の流動性対応やさまざまな金融市場への波及防止などの緊急的な対応は中央銀行が対応し[70]、その後の本格的な資本注入や新たな立法措置が必要な対応については、行政当局（金融庁）が必要に応じて法律的な手当てを行いつつ、対応していくことが基本であると考えられる。以下では、具体的な対応についての検討を進めるが、金融危機時においては予め予想していなかった事象が発生することが比較的よくあることから、そうした場合には、組織の特性を踏まえつつ政府（行政）および中央銀行が裁量的に対応せざるを得ないと思料される。

　以下では、前節で分析した政府（行政組織）、中央銀行の特性を考慮した上で、リーマンショックなど最近の金融危機の性質も踏まえつつ、金融危機時の具体的な対応と役割分担を個別に検討する。

3-2　流動性供与

多くの先行研究等が指摘しているように、今次金融危機においては、証券化商品という複雑なストラクチャーを有した商品の信用力の著しい低下をきっかけに広がり、インターバンク市場での機能の著しい低下、CP市場の不全、証券化商品やデリバティブをはじめとする一部商品の機能停止といった事態を招いた。一時的には市場参加者が疑心暗鬼的な状況に陥るなど価格が立たない売買価格の「フリーフォール状況」まで招来し、最悪の混乱状態が一応収束するに至るまでには、中央銀行が十分な各種流動性ファシリティを用意し、議会が緊急経済安定化法案を可決し、資本注入の目処が立つ必要があり、それまでには一定の時間を要した。

これまでの経験で、金融危機あるいは金融機関の破綻の連鎖と流動性との間に深い関係があることがわかっており、危機に備えるという観点から、流動性の重要性を強調する向きは多い。とりわけ、商業銀行や投資銀行の中でも証券やデリバティブ取引を扱う量が大きく、トレーディング勘定のウエイトが高い先では、短期間に急激に流動性が失われたことが、リーマンショックの経験でわかっている。また、ヘッジファンド、SIV、Conduit、モノライン等において流動性が急激に失われたことも、金融危機の波及メカニズムと深く関連している。

こうした状況下、マクロプルーデンス政策上の対応として、前述のバーゼル委員会が提案しているような各種流動性指標の管理を行っていても個別金融機関や金融市場において流動性の問題が発生することを完全に防止することはできない可能性があり、ひとたび実際に危機が生じた場合には、中央銀行が潤沢な流動性を個別金融機関あるいは関係する市場に対して供給する必要が出てくると考えられる。では、危機時にはどういった考え方で流動性を供給すればよいのか。

これまでのリーマンショック時、我が国のバブル崩壊後の金融危機時等過去の経験などを踏まえると以下のような対応が考えられる。

①中央銀行は、SIFIが危機に陥った際（個別金融機関の危機時）のみならず、LIBOR-OISスプレッド、CDSスプレッド等、関連するマーケット指標が非常に大きな値となった場合には、流動性を短期金融市場に対して、速やかかつはっきりと潤沢に供給する（中央銀行の大量資金供給）。

②中央銀行が提供している各種スタンディング・ファシリティに関し、仮にStigmaが生じる可能性があれば、速やかに利用条件を最大限に緩和するなどによりStigmaの発生を抑制するよう努める（中央銀行にとって受動的なツールであるスタンディング・ファシリティの利用を容易にする）。

③リーマンショックの際（証券化商品市場から社債市場、CP市場、短期金融市場へと連鎖）のような市場間での波及、連鎖が生じないように、中央銀行はオペの適格担保の範囲を拡大する（中央銀行の対応）。デレバレッジにより、本来安全なはずの債券でも大幅な価格下落に陥る可能性があり、必要な流動性を踏まえて十分に範囲を拡大することが求められる。

④有担保取引が円滑に行えるように、中央銀行は市場流動性の低下した金融商品を担保に国債等の優良担保を貸し出すとか、無担保でもフィーさえ払えば優良な担保を貸し出すといった「証券貸出制度」を導入する（中央銀行の対応）。

⑤流動性の最後の拠りどころであるインターバンク市場が機能不全を起こしかねない場合には、インターバンク取引に政府保証を付ける（政府の対応）。

⑥すでに中央銀行と当座預金取引をもっている証券会社だけではなく、その他のシャドーバンキングシステムのプレーヤーに対しても、危機が発生した場合に流動性を速やかに供給できる仕組みを構築する。

　こうした流動性の面での対応は、金融危機が発生した際、その危機の深刻さを判断した段階で速やかかつ踏み込んで行わざるを得ず、日頃から市場モニタリングを行っている中央銀行をコントロールタワーとして迅速に対応できる体制を構築しておき、これについての関係者間のコンセンサスを得ておく必要があると思料される。

3-3　システミック・リスクを回避するための手段——SIFI[71]に対する
①合併、②資本注入（税金投入）、③破綻処理——

　金融システムにおける危機、すなわちシステミック・リスクの顕現化を回避するための手段としては、切っ掛けとなる事象が発生した際に、まず、前述のとおり流動性供給を行う訳であるが、危機の原因が、流動性の不足だけではなく金融システム上重要な金融機関がインソルベントな状況であることに起因している場合には、流動性供給の対応だけでは一時的に時間稼ぎに過ぎず、再び金融システムが動揺する、あるいは市場が混乱するなど、危機は収まらないことが多い。こうした場合、①合併、②公的資本注入（税金投入）等による救済を行うとか、逆に、③金融システムに混乱を生じさせない形で当該金融機関を破綻させるといった対応をとる必要が出てくる。
　しかしながら、これらの手段を実際に実施しようとすると、以下のような問題が生じることが、過去の経験からわかっている。
　まず、合併、すなわち破綻する可能性があり、金融システム動揺の原因となっている金融機関を別の金融機関が救済合併するという対応については、民間金融機関同士のマターであり、これが実現することは、一般的に、副作用・弊害が少なく、望ましい方法であると言える。しかしながら、具体的に合併を進めるとなると、合併に対して双方が受け入れられる条件が整うまでに時間がかかる可能性が高いことが、問題となってくる。リーマンショックにみられるように最近の金融機関経営はCP、社債などを使った資金調達や証券化商品の販売等、各種金融市場を利用して行われる部分が大きくなっているので、合併条件が整うまで時間がかかることは、市場参加者の思惑を通じて危機が深刻化・拡大する可能性が高い。
　第二の資本注入については、資本注入の原資は基本的に財政資金であるため、納税者を損失のリスクに晒すためその同意を得にくいという問題があるほか、安易に資本注入を行うと金融システム上重要と考えられる大規模の金融機関を

第4章 平時の金融監督体制の工夫と危機発生時の対応　153

中心に「too big to fail 問題」といわれるモラルハザードの問題が生じる可能性がある。また、予め公的資金注入のルールを、立法等の対応によって定めておいたとしても、これは、恣意的に税金投入がされることを防止するという観点から、過去の危機事例をベースとする想定に沿った一定の条件付きの資金注入のルールとなっていることが基本であるため、想定外の形での新たな金融危機が生じた場合などには、必ずしもうまく対応できない可能性がある[72]。さらに、議会の反対などにより、金融危機発生の中で速やかに対応が進まない可能性もある。

　こうした問題を抜本的に回避できることにはならないが、一つの対応策として、中央銀行が資本性の資金を供給するという対応が考えられる。中央銀行は、特融についての四原則[73]を有しているものの、政策委員会で決定すれば、独自の判断として資本性の資金を提供することは可能である。しかしながら、中央銀行の自己資本は限られており[74]、政府の財政資金と比べれば規模に限界がある上、中央銀行の収益は最終的に国庫納付金となることから、損失額が大きくなった場合には、国民（納税者）からの批判にさらされることとなろう。

　さらに、より基本的な問題として、現行法制においては、預金取扱金融機関に対する公的資本注入については制度が整備されているものの、預金取扱金融機関以外の業態に対しては、公的資本を注入する制度が必ずしも十分整備されていない。この点のついても、システミック・リスクの顕現化に繋がり兼ねないようなシャドーバンキングシステムの状況が発生したときに速やかに対応できるよう、今後、制度・枠組みの整備を検討する必要がある。

　第三の破綻処理については、モラルハザードを防ぐ面では優れた対応であるが、一方で破綻金融機関サイドからの抵抗が予想される上、破綻処理の実務負担も大きく、破綻に際しての実務的な条件を固めることについても時間がかかると予想される。このため、最近、各国、国際機関が検討、提示している具体的対応案[75]では、一般に Living Will と言われているが、こうした事態に陥る前に、システム上重要な金融機関について、予め経営悪化・危機に陥った場合の「回復」ないしは「処理」のシナリオを作成しておくという対応が考えられ

ている（このうちの「処理」のシナリオが破綻処理部分となるが、2011年7月にバーゼル銀行監督委員会等が示した市中協議案[76]では、金融機関の継続を前提とした「回復シナリオ」は当該金融機関が作成する一方、金融機関の破綻を前提とした「処理シナリオ」は当局が作成することになっている）。しかしながら、実際に金融機関を破綻させることとなると、破綻と認定する際の条件、破綻の認定、業務（資産、負債、その他手数料ビジネス等）の売却、ブリッジバンクをどう使うか、いわゆるデュー・ディリジェンスの具体的なやり方、それを踏まえての不良資産と正常資産の切り分けとそれぞれの価格評価、役員・従業員の問題、当面維持させなければならない業務への対応（例えば勘定経理、これに伴う最低限のコンピュータ・経理部門の維持や預金の払い出し業務）など、予め固めておくべきことがさまざま存在する上、それ以前の段階でも、各国金融当局は、日常的に金融機関の組織やビジネスモデル、倒産時の影響などさまざまな点を分析し把握しておく体制を構築しておくことが求められる。また、このResoution Planについて、当局と当該金融機関が、危機が生じていない平時において予め固めておくことは、条件面の調整などで多大な調整コストが生じることが予想される。さらに、いったんこうしたプランが作成されたとしても、これが実際に危機において十分機能するかどうかは未知数である。これまで、こうした対応についてのプランニングはオーダーメイド的にその際の状況を踏まえて作成してきた訳であるが、将来発生する危機において、予め作成してあるResolution Planに条件が合致しうまく対応できるとは限らないからである。想定外の事象が起こった際の当局の裁量をどう確保しておくか、合わせて破綻処理の実務ノウハウをもっている人材の育成・確保は、現実にResolution Planが機能するためには、重要なポイントとなってくる。

　また、こうした予め用意したResolution Planによらず、想定外の状況の発生により金融機関を破綻させるような場合に関しては、市場実務等についての専門性を有した機関が、当該破綻処理が妥当かどうかを短時間で二重、三重にチェックするようなフェイルセイフを準備することも一案である。バブル崩壊時の97年11月において三洋証券が会社更生法という手段により倒産したことを

きっかけに、インターバンク市場に対する信認が著しく低下し、市場機能が失われたことに鑑みれば、少なくともインターバンク市場参加者の破綻に関してはフェイルセイフを設けておいてもよいと思料される。

さらに、こうした Living Will については、リーマンショックの経験を踏まえると、非常に大きな商業銀行以外に、シャドーバンキングシステムおいても破綻したときの影響が非常に大きな先があるならば、作成しておく必要があると考えられる。そうしたことの判断については、中央銀行も含めた金融当局の日常からのモニターが必須となってくる。

3-4　危機直後の健全性の確認——ストレステスト等——

金融危機が一段落した後などにおいて、金融システム上重要な位置付けの金融機関や金融システム自体の安定性を検証したり、資本不足額を算出したりする手段として、ストレステストが行われることが多い[77]。

実際、リーマンショックを中心とする今次金融危機において米国、欧州でストレステストを実施したほか、その後、ギリシャ危機に端を発した欧州各国の累積債務問題発生時にも、欧州においてストレステストがたびたび実施された。

しかし、バーゼル銀行監督委員会［2009］[78]で「今般の危機では、銀行のストレステストの結果により示されているものよりも多くの側面において危機がはるかに深刻であったことのみならず、進行するイベントに対するストレステスト実務の対応が脆弱であったことにより危機が増幅された可能性もある」と述べているとおり、実施するやり方とその結果への対応次第では、かえって進行する危機を逆に増幅する（あるいは、少なくとも正しく把握できないため謝った対応をとってしまう）危険性すらあることが指摘できる。

もともと、各金融機関で行われていたストレステストは、実務的には、VaRといったような過去のヒストリカルデータをベースとした定式化された分析では把握できないテールリスクの把握、ファットテール性の補正や金融・経済局面の変化——言い換えれば分布の変化——を把握してリスク管理に繋げるために、エキスパートジャッジメントによるシナリオをベースに行われてきたもの

である[79]。その際のストレステスト実施の目的[80]を実務面も踏まえて纏めると、①自らのリスクプロファイルを理解した上でのポートフォリオの特性把握（フォーワードルッキングな評価に繋げる）、②自己資本の十分性の確認、資本計画の立案計画への反映、③流動性についての状況確認と流動性計画立案への反映、④リスクコミュニケーション――関係部署横断的なリスク把握のツールとして使い、最終的には経営陣の理解、経営への活用にまで繋げる――、⑤コンティンジェンシー・プラン策定の際の活用、⑥リスク許容度設定のための情報提供（リバース・ストレステスト）[81]、⑦活用しているモデルの妥当性の確認、などを挙げられる。さらに、当局によって、金融危機の後にシステム上重要な金融機関等に対して一斉に実施されたストレステストについては、⑧資本不足に陥る可能性のある金融機関の洗い出し、⑨資本不足額の把握（税金投入の観点も考慮）、⑩金融システムの健全性、安定性の確認――市場参加者の安心感の醸成により市場安定を企図――といった狙いが存在した。

　しかしながら、リーマンショック後に規制当局によって主要金融機関に対して行われた一連のストレステストは、米国に関してはマーケットから一応評価されたものの、欧州において、①金融システムが健全であることをアピールして市場参加者の安心感を醸成したい、②資本不足額すなわち公的資金投入――これは結果として税金投入に繋がる――を極力回避したい、といった思惑から透明性が不十分なうえ想定ストレスをあまり大きなものとしなかったため[82]、発表直後に株価が下落するなど、結果として、市場参加者の不透明感が拡大してしまった面がある。特に、EU実施の第1回目については、個別行別の結果を公表しなかったため、市場が資本不足先について疑心暗鬼となった面が否めない。

　こうした状況を勘案すると、金融危機後に規制当局が行うストレステストに関しては、以下の点に留意しながら実施する必要があると言える。

　①想定するシナリオについては、市場参加の認識を把握しつつ、十分厳しいストレス状況とする必要がある。
　②想定シナリオについては、細部も含め明示的に公表する必要がある。

第4章 平時の金融監督体制の工夫と危機発生時の対応

表4-8 リーマンショック後に欧米で行われた主なストレステストの概要[83]

	米国	EU		
		第1回	第2回	第3回
発表時期	2009年5月	2009年10月	2010年7月	2011年7月
実施主体	財務省、FRBほか（プレスリリースは財務省）	EU当局	EU当局	EU当局
対象	大手19金融機関	主要22行	20カ国の91行	20カ国の91行
ストレス（シナリオ）	・主なポイント 　　　　　2009　2010 GDP　▲3.3%　+0.5% 失業率　8.9%　10.3% 住宅価格　▲22%　▲7%	—	・2010〜2011年の成長率見通しより悪化、国際価格が2010年5月上旬より下落など	・標準見通しに対して2011年に2.1%、2012年に2.0%押し下げられると想定など
結果	・潜在的な損失額は6,000億ドル ・10社で合計746億ドルの資本不足の恐れ（10先に対し資本注入プログラム（CPP）により公的資本注入を実施）	・潜在的な損失額は4,000億ユーロ ・全体の中核的自己資本比率は8%超	・7行計で35億ユーロの資本不足の恐れ	・8行計で25億ユーロの資本不足の恐れ ・16行が資本基盤の強化が求められた
開示方式など	・個別行ごとに開示 ・増資など資本増強計画を策定	・個別行毎には開示せず	・国債の価格ストレスなどが具体的詳細不明	・財政悪化国の償還期限、国債保有状況等を開示するなど開示内容を増やした
市場の反応	・一応は市場に落ち着き	・市場は甘いとの評価で安定せず	・市場は安定せず。基準に甘さとの評価 ・直後のパスしたアイルランドが金融支援を受ける事態に	・資本不足額は市場予想（100億ユーロ規模）より小さく、甘いとの見方もあり安定せず

③結果については、——その公表が対応できないようなシステミック・リスクの顕現化に繋がらない限りは、かなりのコストを伴うものであっても——、個社（各金融機関）別の結果も公表することが望ましい。また、仮に資本不足先が想定される場合には、資本注入の準備を進めておく必要がある。

④アプリオリに金融システムが健全であることを想定してその確認を行うといったやり方ではなく、予断を持たず中立的な見地からテストを進める必要がある。このため、個社別の財務内容をチェックする機関は、政治的な状況に左右されずに中立的な立場から実施できる、第三者的な機関である

と市場の信頼性が高まると考えられる。その面からみれば税金投入の主体である政府よりは、政府と組織的に独立している場合が多い中央銀行の方がベターと考えられる[84]。もっとも、我が国の立ち入り調査についての現在の法律上の位置付け[85]などを考慮すると、政府と中央銀行が共同でストレステストを実施する枠組みを用意することが、当面は現実的な対応と考えられよう。これまで我が国では金融庁と日本銀行の共同チームでの検査等を行っていないだけに、共同チームでのストレステスト、立ち入り調査などを行いうるような制度面での対応が課題と言える。

⑤なお、対象範囲は商業銀行のみならず、必要に応じて――当該危機におけるシステミック・リスクへの影響を勘案して――、大手証券会社やそれ以外のシャドーバンキングシステムについてもストレステストを行うべきである。そのためにも、シャドーバンキングシステムに対する知見を深めるべきである。

こうした点を総合すると、仮に我が国でストレステストを実施するような局面が将来的に生じたとすると、行政当局（金融庁）単独で行うのではなく、中央銀行も連携して、市場参加者の認識も十分に把握して対応する必要があると考えられる。

3-5　その他、各種ファシリティ等

危機に至るプロセスにおいて、金融機関はこれを回避するための自助努力として、自己資本増強のために増資を試みることがしばしばあるが、これは必ずしもうまくいかないことが多い。それは、財務内容の悪化を背景に信用力が低下しつつある状況において市場を通じての増資が難しいということに加え、既存株主は発行株数の増加による希薄化（ダイリュージョン）をもたらす可能性が高いこと、資本注入によって破綻可能性を引き下げることができたとしても、それによって生じる企業価値の増加分のほとんどが負債（借入等）の相手方の債権者のものになってしまうこと[86]、などの理由による。さらに、こうした問題に加え、財務内容が悪化した金融機関が株式を新規発行することが続くと、

多くの金融機関はより高い価格での発行を望むだろうから、結局投資家は示されている財務内容が水増しになっていることを恐れ、そうなっていないケースまでも低価格でしか購入しないという逆選択の問題も発生する恐れがある[87]。

　こうした状況をうまくクリアして金融危機に至るプロセスにおいて当該金融機関の自己資本を増強しようというアイディアが、コンティンジェント・キャピタル（条件付き資本）の考え方である。このアイディアは、ダフィー［2011］によればFlannery［2005][88]による検討が嚆矢であるとのことで、概念的には、ある一定の条件（トリガー）が満たされたときに、株式等に転換される社債等の負債を発行することをイメージしている。この方法のメリットは、これだけでは転換時にニューマネーが入ってこないという問題はあるものの、①破綻の危機（という増資を極めて行いにくい状況）に直面している金融機関が自己資本を増強できること（自己資本比率を上げることができること）、②転換価格（社債を株式に転換する際の交換価格、これをＰ円とする）を株式の条件価格（契約上、転換が行われることになっている条件としての株価水準）よりも高く設定しておけば、――株式の増加数は負債元本１円当たり１／Ｐとなることから、株式数が企業価値に比べて大きく増えることにならず――希薄化（ダイリュージョン）は招かなくて済むこと、③転換により、（一部負債が資本に転換されるので、負債全体の金額が減少し）負債に対する毎期の返済を節約できること、等のメリットがある。

　もっとも、この仕組みは、金融機関が存続可能でなくなる時点、すなわち破綻時ベース（gone concern）に転換するのか、あるいは、まだ金融機関が存続している、継続価値ベース（going concern）の段階で転換するのかによって、転換価格の設定等の各種条件の設定[89]のみならず、この手段の位置づけ自体も大きく異なってくる。

　また、転換条件も設定が難しく、例えば、株式時価総額が非常に低い水準になったときに負債が株式に転換されるという仕組みになっていた場合には、空売りによって株価が条件価格に到達するように仕掛ける投資家が出てくる可能性がある（上述②の条件を満たしていなければ、株式を企業価値に比べ相対的

に安い価格で手に入れることができることになるほか、企業支配権等も得られる可能性がある）。

バーゼル銀行監督委員会においては、2010年までの段階においては、破綻時ベース（gone concern）のコンティンジェント・キャピタルについて検討を進め、市中協議に付す予定であったものの、2011年7月の市中協議文書においては、複雑性や不確実性、市場へのマイナスといった短所が、長所を上回ると考えられるとして、結局、市中協議を見送ったという経緯があるが、金融危機という、資本確保が極めて難しいにもかかわらず、これが危機を切り抜ける可能性のある有効な方法であるだけに、今後、具体化を検討していくことが求められる。公的資本注入なしに資本を増強できるこの方法は、モラルハザードを防ぎ、金融システム上重要な金融機関の経営を安定させるという意味でこの方法は有益であり、こうした仕組みの実現は、規制当局サイド（政府）の今後の課題といえよう。

4　事後対応

金融危機については、金融制度・規制面の改善（効果は限定的）および金融危機時に速やかな対応ができる体制整備とともに、発生した金融危機を分析しその後の対応を反省することにより、制度面、対応面での整備・改善に繋げることが、非常に重要である。特に、金融が進化し、金融機関が取り扱う商品が複雑化・市場化する一方、波及スピードも速くなってきているので、海外での事例も踏まえつつ、こうした最近の流れに合わせて体制を見直すことが肝要であると考えられる。

4-1　責任追及と原因究明

畑村［2006］は、事故が続発する（ここでは、繰り返し金融危機が発生すると置き換えて考えるとよい）理由として、現在、行われているような責任追及に重きを置いた形での「原因究明と責任追及の関係」が必ずしも正しくないこ

第 4 章　平時の金融監督体制の工夫と危機発生時の対応　161

図 4 - 4　責任追及と原因究明の関係[90]

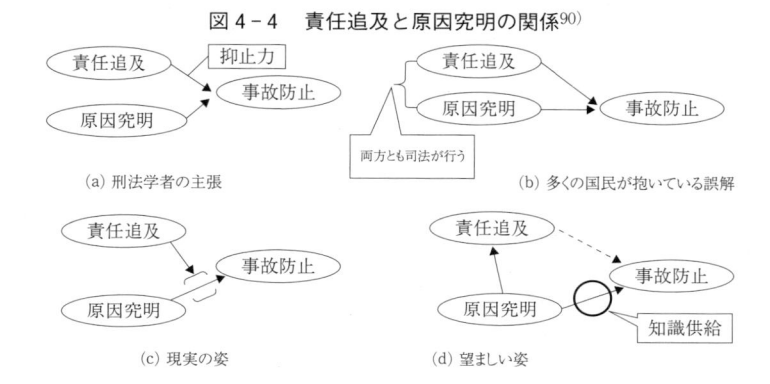

(a) 刑法学者の主張　　　(b) 多くの国民が抱いている誤解

(c) 現実の姿　　　(d) 望ましい姿

とを指摘する。以下、多少長くなるが、関連部分を引用する。

「世の中では事故が起こると、原因の究明が必要だといわれ、それを司法が行うのが当然だと考えている。つまり、警察が調べてその原因を明らかにし、そこで出てきた知識や情報から次の危険を避けることができる、と皆が考えている。ここが大違いである。

　警察や司法が行う原因究明の最終目標が、責任追及のためであって、責任追及の手段として原因究明を行っているにすぎない（図 4 - 4）。したがって、仮に原因がわかったとしても、立件して訴訟にするのではなく、不起訴のような場合には、全くどこにもその原因究明までの間に行われた情報等は出てこない。このことから明らかなように、責任追及のための原因究明が事故の予防に役立っているという主張を多くの法律学者たちはするが、これは詭弁である。

　事実、原因究明をやろうとするとき、責任追及が必ずついて回るので、本当の原因を関係者が明らかにしないために、結局何も一つずつの事故から学ぶことができず、事故が繰り返されている。まさに、責任追及のための原因究明なるものが、次の事故の準備をしていることになる」。

　同様の主張は、航空機事故、鉄道事故、回転ドアの事故等工学的な乗り物、建造物等の事故発生防止の観点から、向殿［2005］など安全工学の専門家や、ジャーナリスト等からも示されている。

翻って金融についてみると、金融危機の収拾に当たり公的資金（すなわち税金）の投入が行われてきたこともあり、金融危機の事後的な対応においては、責任の追及に重きが置かれてきた面が強いように窺われる。我が国の90年代のバブル崩壊において多額の不良債権が生じた局面では、預金保険機構に特別調査権を与え、訴訟などにより徹底的な責任追及を行った[91]一方で、原因究明に関してみると、その発生メカニズムや発生後の対応が妥当であったかについての分析、検証は、航空機事故などのケースと比べて十分であるとはいえない。

我が国について、金融危機が発生した場合の責任追及と原因究明の主体を考えると、前出の図のような政治・議会や市場との距離感から考え、責任追及は政府あるいは政府が管轄する形での第三者機関が行うことがよいと思料される。一方、原因究明については、金融政策との因果関係があることから、中央銀行がこれを行うよりも、第三者的な機関が行っていくことが望ましいと考えられるが、政府と中央銀行との二者択一であれば、日常的に市場や金融システムと接し、専門性の高い中央銀行がベターと思われる。第三者機関が原因究明を行えるような状況になったにせよ、市場性商品のウエイトが高まっている実情もあり、日常モニタリングのデータ、分析ノウハウ、人材供与等については、中央銀行が主体的に関与することがよいと思料される。

4-2　報告書の重要性

報告書の作成も、金融危機の原因究明を広く知らしめ、今後の金融システムのあり方や、危機対応の知見として改善に資するという観点から極めて重要である。しかしながら、我が国においては90年代の金融危機に関する政府としての最終報告書はみられない。政府においては、経済白書で一部触れているとはいえ、包括的な資料は作成されていないほか、日本銀行でも、個人名の論文は別として、組織としてバブル崩壊による不良債権問題を全体として踏み込んではいない。その後、日本銀行では、2005年8月より金融システムの総合判断および分析を行う金融システムレポートを定期的に刊行しており、（危機時ということではなく）定期的なプルーデンス面からの金融システムの状況について

の報告書ではあるが、当時と比べれば金融システム全体に対するモニターおよび公表ツールは整備されてきている。もっとも、2008年のリーマンショックで発生したような証券化商品、市場性の金融危機を分析した上で、我が国金融システムや危機対応体制、法整備等の弱点を洗い出し、見直し改善を図るといった動きはみられず、報告書も存在しない。金融市場はグローバル化しており、リーマンショックは必ずしも対岸の火事と片付けることはできない意味合いがあったように思われ、今後、海外事例を知見に変える体制を整備することが重要であると考えられる。加えて、日常のモニタリングや金融システムレポートの作成など定期的なレビューに関しては、専門家育成などによりモニタリングの質を高めるとともに、最近、米国で取り組み始めているような「マルチディシプリナリー・アプローチ（Multidisciplinary Approach）」——すなわち、システミック・リスクを示唆するような事象を監視するためのレビューを行う際に、金融・経済の専門家だけではなく、アナリスト、会計・法律の専門家、エコノミスト、リスク管理の専門家、金融リスクのモデラー、規制資本アナリスト、検査官等多くカテゴリーの専門家を活用し、多面的にチェックしていこうとするアプローチ——も取り入れていくことが有益であると思料される。

　一方、今次金融危機についてみると、米国では、米議会の金融危機調査委員会（The Financial Crisis Inquiry Commission）が、662ページに及ぶ報告書（"The Financial Crisis Inquiry Report"）を2011年2月に公表している。内容的には、シャドーバンキングシステムやサブプライムローンを原資産とした証券化商品などの基礎的な説明をした上で、リスク管理の問題、格付けの瑕疵、金融商品の情報開示不足など9項目を金融危機の原因と挙げて分析しているものの、住宅バブルの発生と金融政策の関係、サブプライムローンを拡大させた政策の妥当性など、政策的な点に関しては全く批判しない内容となっている。また、英国でも、ノーザンロックの取り付けとその後の危機について、2008年1月に英国下院の報告書 "The run on the rock" が公表され、ノーザンロックに対するFSAの対応を組織的な失敗と評価する一方で、BOEに対して、金融危機への対応（破綻銀行の処理等）や預金保護対象金融機関への検査官の派遣、

個別金融機関の情報提供を命令する権限を付与することなどが提言された。これを受けて、2008年7月には改正銀行法、BOE法の市中協議ペーパーが公表され、BOEの目的に金融システムの安定確保が加えられた上で、マクロ的な金融システムの安定に対してのBOEの責任が明確化された改正銀行法、BOE法が2009年1～2月より施行されるに至った。このように英国では、報告書が政策当局の対応も含めてのものとなっており、その後の政策的な枠組みの変更に活用されているように窺われる。

また、報告書のあり方については、日本学術会議・安全工学専門委員会「事故調査と免責・補償小委員会　対外報告書」[2005]では、建造物、交通機関等のいわゆる物理的な事故に関して、以下のように提言している。

「7）調査報告書の使用制限について

調査機関が証言を得やすくするために、事故当事者の証言については刑事裁判の証拠としての使用は認めない。調査報告書が公表された後は公知の事実となるので、民事裁判での証拠としての使用は基本的には容認する。

8）事故調査報告書は公開とする。調査期間が収集したすべての記録は、事故再発防止等安全対策にとり有益な知見のみを公開すること」。

再び同じような危機を起こさないという視点からは、上述の原則を金融危機にも当てはめた上で、包括的な報告書を作成することが望ましいと言えよう。政治や当事者と距離をとった客観的な立場の専門家が、危機の発生のメカニズムの分析や、金融規制等制度上の問題、事後対応の妥当性等を分析し、それを今後のあり方に繋げることが不可欠であり、その観点から考えれば、こうした役割を政府あるいは議会に求めるのは難しい可能性が高い。むしろ、第三者的な専門家の分析チームを組成して作成することが望ましい。もっとも、これが難しい場合には、政府よりは中央銀行がその役割を担うことの方がよいと考えられる。ただ、中央銀行がその役割を担う場合には、金融政策については当事者であるだけに、プルーデンスサイドに限った分析に限定せざるを得ないであろう。

4-3　事後対応としての、非危機モードでのストレステスト[92]

　本章3-4．においては危機対応局面におけるストレステストについて述べたが、一旦危機が発生すれば、危機モードを脱した後でも、――あるいは、そうした金融危機が発生如何にかかわらず――金融システムについてのストレステストを定期的に行っていくことが求められる。いわば、金融システムのいわば定期健康診断を適切なインターバルで実施する訳である。

　この金融システムの定期点検としてのマクロストレステストは、今次金融危機において注目された市場性リスク、カウンターパーティリスク、流動性リスクなどを中心としたストレステストだけではなく、伝統的な貸出金等についての信用リスクやオペレーショナルリスク等についても総合的に把握するべきであり、一部のビジネスラインに限らず「統合的テスト」として実施する必要がある。

　また、いわゆるシナリオ分析だけではなく、感応度分析も行うことでポートフォリオの特性を把握していく必要があるほか、時間的余裕度を確かめる意味でも自己資本・経済資本・財務会計上に資本に関するリバース・ストレステストも行っていくべきであろう。

　さらに、個別金融機関ベースでのストレステストとは別に、金融セクター全体に関する計量分析を通じての計量モデルを使ったストレステストも平行して行うことで、個別金融機関ベースでの積み上げの結果との整合性を確認し、マクロプルーデンスの観点からシステミック・リスクに繋がる可能性をチェックする一方、計量モデルをブラッシュアップしていく必要もある。

　こうした定期的なストレステストの実施については、計量的な面でのノウハウや、モニタリング能力の確保、金融実務への理解、立ち入り調査を通じての各銀行ごとのストレステストの妥当性検証などが必要なことから、中央銀行が実施し、そのマクロ的な結果については、十分に解説を加える形でFSR（金融システムレポート）で公表していくことがよいと考えられる。中央銀行は、今後、定期的な実施やノウハウの蓄積、手法の高度化を図っていく必要があろ

表4-9 危機対応におけるPDCAサイクルのチェックポイント

段階	実施事項	具体的内容
PLAN	危機対応の立案	○当局の日常モニターや検査、ストレステスト（SCAP）の結果に基づく金融システム（システミック・リスク、それに繋がり兼ねない金融機関のリスクプロファイル等）の分析体制 ○過去の金融危機についての分析 ○分析に基づいた危機対応（コンティンジェンシープラン、破綻処理方法等）や当局各組織の役割分担の企画 ○分析に基づいた金融制度の枠組み（金融規制・会計・行政対応方針等）についての変更の企画 ・検査・ストレステストの分析と整合的なプランニングになっているか。 ・金融規制、会計、行政組織のあり方、行政対応方針は金融危機対応を行うに当たって機能的・整合的なものとなっているか。 ・危機対応の当たって速やかに動けるような各当局の役割分担、機能分担を想定しているか。
DO	危機対応体制の構築と危機管理・危機対応の実行	○分析に基づいた金融制度の枠組み（金融規制・会計・行政対応方針等）についての変更の実施 ○分析に基づいた危機対応（コンティンジェンシープラン、破綻処理等）や当局各組織の役割分担の実施 ・金融危機に対応できる十分ワーカブルな枠組みが政治的な動きや各組織（例えば行政と中央銀行）の間の利害対立等により阻害されることなく実現されたか。 ・議会等の政治的な問題により機能的な枠組み・役割分担が実現できていないということはないか。 ○実際に金融危機が起こった際の具体的な対応 ―具体的には、最後の貸し手機能、その他流動性ファシリティ機能、資本注入、セーフティネットの発動、非伝統手段による金融緩和、システミック・リスク・エクセプション、破綻処理、その他緊急対策の実施などについての具体的対応状況。 ・これらのツールを使っての適切な危機対応がなされたか。システミック・リスクを顕現化させることなく、また大きく広がることなく、早期に収拾されたか。
CHECK	危機対応等の点検	○危機に対応した当局（中央銀行・行政）のモニタリング能力や具体的な対応の妥当性の確認。 ○金融システムの状況についての調査（ミクロ・マクロ両面からのストレステスト、検査・考査による立入調査）に関するチェック ・金融危機対応はクロノロジカルに分析して妥当なものだったか。 ・金融危機時あるいは事後のモニタリング・分析について、マクロプルーデンスの観点から、システミック・リスクに繋がるような事情について十分に調査されていたか。ストレステスト等は市場に安心感をもたらすための甘いものとなっていなかったか。 ・ストレステスト等の透明性は確保されたか。調査範囲は適切か（必要に応じ業態などにつき十分に広い範囲が調べられているか）。 ・当局のモニタリング能力に問題はなかったか。日常のモニタリングの範囲に不足はないか（シャドーバンキング等）。

		○個別の問題案件に関するサーベイランス、しっかりとした報告書の作成および報告。 ○危機発生および危機対応を踏まえての国内外の枠組みの見直し・管理監督の在り方についての議論、提言等改善策の提案。 ・個別案件の分析はマクロプルーデンス（システミック・リスク）との関係を十分に踏まえて適切に分析されたか。 ・危機対応や日常の規制・監督体制について、事後的な検証が的確になされたか。市場評価はどうか。 ・日常の規制・監督と危機対応の間の連携はうまくいっていたか。 ・提言等改善策はストレステスト等の結果や我が国金融システムの特徴、リスクプロファイル等を踏まえた適格なものとなっているか。
ACT	危機対応やその枠組みの見直し	○危機対応のスキーム、フレームワーク（コンティンジェンシー・プランや当局各組織の役割分担）の見直し・変更。 ――大きな問題がなかった場合には、必要に応じて当局各組織間の連携強化や役割分担の再確認・マイナーチェンジを実施。 ○金融制度の枠組み（金融規制・会計・行政対応方針等）についての見直し・変更。 ○国際的な規制の枠組みの見直し（議論・提起）。 ・Check を踏まえて、上述の変更・改善等が適切になされているか。 ・危機のレッスンは活かされているかの確認。

う。

4-4 PDCAサイクルとマクロプルーデンスへの取組み

次に、金融危機対応における政府・中央銀行等に関するPDCAサイクル構築の必要性について触れる。金融危機の実際の経験は、今後の対応という観点からみると、得難い学習機会とみることも可能である。また、金融危機対応においては、関係機関が一体となって対応するべき必要があり、また、10～20年に一度は発生していることをも考え合わせると、下記に示すようなサイクルを、規制当局である政府（金融庁、財務省）、流動性供給の要である中央銀行（日本銀行）、さらに預金保険機構といった関係実務当局を含めた形で構築し、大小さまざまな危機局面で運用していくことが、再び起こりうる可能性のある多様な危機に円滑に対応できる体制を実現することに繋がると考えられる。

その際のポイントは、我が国の金融当局による危機対応のあり方を念頭に置くと、中央銀行、行政（金融庁）など単独組織ごとのPDCAサイクルではなく、

全ての関係組織を含めた形でのPDCAサイクルを構築することであると考えられる。

さらに、専門家による第三者機関を組成して、第二段階である「DO」の対応事例（LLR、資本注入、セーフティネットの発動等）を中心に、「モニタリング能力が確保され、十分なモニタリングが行われているか」、「迅速かつ適切な危機対応ができていたか」、「各機関の役割分担・権能の付与が適切か」、「PDCAサイクルがワークして必要に応じて役割分担、体制の見直しが行われているか」、といった点に関して専門的な観点から検証を行い、報告書を作成した上で、国会に報告することも一案と思料される。

5　小括

本章の結論を簡単に纏めると、以下のとおりである。
（1）金融危機への具体的対応についてのアプローチは、現段階で確立したわけではなく、現在もさまざまな考え方、意見が出るなど、発展途上である。危機に至る前の平常時の金融制度（規制）のあり方として、伝統的な自己資本比率規制や流動性規制などが考えられるが、平時の規制面などからの対応だけで金融危機の発生を完全に防止できるわけではない。こうした中で、伝統的な手法以外の安全工学、システム生物学等からのアプローチを応用できる可能性がある。
（2）金融危機が発生した場合の対応として重要となってくるのが、①（中央銀行からの能動的な）流動性供給、②合併（救済）、資本注入、破綻処理等の対応、③（金融危機一段落後の健全性確認のための）ストレステスト、④（中央銀行にとっては受動的な）スタンディング・ファシリティの整備、などの点である。これらについて、それぞれがうまく機能するためには幾つかの点で改善していく必要があるが、一方で予めこうした手段を整備していても想定外の事象が発生する可能性がある。このため、行政組織、中央銀行の組織の機能的特性を踏まえて予め役割を決めておき、それぞれの機関が裁量的に対応するこ

とにしないと、迅速な対応は難しい可能性がある。

（3）金融危機が発生した後の対応も、その後の体制の改善や再び金融危機が生じたときのスムーズな対応のために重要なポイントである。具体的には、①原因究明と責任追及の役割分担の切り分け、②報告書の作成、③金融危機対応におけるPDCAサイクルの構築とこのチェック、といった点である。基本的には、①のうち責任追及は議会、行政組織の役割、①のうちの原因究明と②の報告書の作成は中立的な専門家による第三者機関ないしは中央銀行の役割となろう。一方、③については関係組織間で行い、これを第三者機関でチェックするというやり方が望ましいと考えられる。

（4）金融危機対応の準備としての日常的なモニターの役割は、専門性が相対的に高く市場と密接な関係を有している中央銀行の果たす部分が大きいと考えられるが、現状においては、ヘッジファンドをはじめとするシャドーバンキングシステムについてのモニターについては発展途上段階であり、またこれまでに蓄積された知見も必ずしも十分とはいえないことから、中央銀行のこの部分を中心に体制整備を一段と進めることで、さらにモニター力を高めるべきである。さらに、現在、政府（金融庁）と比べ10分の1の陣容となっている立ち入り調査機能の規模拡大も課題である。

【補論A】 マクロプルーデンスとは

　マクロプルーデンスという用語については、以下のようにさまざまな定義、概念規定があり、必ずしも固定された定義が固まっているとは言えない状況であるが、その狙いとしては、システミック・リスクを特定し、その対処・削減を図るということがコンセンサスのようにみえる。基本的には、平時あるいはプレ危機時までの監督、規制上のあり方に焦点を当てている用語であると考えられるが、例えば英国のマクロプルーデンスの議論[93]では、危機時対応についても触れており、必ずしも定義が明確になっているとは言えない部分がある。

　Clement［2010］によると、マクロプルーデンスの原点は、1970年代後半、BISユーロ委員会における国際銀行貸付を巡る議論にまでさかのぼることができ、具体的な焦点は時間の経過とともに変化してきた。もっとも、金融システムの安定とそのマクロ経済との関連性を巡る問題として議論されてきたことは、一貫していると考えられる、としている。

　Borio［2003］は、マクロプルーデンスとミクロプルーデンスの視点の違いを以下のように整理することで、マクロプルーデンスを定義した。

　さらに、Borio［2010］では、マクロプルーデンスを考える上での金融システム全体に関わるストレスとして、時間の面（time dimension）とクロス・セクターの面（cross-sectional dimension）が存在するとした。前者は、金融システムにおけるプロシクリカリティが一つの大きな原因で発生するものであり、後者は金融システムにおける共通のエクスポージャーや相関関係に起因して、金融機関の同時的な破綻に繋がるケースを想定している。

　G30［2010］では、マクロプルーデンス政策の定義として、以下の4つの構成要素に分けて定義した（以下、抜粋）。「①金融システム全体に対する政策対応：マクロプルーデンス政策は、個々の金融機関や個別・特定の経済政策に焦点をあてるというよりも、金融システム全体を監視し、適切な政策対応を探る

表4-10　マクロプルーデンスとミクロプルーデンス

	マクロプルーデンス	ミクロプルーデンス
中間目標	金融システム全体へ危機が広がることを抑制	個々の金融機関の経営危機を抑制
最終目標	経済コスト（GDP）の回避	消費者（投資家／預金者）の保護
リスクモデル（の位置付け）	（部分的に）内生	外生
金融機関間の相関や共通エクスポージャー	重要	無関係
信用秩序制御（プルーデンシャル・コントロール）の計測	トップダウン：システム全体の危機の観点からの把握	ボトムアップ：個別金融機関のリスクの観点からの把握

ものである。②強靭性の強化とシステミック・リスクの削減：マクロプルーデンス政策の狙いは、金融システムの強靭性を強め、システミック・リスクを抑制することにある。③政策手段のタイプ：マクロプルーデンス政策は、可変的な手段と固定的な手段の双方を用いるべきである。④金融機関のためのガイドライン：マクロプルーデンス政策の実施に関わる責務を担う当局は、他の当局が担っている第一義的責任を十分尊重しつつ、金融、財政、その他の政策に資する情報を提供し、またそれらの政策から情報を得なければならない」。

FSB、IMF and BIS [2011] では、マクロプルーデンスとは、システミック・リスクを抑えるためにプルーデンス・ツールを利用する政策であるとし、それによって、①金融のインバランスの積み上がりを押さえ、その後のサイクル悪化の速さと激しさを抑制し、経済に与える影響を制御する防御策をつくり、②システム全体の伝播・波及効果の原因となる共通のエクスポージャーはリスク集中、相互連関性および相互依存性を特定・対処することによって、実体経済に重大な影響をもたらす主要な金融サービスが混乱するような事態を抑えることであると定義した。

英国HM Treasury [2011] は、マクロプルーデンス政策における法的な目的をBOEに与え、具体的には、①英国の金融システムの保護と強化を図ること、②金融安定目的に基づいて、他の関係当局と協業を図ることとし、そのスコープの中に危機対応（②）も含めることとしている。

一方、我が国における定義をみると、白川［2009］は、マクロプルーデンスは、「実体経済と金融市場、金融機関行動の相互連関を意識して、金融システム全体の抱えるリスクを分析し、そうした評価に基づいて意識的な制度設計、政策対応を行っていく必要があるという考え方」と説明した。

　翁百合［2010］は、時間の面（time dimension）とクロス・セクターの面（cross-sectional dimension）の両面に起因するというBorioの考え方を踏襲しつつ、「マクロプルーデンスの視点」について、「金融システム全体を安定化させ、国民経済的なコストを最小化することを目的とする視点」と説明した。

　金融調査研究会の提言「金融危機を踏まえた規制・監督のあり方」［2009］では、「金融危機が顕在化する前に金融システム全体と実体経済に内包される潜在的なリスクを分析し、経済へのマイナスインパクトを最小化しつつ、信用秩序を維持するため、予防的な政策・措置を講ずるもの」と定義した。

　日本銀行［2011］「日本銀行のマクロプルーデンス面での取組み」では、「金融システム全体のリスクの状況を分析・評価し、それに基づき制度設計、政策対応を図ることを通じて、金融システム全体の安定を確保すること」と説明し、その政策対応に必要とされる金融システム全体の状況とシステミック・リスクの分析・評価においては、「ア．リスクに関する横断的な観点」と「イ．リスクに関する時系列的な観点」の2つを踏まえることが重要であるとし、また、システミック・リスクの抑制を目的とした政策手段の実行やその監督に当たっては、監督当局・中央銀行による検査・考査やモニタリングの活用が重要であり、政策対応に当たっては、直接ないし間接的に金融システムや実体経済に働きかけを行い、システミック・リスクを抑制する「マクロプルーデンス政策手段」の役割を強調した。

第4章 平時の金融監督体制の工夫と危機発生時の対応 173

【補論B】 バーゼルⅢの概要[94]

　バーゼルⅢについては、2008年9月のリーマンショックの後、バーゼル銀行監督委員会で議論がスタートし、2009年のG20ピッツバーグ・サミットで「『銀行システムの強化』を図るため、銀行資本の量と質の双方を改善し、過度なレバレッジを抑制するため、国際的に合意されたルールを2010年末までに策定する」ことをコミットし、2009年12月に市中協議案を公表、QIS（定量的影響度調査）やハイレベルの会合を経て、2010年12月にバーゼルⅢのテキストが公表されている（Basel Committeeより12月16日付で"Basel Ⅲ：A global regulatory framework for more resilient banks and banking system"など3本の文書を公表）。

　内容は多岐にわたるが、まず、現行バーゼルⅡ[95]からの変更点という観点で、バーゼルⅢの全体像をみると、以下のようになる。

　このうち、中核をなす①自己資本についての資本水準の引き上げと資本の質の向上、②資本保全バッファー、③カウンター・シクリカルなバッファー、④レバレッジ比率規制、⑤流動性比率規制について概要を簡単にみると、以下のとおりである（いずれも2013年以降段階的に導入するとされている）。

①自己資本についての資本水準の引き上げと自己資本の質の向上

　自己資本比率については、これまで重視されていた優先株や繰延税金資産も含まれているTierⅠベースだけでなく普通株式等の比率も明示的にみていくこととなっている。また、繰延税金資産についても、段階的にTierⅠから控除することとなっている（その他、優先株〈TierⅠ参入基準を厳格化〉、劣後債・劣後ローン〈TierⅡに算入できなくなる〉など、多岐に渡り厳格化する方向で変更）。

　こうした質の面の向上に加え、自己資本比率の水準についても、現行（バー

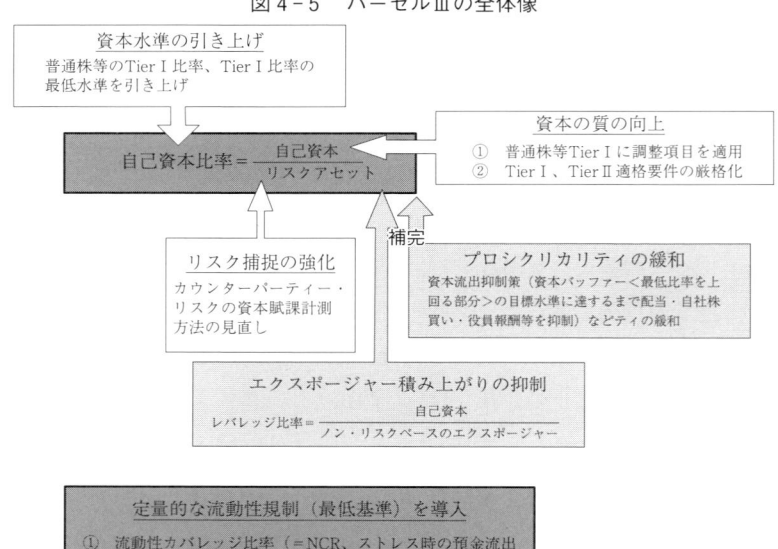

図4-5　バーゼルIIIの全体像

資本水準の引き上げ
普通株等のTier I 比率、Tier I 比率の最低水準を引き上げ

資本の質の向上
① 普通株等Tier I に調整項目を適用
② Tier I、Tier II 適格要件の厳格化

$$自己資本比率 = \frac{自己資本}{リスクアセット}$$

補完

リスク捕捉の強化
カウンターパーティー・リスクの資本賦課計測方法の見直し

プロシクリカリティの緩和
資本流出抑制策（資本バッファー＜最低比率を上回る部分＞の目標水準に達するまで配当・自社株買い・役員報酬等を抑制）などティの緩和

エクスポージャー積み上がりの抑制
$$レバレッジ比率 = \frac{自己資本}{ノン・リスクベースのエクスポージャー}$$

定量的な流動性規制（最低基準）を導入
① 流動性カバレッジ比率（＝NCR、ストレス時の預金流出等への対応力を強化）
② 安定調達比率（＝NSFR、長期の運用資産に対応する長期・安定的な調達手段を確保）

ゼルII）の総資本（Tier I ＋ Tier II）で8％、うちTier I で4％という最低所要自己資本比率から、総資本で8％、Tier I で6％、うち普通株式等4.5％に変更される。

②資本保全バッファー

これはストレス期に取崩し可能な資本バッファーの保有を求めるもので、上述の所要自己資本比率の最低水準に上乗せして普通株等コアTier I で2.5％保有することを求めている。仮に、バッファー水準を下回った場合には、下回った割合に応じ、以下のように配当、賞与、自社株買い等の社外流出に制限が付される。

表4-11 バーゼルⅢにおける普通株等と社外流出制限割合

普通株等コア Tier Ⅰ	社外流出の制限割合（利益対比）
4.5〜5.125%	100%
5.125〜5.75%	80%
5.75〜6.375%	60%
6.375〜7.0%	40%
7.0%超	0%

③カウンター・シクリカルなバッファー

これは過剰な総与信の増加等によるシステム全体のリスクの積み上がりに対し、銀行セクターを将来的な損失から守るため、バッファーとして資本を持つことを確保する枠組みである。資本保全バッファーの拡張として、「普通株等コア Tier Ⅰまたはその他の完全に損失吸収力のある資本」で0〜2.5%の範囲で、各国の裁量により設定することになる。各国当局は、「総与信／GDP比のトレンドからの乖離」を共通の参照指標として見ながら、他の適切な指標も参考としてバッファー設定の要否を判断することとなっている。この比率によって、②同様、社外流出を制限することが予定されている。

以上、自己資本比率についての簡単に纏めると以下のようになる。

さらに、自己資本以外に、主なものとして以下のような追加・変更がある。

④レバレッジ比率

銀行システムにおけるレバレッジの拡大を抑制するため、以下の比率を指標として規制する予定である（2018年1月を想定）。2013年〜2017年1月までの試行期間においては、3%以上としてテスト的に導入される。

レバレッジ比率＝資本（新定義のTier Ⅰ）／エクスポージャー（オンバランス＋オフバランス）≧3%

⑤流動性比率規制

今次危機において流動性が重要なポイントになったことを踏まえ、以下の二つの指標を導入することを導入している。

表4-12　バーゼルⅢの新しい最低規制自己資本

	普通株等（コア Tier Ⅰ）	Tier Ⅰ	総自己資本（Tier Ⅰ + Tier Ⅱ）
最低所要水準（①）	4.5%	6.0%	8.0%
資本保全バッファー（②）	2.5%	同左	同左
① ＋ ②	7.0%	8.5%	10.5%
カウンターシクリカルな（可変）バッファー	0～2.5%		

◇流動性カバレッジ比率（Liquidity Coverage Ratio）

LCR＝適格流動性資産／30日間のストレス期間に必要となる流動性≧100%

　これは、ストレス下でも市場から流動性を調達することができる高品質の流動資産を1カ月の厳しいストレス下においてネット資金流出額以上に保有することを求めるものである（2015年から導入の予定）。

◇安定調達比率（Net Stable Funding Ratio）

NSFR＝安定調達額（資本＋預金・市場性調達の一部）／所要安定調達額（資産×流動性に応じたヘアカット）＞100%

　これは、流動性を生むことが期待できない資産に対し、流動性の源となる安定的な負債・資本を一定割合以上持つことを求めるものである（2018年から導入の予定）。

　上記の最低所要自己資本比率等はいずれも段階的に導入されたり、テスト期間等を有しており、直ちに導入・適用されるものではない。また、各国において国内規制（例えば我が国の場合、バーゼルⅠは大蔵省銀行局通達、バーゼルⅡは金融庁告示で規定された）の案を作成しパブリックコメントを求めるなど一連の過程を行うことは、今後の作業となっている。

【補論C】 ストレステストとは

1 用語、概念

　ストレステストとは、Committee on the Global Financial System が2005年に「ある任意の事象の発生または複数の金融変数の変動がもたらす潜在的な影響を評価するためのリスク管理手段」と定義している。これは、金融機関が市場リスク等を把握する際に非常によく用いられる手段である VaR（Value-at-Risk）が「リスクファクターの収益率の分布（簡便化のために正規分布を前提とすることが多い）等に一定の前提を置いた上で、過去のデータをベースに、一定期間内に発生しうる最大損失額を統計的手法に基づいて算出するもの」であるのに対して、ストレステストは、「特定の問題意識に基づいて、リスクファクターに任意の大きな変動を想定し、潜在的な損失額を評価するもの」と説明することができる。その際の「任意の大きな変動」とは、滅多におこらないようなテール事象を想定しているケースが多く、①金融機関のリスクプロファイルや財務内容の特性[96]からみて、あるいはマクロ経済的な観点から、金融機関経営等に大きな影響を与えるようなストレス（裁量的に判断することが大きい）、②（例えばリーマンショックといったような）過去の大きなショック、③ 2σ、3σ といったように統計的な観点から与えるストレス（結果について数学的に検討を加えやすい）などの例がよくみられる。

　一方、バーゼル銀行監督委員会［2009］[97]では、狭義の一般的な定義として「銀行における意思決定を支援するための、厳しいが、起こり得るシナリオの下での銀行の財務状況の評価」と説明し、広義の含意として「ストレス・テストという単語は、具体的な個別のテストを適用するための方法としてだけでなく、意思決定プロセスにおいてテストが開発、評価および活用されるより広範な環境に対する言及としても用いられる」と述べ、この用語を後者の意味合い

で用いている。

なお、実務上、2008年秋以降、バックテスト[98]の超過回数が大きく増加し、VaRの有効性について疑問視する声が多く出ている中で、フォーワードルッキングなシナリオを設定してのストレステストを実施し、この結果を補完的にリスク管理に使っている金融機関もしばしばみられる。

2　ストレステストの目的

元々は、金融機関自身が自らのリスクプロファイルを分析した上でストレスを想定し、結果を踏まえてリスク管理能力や財務的なウィークポイントの把握等に利用されることが多かったが、バーゼル委員会等の議論なども経て、規制・監督面から、バーゼルⅡの第二の柱（監督上の検証：金融機関が自らの内部モデルでリスク管理を行い、監督機関がこれを検証する）としての利用が行われるようになっていった[99]。また、今回のリーマンショック後の状況や、その後のギリシャ危機においては、①金融システム全体での資本不足額の算出、②金融システムやシステム上重要な金融機関の資本の十分性、システム全体の安定性の確認、③金融システムのマクロストレスに対する安定性の確認といった観点から実施されたように窺われる。特に、政治的な要請、市場に対して自国の金融機関が安定的であるといったメッセージを出したいといった思惑から実施されたと思しきケースもあり、こうしたケースについては――ギリシャ危機後の欧州でのストレステストのように――市場から不信感を招き、再度、ストレステストを実施したようなケースもみられた。

3　ストレステストの類型

ストレステストについては、大まかに分けると、①一定の外政的なショックを想定して、自己資本比率、期間収益、資金ギャップ等への影響をみるタイプと、②これらの被説明変数が特定の水準を割り込むようなショックの内容を逆算するタイプ（リバース・ストレステスト）[100]の二種類があるが、一般にストレステストという場合には、①のタイプのものを指すことが多い。

また、その手法や対象ポートフォリオの違いにより、以下のように分けることができる。

(1) 感応度分析とシナリオ分析

感応度分析（sensitivity analyses）は、リスクファクターを外生的に変化させた場合のインパクトを評価する手法で、例えば、バーゼルⅡの金利リスク計測における200bpvテストはこのタイプの分析の一例である。単一のリスクファクターの影響をみることもあれば、複数のリスクファクターを同時に変化させて影響をみる場合もある。

シナリオ分析（scenario analyses）は、経済・金融の変化等について、問題認識に合わせて、任意のシナリオを作成し、その中で複数のリスクファクターが同時に変化する場合のインパクトを評価する分析手法である。

さらに、シナリオ分析は、過去イベント型（例えば、ブラックマンデー、リーマンショック等）と仮想シナリオ型（例えば、日経平均が8,000円にまで下落、金利が5％上昇、次年のGDPが▲1％となる等、結果として感応度分析と類似）に分けることができる。過去イベント型は、納得性が得られやすい半面、過去の大きなショックを上回る事象に関してフォーワードルッキングに対応できないことや自らのリスクプロファイルを踏まえた掘り下げた分析はやりづらい一方、仮想シナリオ型は、過去のデータに捉われないフォーワードルッキングな分析ができる半面、納得性は得られにくいほか、想定に裁量が入ることが多いため実施するものの能力に左右されるといった面がある。

(2) 個別テストと統合的テスト（全社的テスト）

個別テストは、任意のリスクファクターを選定し、それが任意のビジネスラインまたはサブ・ポートフォリオにもたらす影響を個別に評価するもので、例えば、「不動産価格が20％下落した場合に、住宅ローンのポートフォリオがどの程度棄損するか」といったテストがこれに該当する。

一方、統合的テスト（全社的テスト）とは、上述のような特定のリスクカテ

ゴリーやビジネスライン、ポートフォリオに焦点を絞るのではなく、当該金融機関が直面するリスク全体を、総合的・包括的に評価しようとするものである。

(3) リスクファクター起動型テストとマクロ指標起動型テスト

前述の統合的テスト（全社的テスト）において、外生的に変化をさせる指標をまず決めなければならないが、その際、株価20％の下落、金利200bpの上昇といったような特定のリスクファクターを想定してどういった影響が出るのかを「リスクファクター起動型テスト」、シナリオの背景・ストーリーとしてストレス状況に陥ったマクロ経済指標（経済状況）を外生的要件として行うストレステストを「マクロ指標起動型テスト」と言う（その際、マクロ経済指標とリスクファクターの相互関連性がモデル化できていれば、より明確な統合的テストが可能である。なお、勿論、個別テストの場合にもリスクファクターの変化〈ストレス〉に対してその影響をみるケースとマクロ指標のストレスシナリオに対してその影響をみるケースが存在する）。

(4) 定例テストとアドホックテスト

定例テストは、月次や四半期等、あらかじめ決められた定期的なインターバルに実施するものである。

アドホックテストは、外部環境やリスクプロファイル等に大きな変化が生じたが会いに随時行うものである。また、アドホックテストは、規制・監督当局からの指示に基づいて行われる場合がある。

リーマンショック後あるいはギリシャ危機後に行われたストレステストは、上述の分類からみれば、(1)についてはシナリオ分析、(2)については個別テスト（自己資本比率への影響をチェック）、統合テスト両方の例があり、(3)についてはアドホックテストに該当すると考えられる。

なお、個別金融機関のストレステストの基本的なやり方はノウハウについては、前述のバーゼル銀行監督委員会［2009］「健全なストレス・テスト実務及びその監督のための諸原則（2009年5月）」のほか、CEBS（欧州銀行監督委

員会）の"CEBS Guidelines on Stress Testing（GL32）"に詳しい。

注
1）　金融規制・監督の枠組みを考えていく上での金融システム全体のリスクコントロールへのアプローチ、制度設計・政策対応等で金融システム全体の安定を確保しようという考え方は、一般的に、マクロプルーデンスと言い換えられる。もっとも、マクロプルーデンスという言葉については、必ずしも定着した定義があるわけではなく、――英国においてシステミック・リスクを認識した場合の対応も含めてプルーデンス政策の中で議論されているように――必ずしも平時の金融システムの健全性を維持するための政策のみならず、一部危機時対応をも含めて使われている場合もある。なお、マクロプルーデンスについては、本章末の補論A参照。
2）　システム生物学については、北野宏明・竹内薫［2007］『したたかな生命』ダイヤモンド社参照。
3）　バーゼル銀行監督委員会では、リーマンショックの発生を受けて、金融システムの強化を図るための対応として2010年12月16日にバーゼルⅢのテキストを公表しており、これを踏まえて各国ごとに規制を策定した上で、2013年から順次施行されていくことになる予定である。バーゼルⅢの概要については、補論B参照。
4）　この点についての対応は難しいが、さらにバブル事例等についての分析・知見の蓄積に努めるとともに、2000年以降の国際的な政策実施状況を考えると、経済政策の付け（景気刺激的な役割）が中央銀行に回らず、中央銀行が独立した判断を可能とする環境を実現することが重要であると考えられる。
5）　強い規制を維持し続けると、規制裁定が生じたり、商業銀行のステータスダウン・他業態の金融機能の拡大が起こりかねないほか、国際的な横並びが確保されないと、国際競争力の面でも障害となりかねないと思料される。
6）　予想外、複雑な事象が発生した場合に、最後に尻拭いをする主体を決めておき、その主体に任せるという不完備契約のアプローチも、金融危機を考えていく上でのヒントとなりうる。
7）　例えば、イギリス政府高官は、one-size fits all strategyがうまくいかなかったことを公式の場で認めている。Hoban［2010］参照。
8）　例えば、我が国金融機関の最低所要自己資本比率やリスク管理の枠組みはバーゼル銀行監督委員会が2004年6月に公表したバーゼルⅡ最終文書に基づいて作成された平成十八年金融庁告示第十九号ほかによって定められているが、これは業態ごと（銀行、信用金庫等、信用組合等、労働金庫等、農林中金等、農協等などに分かれている）に多少の違いはあるものの、基本的な考え方や示されたリスク

管理の枠組み、自己資本比率を計算する際のリスクアセットの計算方法などについては、概ね同じとなっている。信用金庫、信用組合にまで主に国際的な活動を行う金融機関を念頭に置いたバーゼル・ルールに沿った形での告示を示すことがよいのか、疑問である。ちなみに米国においては多くの国内業務中心の金融機関に対してバーゼルⅡを適用していない。

9）ここで取り上げた概念をすべて4章において活用している訳ではないことを申し添えておく。

10）ここでは、本稿第4章で利用、あるいは参考としている概念をツールキットとして解説しており、最近、国際機関や各国金融当局でいわゆるマクロプルーデンス政策のツールキットとは一線を画す。例えば、HM Treasury［2010］では、Box 2（p. 15）において、6分類のtoolsを、またG30［2010］では、④分類のMacroprudential Toolsを挙げているが、本稿は金融的な領域の分水嶺を幾分越えてアプローチしようとしていることから、経済学の面からは馴染みの薄い用語を中心に採りあげて、その概念を予め説明することとしたものである。

11）多様性（diversity）：冗長性とは逆に、全く違う機能を持った「異種」な要素がバックアップする場合には、「多様性」があると言われる。生物学では、地球上に存在する生き物たちにおいて多様性があることで、自然界のバランスが保たれ、すなわち地球生態系のロバストネスが向上していることがよく指摘され、生物多様性と言われている。金融についても、例えば参入障壁を低くすることで他業種からの参入を容易にすれば、異なった発想の経営主体が参入することで競争が高まりより良いサービスが生まれ、消費者のメリットに資するとかイノベーションに繋がる可能性がある、といった議論をすることは可能である。

12）モジュール構造：システム損傷の際、ダメージを極小化することで、ロバストネスを向上させる一つの方法。例えば、どこかが故障したときに、それが全体に波及するのではなく、ある区分だけで被害が食い止められるようなケースを意味する。システム生物学の分野では、多細胞生物の細胞の一つがダメになっても、他の細胞がダメージを受けないならば、その生物の生命はほとんど影響を受けないといったケースが典型例である。

13）デカップリング（バッファリング）構造：システムの機能に直接関係のある状態から、物理的なノイズやいろいろな変動などに晒されるレベルをできるだけ切り離すこと、またそうした機能を有する構造。典型例としては、デジタル機器を考えるとわかりやすい。デジタル機器では、信号は1（ON）か0（OFF）の二つの状態で表わされるが、この信号は電子回路で伝わるため、特定のボルト数の電圧としてON/OFFを表現する。例えば、ONを5Ｖ、OFFをゼロＶとしたときに、

諸々の理由で4.89Vあるいは5.12Vといった電圧が流されたとしても、それはあくまで5Vとみなされるため、機能レベルにノイズを持ちこまないということになり、ノイズに強いと考えられる。生物学的な例としては、多少変異した蛋白質でも修復し、正常なものと同じようにしてしまう機能などが挙げられる（北野・竹内［2007］、67ページ）。

14) 北野・竹内［2007］、52～61ページ参照。
15) Black, H.［1958］"invention in engineering", *Elec. Eng.* 77（August）、pp. 722-723参照。
16) 北野宏明・竹内薫前掲書、52～61ページ参照。
17) アレックス・アベラ著、牧野洋訳［2011］『ランド　政界を支配した研究所』文春文庫、138～141ページ。原著は Abella, Alex［2008］*Soldiers of Reason: The RAND Corporation and the Rise of the American Empire*.
18) 2010年10月23日財務省中尾武彦国際局長のハーバード大・国際文化会館共催シンポジウムでの講演の原稿における定義。
19) 2009年5月27～29日開催の日銀国際コンファランスにおける BOE. Paul Tucker の説明。
20) 本稿でのマクロプルーデンス政策の定義については、本章2-1参照。またマクロプルーデンスの定義等に関するのこれまでの議論については、本章末の補論A参照。
21) 2010年9月12日に公表された中央銀行総裁・銀行監督長官グループ（バーゼル委の上位機関で、G20、G30などと直結した組織）のプレスリリースでは、「システム上重要な金融機関に対する統合された対応を開発中」であるとして、具体的には、①資本サーチャージ、②コンティンジェント・キャピタル、③ベールイン債務の組み合わせを提案している。
22) 本章においては、単純化して議論を進めるために、できる限り、プレ危機時、懸念時といった形でステージを細分化せず、平時の範囲を広めにとり、大規模金融機関が破綻し、市場が混乱している段階を危機時、それ以外を平時として議論を進める。
23) 金融業界における最近の国際的な議論を簡単に纏めると、次頁上段のように整理できる。
24) マクロプルーデンスの定義については、本章末の補論A参照。なお、2011年10月18日に公表された日本銀行「日本銀行のマクロプルーデンス面での取組み」では、マクロプルーデンスを「金融システム全体のリスクの状況を分析・評価し、それに基づき制度設計、政策対応を図ることを通じて、金融システム全体の安定を確

表 4-1　金融業界における最近の国際的な議論の整理

全体	マクロプルーデンス政策の導入・監督体制の見直し・バーゼルⅢ等			
個別（具体的規制等）	金融機関を破綻させないための対応およびリスクテイク抑制へのインセンティブをかける対応			公的資金を使わない処理を可能とするための（あるいはそれを目指した）対応
	自己資本等	流動性	その他	
	○自己資本比率規制 ・最低規制自己資本比率の引上げ ・固定バッファー ・可変バッファー ○レバレッジ規制 ○SIFIサーチャージ	○流動性規制 ・LCR（流動性カバレッジ比率） ・NSFR（安定調達比率）	○トレーディング勘定規制 ○カウンターパーティー信用リスク規制	○金融機関への課税（Bank Levy） ○コンティンジェント・キャピタル、bail-in 債務 ○金融機関自身による resolution plan（living will） ○グローバル破綻処理

保すること」と説明している。

25) Brunnermeier, Shin ほか［2009］では、①レバレッジの拡大、②資産・負債のマチュリティ・ミスマッチ、③信用の拡大、④資産価格の上昇を具体的な指標として挙げている。このシステミック・インパクト係数が一定の値以上になった際には外部不経済があると考え、これに対して税を課すことで、金融機関がスピルオーバーによる外部不経済を与えないようなインセンティブをかけることを想定している。

26) ピグーによって考案された、市場の失敗の一つである「外部不経済」を是正するための一手段。例えば、工場の大気汚染が隣接する洗濯屋の業務にマイナスの影響を与えていたとしても、工場はそのコスト（外部不経済）を認識して必要な対策をとることはしない。この場合、公害という社会的コストに見合う金銭的対価を税金（「ピグー税」）で工場側に負担（内生化）させることによって、そのコストを工場に認識させることで問題に対応しようとするアプローチ。

27) カウンター・シクリカル資本バッファーとは、バーゼルⅢで導入が予定されている自己資本比率規制の可変的上乗せ部分のこと。上乗せ部分の保有義務は、過剰な与信の拡大等が金融システム全体のリスクの積み上がりに繋がっていると判断される局面において、銀行部門が将来の潜在的な損失に備えるための資本的余裕を持つことを確保する目的で発動される。

28) 例えば、HM Treasury［2010］では、Box 2（p. 15）において、Potential macro-prudential tools として、①Counter capital requirements、②Variable risk weights、③Leverage limits、④Forward-looking loss provisioning、⑤Collateral requirements、⑥Quantitative credit controls and reserve requirements を提案している。また、G30［2010］では、Macroprudential Tools として、①Leverage、②Enhancing Liquidity Regulation and Supervision、③Credit Extension（例えば可変的LTV比率の導入等）、④Supervision of Market Infrastructure and Busi-

ness Conduct を挙げている
29) さらに、金融安定理事会（FSB）は、2011年10月27日にIMFおよびBISと共同で "Macroprudential Policy Tools and Framewaorks – Progress Report to G20" と題したレポートを公表している。その中で、マクロプルーデンス政策については、最適な手段の選択やその利用に関わる包括的な理論的枠組みにコンセンサスはないとしながらも、政策対応のツールキットについては、以下の3つに分類して、具体例を述べている。①過度な信用拡張や資産価格ブームに対応するための手段——特に不動産や金融市場取引に着目：可変資本バッファー、LTV、証拠金など、②レバレッジや機関ミスマッチを通じたシステミック・リスクの増幅メカニズムに対処するための手段：資本賦課、市場・資金流動性に関する諸手段など、③金融システムの構造的な脆弱性やストレス時のシステミックなスピルオーバーを抑制するための手段：システミックに重要な金融機関に対する資本賦課など。
30) 具体的には、マクロプルーデンス監督機関に対して、①政策を命令する権限、②他の監督機関が遵守することが期待される政策を提言する義務、③他の監督機関が検討すべき政策を提言する権利、④他の監督機関の政策スタンスが優先される問題については提言する権限は持たないこと、の4つが示されている。
31) 関連してCalomiris [2009] は、"Reallocating Regulatory and Supervisory Power" の問題として、①複数の監督当局からなる米国の現在のシステムを維持すべきか、②規制の細分化（compartmentalization）は有用か、③ Systemic Regulator はだれが担うべきか、という観点から議論を展開した。
32) メンバーは、Secretary of Treasury（議長）と、FRB、OCC（Office of Comptroller of Currency：通貨監督庁）、CFPB（Bureau of Consumer Financial Protection：消費者金融保護局）、SEC（Securities and Exchange Commission：証券取引委員会）、FDIC（Federal Deposit Insurance Corporation：連邦預金保険公社）、CFTC（Commodity Futures Trading Commission：商品先物取引委員会）、FHFA（Federal Housing Finance Agency：連邦住宅金融局）、NCUA（National Credit Union Administration）の庁および保険分野の専門性を持つ独立メンバーの10名としている（111条b）。
33) 具体的には、よりフォーワードルッキングな引き当てを促す動態的引当（dynamic provisioning）とカウンター・シクリカルな自己資本バッファー（countercyclical capital buffers）——前者は expected loss に、後者は unexpected loss に対応——を設け、金融機関は景気拡大期にこれを積み増し、後退期にはこれを取り崩すことを促すような制度設計。もっとも、2012年現在進行しているスペインの金融危機においては、当該制度では金融危機を防止できなかったことは周知のと

おりである。

34) "Work shop for heads of financial stability: Challenges to financial stability policy" 2011年3月23〜25日、BOEで開催。

35) PIT（point in time）とは、景気循環の局面にかかわらず、企業の最近の状況に基づき格付けを付与する手法。一方、最近の企業の業績に関わらず、景気の一循環を含む長い期間の最悪の状況をベースに格付けを付与する手法はTTC（through the cycle）と呼ばれる。PITでは、格付け別のデフォルト率は一定であるが、格付け別の債務者数（あるいは各格付けの債務者の全体に占める割合）は景気により変動する。一方、TTCでは、格付け別の債務者数（あるいは各格付けの債務者の全体に占める割合）は景気の変動にかかわらず一定であるが、格付け別のデフォルト率は景気により変動することになる。

36) 2010年12月に示されたバーゼルⅢのテキストにおいてもカウンター・シクリカルなバッファーが提示されており、これは最低限、参照すべき指標として「総与信／GDP比のトレンドからの乖離」をみることとなっている。もっとも、具体的なバッファーの大きさ、そのほかの参照指標、導入時期等については、各国の裁量となっている。バーゼルⅢの概要については、本章末の補論B参照。

37) Pozsarほか［2010］によれば、シャドーバンキングシステムとは、マチュリティ、クレジット、流動性の変換を、中央銀行や公的セクターの保証無く行う機関のことで、具体的には、金融会社（ファイナンス・カンパニー）、ABCPコンデュイット、SPC、SIV、ヘッジファンド、MMMF、貸し株社、GSEsのことを指す。

38) Pozsarほか［2010］参照。

39) 例えば、リスクのある企業に対する与信に関しての、銀行とヘッジファンドの競合を考えればよい。

40) ここでは、シャドーバンキングシステムの定義を示すとともに、そのモニタリングの枠組み整備のための7つの基本原則として、①金融システム全体をスコープとしたシャドーバンキングシステムのリスク把握、②定期的かつ継続的なリスク・モニタリング、③当局におけるデータ・情報の適切な収集能力、④金融システムにおけるイノベーションや変容の捕捉に向けた柔軟性・適応性、⑤規制裁定への注意、⑥各国・地域の金融市場や規制枠組みの特殊性への配慮、同時に国際的な関連への配慮、⑦国内外の関連当局間との定期的な情報交換、を謳っている。

41) 当初段階では、市場モニターを通じたり、シャドーバンキングに対して与信を行っている商業銀行経由で情報を集めることでモニターしていくことが考えられよう。

42) 具体的には、例えば、SIFIの自己資本比率に対してpenalty rate（制裁レート）

とnecessary rate（所要レート）の2段階の基準を設け、前者を割り込んだ場合には、経営者の交代など何らかの罰則を科すことを提案。
43) 早い段階での論文としては、例えば、Ashucraft & Schauermann[2008]などがある。
44) IEC：国際電気標準会議。
45) 例えば、英国ではALARP（As Low As Resonably Practicable）、フランスではGAMAB（Globablment AuMoins Aussi Bon）、ドイツではMEN（Minimum Endogneous Mortality）などが導入されている。これらは、Fault Tree Analysisに従い、主要な部品故障レベルの評価などを行い、確率的にどの程度の死亡事故発生率になるか静学的に評価した上で、試験走行でチェックするか、できない場合には模擬環境で走行を行いランダムに故障を発生させるシミュレーションを行うなど、動的評価を行うことで、死亡事故に繋がる確率を計算することで、安全性を確認している。
46) 我が国では、これを翻訳する形で、JIS C0608「電気・電子・プログラマブル電子安全関連系の機能安全」が作成されている。
47) 低ディマンドモードの安全度水準（IEC61508-1より）

安全度水準（SIL）	低ディマンドモード PFD（Probability of Failure on Demand）
4	$\geq 10^{-5}$ to $< 10^{-4}$
3	$\geq 10^{-4}$ to $< 10^{-3}$
2	$\geq 10^{-3}$ to $< 10^{-2}$
1	$\geq 10^{-2}$ to $< 10^{-1}$

48) 本稿ではプルーデンス上の問題に焦点を当てていることから、リーマンショック時に明らかになった金融調節上の問題点などについては、原則触れず、金融システムの健全性や個別金融機関の信用といった面に焦点を当てて、中央銀行等の流動性供与の仕組みについて分析を進める。
49) 個別金融機関の調達手段から離れ、中央銀行の金融調節の観点からその手段を大括りに分類すれば、一般に各国の中央銀行は金融調節手段（能動的手段、受動的手段の両方を含む）として、①準備預金の積立制度、②公開市場操作（オペレーション、あるいはオペと略称することが多い）、③スタンディング・ファシリティ（「常設ファシリティ」とも言う）の3つを有しているが、ここで言う流動性ファシリティとは、そのうちの③に属するものと位置付けることができる。
50) 担保価額の算定上、時価から一定比率を割り引くこと。
51) 取引期間中、担保価額が一定水準を超えて下落した場合に、資金を貸す側が追加担保・証拠金の差し入れを要求できる仕組み。

52) 米国FRBは、2008年3月にTSLF（Term Securities Lending Facility：プライマリーディーラーを対象に流動性の低いさまざまな証券を米国債と交換できるもの）を導入した。また、英国BOEも、米国のTSLFと同様の債券貸出制度である特別流動性スキームSLS（Special Liquidity Scheme）の導入を2008年4月に公表した。これは、金融機関保有のMBS等を英国国債と交換すること（貸出期間1年、3年まで延長可、金額の上限なし）で、金融システムの流動性ポジションを改善させ、金融市場の信頼回復を企図した措置であった。
53) ECBは元々適格担保の範囲が広めに設定されているため、特段の措置を講じていない。
54) 貸出対象債券を拡充するため、①プライマリーディーラーの借入限度を拡大したほか、②貸出対象債券の残存期間を14日以上から7日以上に引き下げるなどの変更を行った。
55) 連邦法第13条3に基づく貸付については、2010年7月のドッド＝フランク法の成立により、対象を「個人、パートナーシップ、法人」から「広範に提供されるファシリティやプログラムの参加者」に変更され、取扱いが厳格化されている。このため、今後は金融危機に対応した迅速な利用が難しくなる可能性がある。
56) 金融機関サイドから使うことができる通常のディスカウント・ウィンドウ以外にも中央銀行からの個別の貸出スキームも用意されており、Federal Reserve Actでは、①Federal Reserve Act第10条A加盟銀行団に対する緊急貸付、②Federal Reserve Act第10条B各個の加盟銀行に対する貸付、③第13条3個人、パートナーシップおよび法人に対する割引、などが規定されている。
57) 特殊貸付が全て無担とは限らない。政策委員会において、担保の有無、担保の条件等を決定することができる。
58) こうした先としては、危機発生の状況次第であるが、例えば大手生保が考えられるほか、将来的には、ヘッジファンド、投信なども巨大化すれば、システミック・リスクを起こしかねない存在になる可能性があると思料される。
59) 伝統的に、銀行は短期で資金を調達し、長期資産を保有することで、利益を得る。すなわち、銀行は短期資金調達コストが低いことから、これを原資に非銀行部門に対してより有利な金利を提供することができ、非銀行部門による長期投資を促進することになる。しかし、銀行は、一方で自ら行った短期資金調達をロールオーバーできなくなるかもしれないというリスクを抱えており、ここで流動性の問題が生じることになる。
60) リーマンショックでは、短期での大量資金調達がシステミック・リスクの一因となったことから、G30［2010］は、短期資金調達によって資産を購入するイン

センティブを弱めるために、資産・負債の満期ミスマッチの大きさに応じた流動性バッファーを保有させることを提案している。流動性が低下した場合には、取り崩すことが可能な実際の市場が存在する売却可能性の高い資産を準備金として積み立てるように義務付ける形を想定している。

61) 資産購入に用いられているコアではない全ての資金調達に対する、金融機関の「コア・ファンディング」（個人預金や長期のホールセール資金調達等、景気循環のいかなる局面においても維持可能な資金調達源）部分の比率を示す指標。コア・ファンディングは、カウンター・シクリカルであり、不況期における流動性危機の影響を最小限抑えることが期待される。

62) 例えば、資産の信用の質に基づき、現在の所要資本の乗数として、資産と負債の満期ミスマッチを反映するように、調整されて設定されることを想定。

63) Basel Committee, The Group of Governors and Heads of Supervision [2010] Press release 26 July 2010 参照。

64) 流動性規制も含めたバーゼルⅢ全体の概要については、本章末補論B参照。

65) インターバンク市場等において調達超（調達＞運用）か運用超（調達＜運用）かについて、先行きの見込みも含めて把握する形でのモニタリングを行うことが多い。

66) 第一線準備＝当日中に資金化が可能な資産（現金＋準備預金＋コールローン＋担保余裕額＋未使用振決国債等）。なお、銀行については、第一線準備の対「預金＋NCD＋無担保コールマネー」比率、信金等は対「預金」比率でモニターすることが多い。

67) 第二線準備＝1週間以内に資金化可能な資産（流動化可能債券＋株式等）。

68) 平成15年度の金融庁年報によれば、金融庁の「金融検査に従事する職員数」は平成6年度末に420人だったのが、平成15年末には1037人にまで増員されている（別図23-2）。現時点ではさらに増加しているとみられる。

69) 参考までに米国の体制を窺うと、古い数字となるが、米国の銀行検査官数は1998年時点でFDICが約2,700人、FRBが約1,300人となっている（林宏美[1999]）。

70) 一方で、すでに法律上定められている役割として、行政が遅滞なく業務停止命令を掲げ預金者保護等を行うことも必要になるであろう。

71) Systemically Important Financial Institutions の略。

72) 例えば、預金保険法第102条のシステミック・リスク・エクセプションの対応においては、内閣総理大臣が「我が国又は金融機関が業務を行っている地域の信用秩序の維持に極めて重要な支障が生ずるおそれがあると認められる」ときには、「首相（議長）、内閣官房長官、金融担当大臣、金融庁長官、財務大臣、日銀総裁」

をもって組織される金融危機対応会議を行うことができると規定され、同会議の開催による決定が例外的な措置を実施する条件となっている。必ずしも市場性の金融危機を想定しているかどうか疑問である。現行の仕組みで対応するのであれば、最低限、たとえば首相外遊時に突然市場危機が生じた場合の対応について予め訓練を行っておくなど、十分な予行演習を行っておく必要があろう。

73) 1999年5月に業務報告書において、特融の実施にあたり「①システミック・リスク（金融機関の破綻等が金融システム全体に広がるリスク）が顕現化する惧れがあること、②ほかに資金の出し手がいないこと、③モラルハザード防止の観点から、関係者の責任の明確化が図られるなど適切な対応が講じられること、④日本銀行自身の財務の健全性維持に配慮すること」を四原則として整理し、対外的に明らかにした。

74) 因みに、日本銀行の2011年3月末の純資産は2兆7,302億円、2011年9月末の純資産は2兆5,499億円に過ぎない。なお、2011年度の国庫納付金は4,431億円である。

75) 例えば、バーゼル銀行監督委員会と金融安定理事会（FSB）が2011年7月19日に公表した「システム上重要な金融機関の実効的な破綻処理」"Effective Resolution of Systemically Important Financial Institutions" を挙げることができる。

76) 2011年7月19日にバーゼル委員会より市中協議文書 "Effective Resolution of Systemically Important Financial Institutions" が出されている。内容を掻い摘んで述べれば、システム上重要な金融機関の処理可能性を高め、いざとなれば円滑に、納税者資金を使わずに「潰せる」ように対応することが骨子。一方同時に出された市中協議文書 "Global Systemically Important Banks: Assessment Methodology and the Additional Loss Absorbency" では、システム上重要なグローバルな銀行について、自己資本を厚めにするなど追加的損失吸収力を持たせること（G-SIFIを4つに分け、1～2.5％の自己資本比率の上乗せを求める）で、これを潰れにくくする対応が展開されている。こうした取り組みを導入したことは評価できるが、内容的には、政治的な要請もあって、公的資金の導入を強く避ける仕組みとなっており、実際の破綻処理等の対応において上手くいくかどうかは疑問である。

77) ストレステストとは何かについては、本章末の補論C参照。

78) バーゼル銀行監督委員会［2009］「健全なストレス・テスト実務およびその監督のための諸原則（2009年5月）」日本銀行仮訳、日本銀行HP参照。

79) 古くは、例えばG30報告書である Global Derivatives Study Group［1993］"Derivatives: Practices and Principles" において、リスクファクターについて特定の変化幅で示したストレスシナリオに対しての分析を行う手法を紹介している。

80) バーゼル銀行監督委員会［2009］では、「フォワード・ルッキングなリスク評

第4章　平時の金融監督体制の工夫と危機発生時の対応　191

価の提供、モデルおよびヒストリカルデータの限界の克服、銀行内外のコミュニケーションの支援、資本計画および流動性計画の立案過程のへの反映、銀行のリスク許容度設定のための情報提供、さまざまなストレス環境下におけるリスク削減またはコンティンジェンシー・プランの策定の推進」の 6 点を挙げている。

81) 被説明変数が特定の水準を割り込むようなショックの内容を逆算するタイプのテスト（単純な例を挙げると、「他の要件を不変として、自己資本が 8 ％を下回る際の株価の水準を算出する」など）。

82) 例えば、EU の第 2 回目のストレステスト公表直後には「資産査定基準に甘さ」との見出しで「金融市場で『査定基準が甘いのではないか』との不安がくすぶり続け、信用不安の解消に時間がかかる可能性がある」（日本経済新聞、2010年 7 月 24 日）といった基準の甘さを指摘する報道が多数みられた。

83) EU のストレステストについては、特に 2 回目以降、リーマンショックだけではなく、ギリシャ危機に端を発した EU 域内の財政問題も踏まえて行われている。なお、これ以外の当局による大規模なストレステストを指摘すると、代表的なものとしては、2009年 9 月末に IMF（GFSR）が世界各国の銀行部門を対象にマクロ的なストレステストを行い、2009年 3 Q ～2010年の間に米国では4,200億ドル、EU 域内では7,300億ドルの損失が発生する可能性があるという結果を公表した。また、英国においても、別途ストレステストを実施している。

84) 欧米のこれまでのストレステストは、政府・中央銀行が一体となって行ったケースが多い。

85) 各金融機関のストレステストの妥当性を詳細に検証するためには、当局の立ち入り調査が必要なケースが考えられる。もっとも、我が国では、金融庁は銀行法による強い立ち入り調査および監督権限が与えられている一方で、日本銀行は日本銀行法による相対契約での考査の実施が認められているだけである。

86) Myers, Stewart [1977] "The Capital Structure Puzzle" *Journal of Finance* 39, No. 4 において Debt over hang と呼ばれる現象として指摘されている。

87) ダレル・ダフィー『巨大銀行はなぜ破綻したのか　プロセスとその対策』NTT 出版、2011年、71～75ページ参照。

88) Flannery, Mark J. [2009] "No Pain, No Gain? Effective Market Discipline via Reverse Convertible Debentures" in Hal S. Scott, ed., *Capital Adequacy Beyond Basel: Banking, Securities and Insurance*. Oxford University Press 2005, pp. 171-196 参照。

89) 例えば、破綻時ベースでは、暖簾代や繰り延べ税金資産は企業価値にカウントできないため、その分、価格が下がる。

90) 畑村洋太郎［2006］『ドアプロジェクトに学ぶ——検証　回転ドア事故』日刊工業新聞社、4ページより転載。
91) 我が国の場合、破綻金融機関については、東京協和・安全信組、コスモ信組、日長銀、日債銀等でみられたように、粉飾決算による有価証券取引所の虚偽記載、特別背任などに関して訴訟により経営者に対して責任を追及することが一般的である。また、民事訴訟などが伴うケースも多い。こうした訴訟においては、必ずしも破綻のメカニズムの真実などが詳らかにならず、その後の対応に役立とレッスンとはならないケースが多いように窺われる。
92) ストレステストについては補論C参照。
93) HM Treasury［2010］参照。
94) ［補論B］は金融庁／日本銀行［2011］「バーゼル銀行監督委員会によるバーゼルⅢテキストの公表等について」をベースとして記載。
95) バーゼルⅡの国内ルールの詳細は、平成18年金融庁告示第19号を参照。
96) 例えば住宅ローンのウエイトが高い金融機関において、不動産価格が大幅に値下がりする、住宅ローンのデフォルト率が大きく上がるといったストレスと設定。
97) バーゼル銀行監督委員会［2009］「健全なストレス・テスト実務及びその監督のための諸原則（2009年5月）」日本銀行仮訳、日本銀行HP参照。
98) バーゼル銀行監督委員会［1996］の「マーケット・リスクに関する所要自己資本算出に用いる内部モデル・アプローチにおいてバックテスティングを利用するための監督上のフレームワーク」によれば、信頼水準99％、保有期間10日のトレーディング損益に関するVaR計測モデルについて、250回のうち何回、VaRを超過する損失が発生したかによって、その制度を評価するとしている。具体的には、超過回数が0〜4回であれば「モデルに問題がないと考えられる」グリーン・ゾーンとなるが、超過回数が10回以上となれば、「まず間違いなくモデルに問題がある」レッド・ゾーンに分類される。
99) バーゼル委員会［2009］「健全なストレステスト実務及びその監督のための諸原則」参照。
100) バーゼル銀行監督委員会［2009］では、「特定のストレス・テスト結果（例えば、規制上の最低自己資本比率を下回ることや流動性の枯渇、支払不能）を想定し、どのようなイベントが発生すればそうした結果に陥るかを問うもの」と定義している。

終　章

　多くの国において一般的に言えることであると思料されるが、自らの金融システムにおいて大きなトラブル、機能不全、損失、主要な金融機関の破綻などが生じない限りは、金融制度や関連法制等を抜本的に見直すことは行われない。我が国においても、衆参逆転というねじれ国会の中で監督官庁や政治が金融システム・金融制度についての抜本的な対応に手を拱いている状況下、民間金融機関自体もビジネスモデルの変革などを行わなくともレベルは低いながらも利益を継続的に得ることができる国内市場を有していることなどから、ガバナンスのあり方、報酬体系、高度なリスク管理や真に高い自己資本比率等を積極的に追及しようとはしていないように窺われる。こうした中で、リーマンショックや欧州ソブリン問題を受けて自らの改革に取り組んでいる欧米の金融監督体制、金融システムとの差は広がりつつあるように見える。そうであるならば、我が国金融監督制度の新たなグランドデザインを描くことは最初から棚上げして、90年代の我が国とリーマンショックという二つの金融危機の経験、その比較から得られる教訓・知見を活かして、今後、新たな金融危機が生じた際のコンティンジェンシー対応に特化して考えるということが実務家の立場としては現実的な対応なのではないか、こうした問題意識のもとに今後発生する金融危機時の対応について政府と中央銀行の役割分担という視点を意識しながら考察を進めたのが本稿である。

　序章においても触れたが、本稿では、90年代の我が国バブル崩壊期の銀行破綻と2008年9月のリーマン・ブラザーズの破綻を中心とする混乱時の二つの金融危機時を掘り下げて比較しつつ、危機の性質の違いや政策対応の違いを明らかにすることで、今後、我が国において新たに危機が生じた際への対応につい

て、実務的な観点から多少なりとも貢献することを目指した。

　第1章においては、両危機の展開をクロノロジカルに追いつつ、90年代の我が国のケースと比べて2008年9月のリーマン・ブラザーズの破綻を中心とする金融危機の方が、市場性商品やこれに基づいた金融機関のOriginate to Distribute型モデルを中心的な要素として展開したことから、その波及スピードは早く、また政策的な対応も早かったことを示した。さらに、今次危機の対応の中で、今後我が国において金融危機が発生した場合に参考になるような政府・中央銀行の政策対応や技術的な工夫を取り上げた。

　第2章においては、両危機における不動産価格の下落から不良債権の顕現化までのラグを計量的に分析することで、我が国の90年代の金融危機と比べて今次危機の方がラグが短くなっている、すなわち不動産価格の下落から不良債権発生までの時間が短くなっており、政策対応の時間が乏しくなっていることを示した。

　第3章においては、これまでのところ金融危機の発生を的確に予測することは政府、中央銀行等の当局において必ずしもできていないほか、制度変更（規制強化）も危機の発生を防止できない可能性が高く、また事前にバブルの拡大を金融政策等で抑えようとしても政策対応に対してはさまざまな圧力がかかり兼ねず、結局のところ、金融危機を未然に防止することは難しいので、事後対応に依存する面が大きくなることを述べた。

　さらに、第4章では、（事前的に金融危機を完全に防止することはできないにせよ）金融危機の影響をある程度軽減し得るような金融制度上の工夫を検討するとともに、金融危機が発生したときの具体的な対応、コンティンジェンシー・プランを検討し、そうした場合における政府と中央銀行の役割分担や実務上のさまざまな工夫、あるいはそのヒントとなる事例、考え方等について論じた。多面的な分析を試みる中で、①伝統的な金融からのアプローチ以外の方法（安全工学、システム生物学等）が参考になること、②金融危機の展開は予想外のことが発生する可能性が高いだけに、行政組織、中央銀行の組織の機能的特性を踏まえて予め役割を決めておき、それぞれの機関が裁量的に対応でき

るようにしないと迅速な対応は難しい可能性があること、③危機が収束した後の事後対応も重要であり、そこでは責任追及と原因究明は分ける必要があること、また、政府・中央銀行等全ての政策当事者を含めたPDCAサイクルを構築する必要があること、④金融危機の触角的な機能を果たしている中央銀行はモニター力をさらに高める必要があること、などを述べた。

このうち、中央銀行のモニター力の強化、政府と中央銀行の情報共有・コミュニケーション強化は強調したい点である。

冒頭にも触れたが、リーマンショック、欧州ソブリン問題と、我が国は直接甚大な被害を受けていないことから、金融危機対応についての体制整備は国際的にみて後手を引いた感じがあるが、将来的なことを考えれば我が国を巻き込んだ金融危機が発生する可能性を完全に否定することはできない。特に、最近の金融危機が市場を通してごく短期間に波及するうえ、シャドーバンキングシステムが危機の発生・拡大において根源手にな要素となるなど必ずしも預金取扱金融機関が中心の危機ではない可能性があるだけに、今後、こうした新しいタイプの危機が発生した際に迅速な対応をできるよう、危機の姿が見えない段階で検討を進めていく必要がある。そしてそのためには、金融危機が生じた際の主要な対応者である政府と中央銀行の役割分担を予め考えておく必要があると思料される。

本稿での分析が、今後、我が国金融システムにおいて金融危機に備えての政策対応やコンティンジェンシー・プランをつくる上で、多少なりとも参考、ヒントとなることを願っている。

参照文献

相沢幸悦［1995］『日銀法二十五条発動』中公新書
赤井創［2005］「国際規格 IEC 61508 に適合した安全システム」『横川技報』Vol. 49 No. 4
ヴィラル・V. アチャリア＆マシュー・リチャードソン編著［2011］『金融規制のグランドデザイン　次の「危機」の前に学ぶべきこと』中央経済社
アレックス・アベラ［2010］『ランド　政界を支配した研究所』文春文庫
池尾和人［2009］「金融・経済危機と今後の規制監督体制」『東京財団　政策分析レポート』2009年3月
──［2003］『銀行はなぜ変われないのか』中央公論新社
──［1999］「戦後日本の金融システムの形成と展開、そして劣化」『大蔵省財政金融研究所 IFMP ディスカッションペーパー』、1999年11月
──［2009a］『不良債権と金融危機』慶應義塾大学出版会
──［2009b］「金融・経済危機と今後の規制監督体制」『東京財団　政策分析レポート』2009年3月
池尾和人・池田信夫［2009］『なぜ世界は不況に陥ったのか』日経 BP 社
伊藤修・黄月華［2010］「バブル発生の認知と膨張の抑止」伊藤修・埼玉大学金融研究室『バブルと金融危機の論点』日本経済評論社
井上哲也［2010］「変容する中央銀行の役割　英金融庁解体がもたらすもの」『金融ビジネス　2010夏号』東洋経済新報社
植田和男［1989］「我が国の株価水準について」『日本経済研究センター　日本経済研究』Vol. 18
──［2010］「世界金融経済危機：危機の原因、波及、政策対応オーバービュー」『CARF ワーキングペーパー』CARF-J-062、2010年
植林茂［2007］「バブル崩壊に期おける金融機関の償却・引当不足への一考察」放送大学大学院教育研究成果報告『Open Forum』第3号、2007年3月
──［2011a］「バブル崩壊後のわが国金融危機といわゆるリーマンショックの比較」『埼玉大学経済学会　社会科学論集』第131・132合併号、2011年1月
──［2011b］「バブル崩壊期における金融機関の償却・引当不足の分析」『埼玉大学経済学会　経済科学論究』第8号、2011年4月
──［2012］「金融危機時における政府と中央銀行の役割分担」（埼玉大学大学院博士〈経済学〉学位請求論文、2012年1月）

圓佛孝史［2007］「英国が目指す「プリンシプルベース」の監督・規制とは何か」『みずほリポート2007年10月23日号』2007年10月

岡部光明［2003］「金融市場の世界的統合と政策運営──総合政策学の視点から──」『総合政策学ワーキングペーパーシリーズ』No. 9

翁邦雄［2010］「バブルの生成崩壊の経験に照らした金融政策の枠組み── FED VIEW と BIS VIEW を踏まえて」、吉川洋編『デフレ経済と金融政策』慶應義塾大学出版会

翁百合［2010］『金融危機とプルーデンス政策』日本経済新聞出版社

小田信之・清水季子［1999］「プルーデンス政策の将来像に関する一考察──銀行システムの効率性・安定性の両立へ向けて」『日本銀行　金融研究』1999年8月

小立敬［2011］「マクロプルーデンス体制の構築に向けた取組み」『金融庁金融研究センター　ディスカッションペーパー』DP2011-1、2011年6月

小野亮［2009］「米国を中心とする金融危機と政策対応──プルーデンス政策の系譜──」『みずほ総研論集』2009年Ⅰ号

加藤出・山広恒夫［2006］『バーナンキのFRB』ダイヤモンド社、2006年

ケネス・N. カトナー［2009］「金融危機へのFRBの対応：日銀と同じ戦術ファイルに基づいているのか、それとも全く新しい闘いなのか？」『フィナンシャル・レビュー』平成21年第3号（通巻第95号）

軽部謙介・西野智彦［1999］『検証　経済失政』岩波書店

北野宏明・竹内薫［2007］『したたかな生命』ダイヤモンド社

銀行経理問題研究会編［2003］『銀行経理の実務　第6版』金融財政事情研究会

金融監督庁［1998-1999］『金融監督庁の1年』平成10～11事務年度版、金融監督庁HP

金融庁［2004］「金融検査マニュアル（預金等受入金融機関に係る検査マニュアル）」2004年、金融庁HP

金融庁［2000-2008］『金融庁の1年』平成12～20事務年度版、金融庁HP

──［2003］『平成15検査事務年度検査基本方針及び基本計画』2003年、金融庁HP

金融調査研究会［2009］「金融危機を踏まえた・監督のあり方──世界一律規制から、地域特性を考慮した規制への転換──」（金融調査研究会提言）

──［2010］『金融危機下における金融規制・監督等のあり方』金融調査研究会事務局

草野厚［1989］『証券恐慌──山一事件と日銀特融』講談社

熊倉修一［2008］『日本銀行のプルーデンス政策と金融機関経営──金融機関のリスク管理と日銀考査』白桃書房

齊藤了文［2000］「工学倫理の考え方」『京都大学文学部哲学研究室紀要：PROSPECTUS』3：1-18

佐伯尚美［1997］『住専と農協』財団法人農林統計協会
櫻川昌哉［2002］『金融危機の経済分析』東京大学出版会
―――［2006］「金融監督政策の変遷―――1992-2005」『財務省財務総合政策研究所　フィナンシャル・レビュー』平成18年第7号
佐藤隆文［2008］「金融規制の質的向上―――ベター・レギュレーションへの取り組み」平成20年5月講演資料、金融庁HP
清水季子［2010］「『やや行き過ぎ』感もある規制強化にみる英国流国家戦術」『金融財政事情　2010.2.8』金融財政事情研究会
サイモン・ジョンソン＆ジェームズ・クワック［2011］『国家対巨大銀行―――金融の肥大化による新たな危機』ダイヤモンド社
白川方明［2008］『現代の金融政策―――理論と実際』日本経済新聞出版社、2008年
白塚重典［2011］「中央銀行の政策運営におけるマクロプルーデンスの視点」『日本銀行金融研究所 IMES Discussion Paper』No. 2011-J-2
白塚重典・田口博雄・森成城［2000］「日本におけるバブル崩壊後の調整に対する政策対応―――中間報告―――」『日本銀行　金融研究』2000年12月号
白鳥哲也・大山剛［2001］「近年における邦銀の収益低迷の背景と今後の課題」『日本銀行考査局 Discussion Paper』No. 01-J-1
妹尾芳彦・塩屋公一・鴫原啓倫［2009］「バブル及びデフレについて―――基本的概念と歴史的事実を中心に―――」『内閣府経済社会総合研究所 New ESRI Working Paper Series』No. 9
総合研究開発機構［2009］「次の危機に備えた金融システムの構築―――現下の対症療法的対策の問題点を踏まえた提案」『NIRA 研究報告書』2009年10月
アンドリュー・ロス・ソーキン［2010］『リーマン・ショック・コンフィデンシャル』上・下、早川書房
ダレル・ダフィー［2011］『巨大銀行はなぜ破綻したのか　プロセスとその対策』NTT出版
ハワード・デイビス／デイビッド・グリーン［2009］『金融監督規制の国際的潮流』金融財政事情研究会
ジリアン・テット［2009］『愚者の黄金　大暴走を生んだ金融技術』日本経済新聞出版社
(財)土地総合研究所編［1996］『日本の土地―――その歴史と現状―――』ぎょうせい
内閣府［2008］「世界経済の潮流　2008年　Ⅱ」
中村裕昭［2007］『よくわかる金融実務の PDCA』きんざい
西野智彦［2001］『検証　経済迷走』岩波書店

西村清彦［1990］「日本の地価決定メカニズム」西村清彦・三輪芳朗編『日本の株価・地価』東京大学出版会、1990年
――［1995］『日本の地価の決まり方』筑摩書房
西村吉正［1999］『金融行政の敗因』文藝春秋
日本銀行［1998］「金融政策決定会合議事要旨」1998年9月9日開催分〜1998年12月15日開催分、日本銀行HP
――［1999a］「公法的観点からみた日本銀行の業務の法的性格と運営のあり方」『日本銀行　金融研究』1999年12月号
――［1999b］「公法的観点からみた日本銀行の業務の法的性格と運営のあり方」『金融研究』1999年12月号
――［2007-2009］「金融システムレポート」2007年9月号〜2009年9月号、日本銀行HP
――［2008-2009］「金融市場レポート」2008年1月31日号〜2009年7月31日号、日本銀行HP
――［2011］「日本銀行のマクロプルーデンス面での取組み」2011年10月18日、日本銀行HP
日本銀行金融市場局［2007］「OIS市場調査の結果（07/5月実施）」『BOJ Report & Research Paper』2007年7月、日本銀行HP
――［2008］「サブプライム問題に端を発した短期金融市場の動揺と中央銀行の対応」『BOJ Reports & Research Papers』2008年7月
日本銀行企画局［2009］「今次金融経済危機における主要中央銀行の政策運営について」『BOJ Reports & Research Papers』、2009年7月
日本銀行金融機構局［2003］「国際金融危機の教訓を踏まえたリスク把握のあり方」『リスク管理と金融機関経営に関する調査論文』2011年3月
野口悠紀雄［1992］『バブルの経済学』日本経済新聞社
バーゼル銀行監督委員会［2009］「健全なストレス・テスト実務及びその監督のための諸原則（2009年5月）」日本銀行仮訳、日本銀行HP
畑村洋太郎［2006］『ドアプロジェクトに学ぶ――検証　回転ドア事故』日刊工業新聞社、2006年
浜田宏一・堀内昭義編著［2004］『論争　日本の経済危機』日本経済新聞社、2004年
林敏彦・松浦克巳・米澤康弘編著［2003］『日本の金融問題』日本評論社、2003年
林宏美［1999］「英米の銀行検査体制」『資本市場クウォータリー』1999年春、野村証券
原田泰［1998］『デフレはなぜ怖いのか』文藝春秋
原田泰・増島実［2010］「金融の量的緩和はどの経路で経済を改善したのか」『デフレ経

済と金融政策』慶應義塾大学出版会、2010年
樋口修［2004］「スウェーデンの不良債権処理策」国立国会図書館調査および立法考査局
樋口秀典・龍岡資隆［2008］「不良債権問題と金融システム安定化への取組み──サブプライム問題をはじめとする金融危機の教訓──」『財務省財務総合研究所ディスカッションペーパー』2008年10月
久原正治［2003］「銀行経営研究序説──バブル後の邦銀経営の経営学的研究アプローチ──」『立命館経営学』第42巻第1号
深谷羊子［2011］「規制強化への対応急ぐ米金融機関」『金融財政事情 2011.3.21』金融財政事情研究会、2011年3月
藤本隆宏［2003］「『日本型プロセス産業』の可能性に関する試論──そのアーキテクチャと競争力──」『東京大学COEものづくり経営研究センター MMRC Discussion Paper No. 1』
星岳雄／ヒュー・パトリック編［2001］『日本の金融システムの危機と変貌』日本経済新聞社
毎日新聞特別取材班［1996］『住専のウソが日本を滅ぼす』毎日新聞社
真渕勝［1997］『大蔵省はなぜ追いつめられたのか』中央公論社
三菱東京UFJ銀行［2008］「グローバル金融危機の行方──主要国の金融危機分析からの視点──」『三菱東京UFJ銀行経済レビュー 平成20年（2008年）11月6日』、NO. 2008-14、2008年11月
宮尾尊弘［2002］『ストック時代の経済──豊かさへの処方箋──』日本経済新聞社
向殿政男［2005］「事故原因究明と責任について」『ケミカルエンジニアリング』Vol. 50, No. 11、化学工業社
柳川範之［2002］「バブルとは何か──理論的整理」村松岐夫・奥野正寛編『平成バブルの研究 上』東洋経済新報社
山村延郎・三田村智［2006］「欧州中央銀行制度の金融監督行政上の役割」『FSA リサーチ・レビュー』2006年（3号）、金融庁金融研究研修センター
吉川洋［2002］「デフレと金融政策」小宮隆太郎・日本経済研究センター編『金融政策論議の争点』日本経済新聞社
吉川洋編［2009］『デフレ経済と金融政策』慶應義塾大学出版会
ラグラム・ラジャン［2011］『フォールト・ラインズ』新潮社
ヌリエル・ルービニ＆スティーブル・ミーム［2010］『大いなる不安定』ダイヤモンド社
Admati, Anat R., DeMarzo Peter M., Hellwig, Martin F. and Pfleiderer, Paul [2010]

"Fallacies, Irrelevant Facts, and Mythes in the Discussion of Capital Regulation: Why Bank Equity is Not Expensive" Preprints of the Max Planck Institute for Research on Collective Goods Bonn 2010/42

Ahearne, Alan G., Joseph, E. Gagnon, Jane Haltmaier, and Steven B. Kamin [2002] "Preventing deflation: Lessons from Japan's Experience in the 1990s" International Finance Discussion Paper Series 2002-729, FRS

Ashcraft, Adam B. and Schueman, Til [2008] "Understanding the Securitization of Subprime Mortgage Credit" NY Fed Staff Paper March 2008

Australian Prudential Regulation Authority [2000] "Harmonising Prudential Standards: A Principles-Based Approach" Australian Prudential Regulation Authority Policy Discussion Paper December 2000

Bank of England [2006-2007] "Financial Stability Report" Issue No. 20-22 BOE-HP

Bank of England "Minutes of Monetary Policy Committee Meeting" 4 and 5 July 2007-7 and 8 November 2007 BOE-HP

Basel Committee, The Group of Governors and Heads of Supervision [2010] "The Group of Governors and Heads of Supervision reach broad agreement on Basel Committee capital and liquidity reform package" Press release 26 July 2010, www.bis.org

Beaver, William H. and Engel, Ellen E. [1996] "Discretionary behavior with respect to allowances for loan losses and the behavior of security prices" *Journal of Accounting and Economics* 22 [1996]

Bernanke, Ben S. [2009] "Lesson of the Financial for Banking Supervision" (Speech at FRB of Chicago on May 7, 2009)

BIS [2010] "Ⅶ. Macroprudential Policy and Addressing Policycliticality" 80th Annual Report, 28 June, BIS HP

Blanchard, Olivier [2009] "The Crisis: Basic Mechanisms, and Appropriate Policies" MIT Working Paper 09-01

Blanchard, Oliver, Dell'Ariccia, Giovanni & Mauro, Paolo [2010] "Rethinking Macroeconomic Policy" IMF Staff Position Note

Borio, Claudio [2003] "Towards a macroprudential framework for financial supervision and regulation" BIS Working Papers No. 128

―― [2010] "Implementing a macroprudential framework: Blending boldness and realism" 22 July 2010, BIS HP

Borio, Claudio & White Whilliam [2004] "Whither Monetary and Financial Stability?

The Implications of Evolving Policy Regimes" BIS Working Papers No. 147
Brunnermeier, Markus K. [2009] "Deciphering the Liquidity and Credit Crunch 2007-2008" *Journal of Economic Perspectives Volume* 23
Brunnermeier, Markus K. & Pedersen, Lasse Heje [2008] "Market Liquidity and Funding Liquidity" NBER Working Paper No. 12939
Bruunermeier, Markus, Crockett, Andrew, Goodhart, Charles, Persaud, Avinash D. and Shin, Hyun [2009] "The Fundamental Principles of Financial Regulation", Geneva Report on the World Economy 11, 2009
Calomiris, Charles W. [2009a] "Banking Crises and the Rules of the Game" NBER Working Paper 15403
—— [2009b] "Prudential Bank Regulation: What's Broke and How to Fix It" In Terry L. Anderson and Richard Soussa, eds., *Reacting to the Spending Spree: Policy Changes We Can Afford*. Hoover Institution Press
—— [2010] "The Political Lessons of Depression-Era Banking Reform" *Journal of International Money and Finance*
—— [2011] "An Incentive-Robust Program for Financial Reform" *Oxford Review of Economic Policy* 26, Automn, 540-560
Calomiris, Charles W. and Herring Richard J. [2011] "Why and How to Design Contingent Convertible Debt Requirement" Columbia Business School Working Paper, February
Committee of European Banking Supervisors "CEBS Guidelines on Stress Testing [GL32]" 26 August 2010, CEBS HP
Clement, Piet "The Term of 'Mcroprudential': Origins and Evolution" BIS Quarterly Review, March 2010
Cudia, Vasco and Woodford, Michael [2009] "Conventional and Unconventional Monetary Policy" Federal Reserve Bank of New York Staff Report No. 404
Financial Crisis Inquiry Commission [2011] "The Financial Crisis Inquiry Report" (January 2011)
FOMC "Minutes of Federal Open Market Committee" June24-25, 2008-September16, 2008 FRB-HP
Financial Stability Board, International Monetary Fund, Bank for International Settlements [2011] "Macroprudential Policy Tools and Frameworks – Progress Report to G20" (27 October 2011) pp. 9-12
Financial Stability Board [2011] "Shadow Banking: Strengthening Oversight and Reg-

ulation" (27 October 2011)

Goodhart, Charles, A. E. [2011] "The Roles of Central Banks: Lessons from the Crisis" International Symposium of the Banque de France-Regulation in the face of global imbalances (March 2011)

G30 (Group of 30) [2010] "Enhancing Financial Stability and Resilience: Macroprudential Policy, Tools and Systems for the Future" http://www.group30.org/pubs/pub_MP.htm

Halloran. M. J. [2009] "Systemic Risks and the Bear Sterns Crisis" *The Road Ahead for the Fed*, Ed. By J. D. Ciorsiari and J. B. Taylar, Hoover Institution Press

Hellwig Martin F. [2010] "Capital Regulation after the Crisis: Business as Usual?" Preprints of the Max Planck Institute for Research on Collective Goods Bonn 2010/31

HM Treasury [2010] "A new approach to financial regulation: judgment, focus and stability" (July 2010)

—— [2011] "A new approach to financial regulation: building a stronger system" (February 2011)

Hoban, Mark [2010a] "Speech by the Financial Secretary to the Treasury, Mark Hoban MP, at the Economist" (16 November 2010)

—— [2010b] "Speech by the Financial Secretary to the Treasury, Mark Hoban MP, at Reform" (01 December 2010)

House of Commons Treasury Committee [2008] "The run on the Rock" House of Commons-HP

IEC61508 "Functional Safety of Electrical/Electronic/Programmable Electronic Safety Rerated Systems" (1998-2000)

IMF [2008] "Global Financial Stability Report" (April 2008)

Jaffee, Dwight M. [2008] "The U. S. Subprime Mortgage Crisis: Issues Raised and Lessons Learned" Commission on Growth and Development Working Paper No. 28

Kahen, George A. [2007] "Communicating a Policy Path: Next Frontier in Central Bank transparency?" Federal Reserve Bank of Kansas City Economic Review First Quarter 2007

Kuttuer, Kenneth N. [2008] "The Federal Reserve as Render of Last Resort during the Panic of 2008" BOJ Meeting Paper

Lacker, Jeffrey M. [2006] "The Economic Outlook" Speech at Economic Roundtable of the Ohio Valley Parkersburg. West Virginia, April 4

Mayer, Chris & Rence, Karen [2008] "Subprime Mortgage: What, Where, and to Whom" NBER Working Paper No. 14083

O'Keef John & Wilcox, James A. [2010] "How Has Bank Supervision Performed And How Might It Be Improved?" paper presented at 54th Economic Conference of the Federal Reserve of Boston

Peek, Joe, Rosengren, Eric S & Tootel, Geoffrey M. B [2009] "Is Financial Stability Central Banking?" paper presented at 54th Economic Conference of the Federal Reserve Bank of Boston

Posen, Adam S. [2006] "Why Central Bank Should Not Burst Bubbles" Institute for International Economics Working Paper, No. 06-1, January

Pozsar, Zoltan, Adran, Tobias, Ashcraft, Adam, and Boesky, Hayley [2010] "Shadow Banking" Federal Reserve Bank of New York Staff Report no. 458 July 2010

Rajan, Raghram [2009] "Cycle-proof regulation" *The Economist*, April 8th 2009

Reinhart, Carmen and Rogoff, Kenneth [2009] *This Time is Different*, Princeton University Press

Reinhart, C. M. and Reinhart, R. V. [2010] "After the Fall" paper presented at Jackson Hole Conference, Wyoming, on August 26-28, 2010

Roland, Gerard [2004] "Understanding Institutional Change: Fast-Moving and Slow-Moving Institutions" *Studies in Comparative International Development* Volume 38, pp. 109-131

Senior Supervisors Group [2008] "Observation on Riskmanagement Practices during the Recent Market Turbulence"

Shin, Hyun Song [2009] "It is time for a reappraisal of the basic principles of financial regulation" http://www.voxeu.org/index.php?q=node/2949

Stern Gary H. & Feldman Ron J. [2004] "Too Big To Fail" Brookings

Taylor, John B. [2009] "Systemic Risk and the Role of Government" Dinner Keynote Speech at Conference on the Financial Innovation and Crises of the Federal Reserve Bank of Atlanta

Turner, Graham [2008] *The Credit Crunch: Housing Bubbles, Globalisation and the Worldwide Economic Crisis*, Pluto Press

UK FSA [1998] "The FSA Principles for Businesses" September 1998

UK FSA, Turner, Adail [2009] "The Turner Review A Regulatory response to the global banking crisis" UK FSA

U. S. Treasury Department Office of Public Affairs [2008] "Treasury Releases Blueprint for a Stronger Regulatory Structures" (March 31, 2008)

索　引

〈欧文〉

ABCP　18, 89, 93
ABCP conduit　77, 78, 130
ABN アムロ　22
ABS（Asset Backed Securities）　23, 48, 89
ABS・CDO　18
ABX 指数　99
AIFP　24
AIG　18, 21, 23
AMLF（Asset-Backed Commercial Paper Money Market Mutual Fund Liquidity Facility）　21, 33, 140
ARROW　87
BIS view　72, 80
BIS 規制　129
BNP パリバ　18
BOE　16, 17, 20, 25, 30, 86, 87, 88, 89, 123, 124, 127, 138, 147, 164
Bail-in 債務　118
bail-out　118
Banking Act　31
Blue Print　20
BoA　21, 33
boundary problem　77
CDO　16, 27, 48, 70, 98
CDS（Credit Default Swap）　17, 18, 19, 20, 21, 24, 79, 86, 90, 98
CDS スプレッド　23, 128, 151
CITI　33
CPFF（Commercial Paper Funding Facility）　33, 140
CPP　22
CP 買取制度　21
CP 市場　21, 23, 66, 116, 150, 151
CSE プログラム　98
Charge-off　53, 54, 57, 58, 60, 63
Cocos（Contingent Convertible Securities）　117, 120, 132
Conduit　145

Discount Window　30, 33, 138, 139
EBA（European Banking Authority）　124
ECB　30, 124
EIOPA（European Insurance and Occupational Pensions Authority）　124
ESMA（European Securities and Markets Authority）　124
ESRB（European Systemic Risk Board）　124
EU　124
FASB　30
FCA（Financial Conduct Authority）　123
FDIC　21, 22, 29
FHFA　20
FOMC　91, 92
FPC（Financial Policy Committee）　123, 124
FRB　21, 24, 29, 98, 124, 138
FSA　16, 20, 25, 30, 87, 89, 147, 163
FSB　131, 171
FSOC（Financial Stability Oversight Council）　123, 124
FSR　87, 90, 165
Fedview　72, 80, 98
G 7　22, 23
G 20　23, 24, 173
G 30　3, 122, 141, 170
GSEs　17, 19, 20, 21, 22, 27, 28, 93
G-SIB　117
G-SIFI（Global Systemically Important Financial Institutions）　117
IEC 61508　112, 133, 134
IKB　16, 17, 27
IOSCO（International Organization of Securities Commissions）　133
ISDA　98
JP モルガンチェース　19, 20, 21, 33
KfW　17
LCR（Liquidity Coverage Ratio）　144, 145, 176
leaning against the wind 型　72, 73

LIBOR-OIS スプレッド　23, 89, 90, 91, 92, 93, 151
LLR　29, 32, 33, 123, 141, 148, 168
LTV　27
Living Will　113, 117, 132, 146, 153, 155
MBS（Mortgaged-Backed Securities）　23, 89, 93, 137, 139
MMIFF（Money Market Investor Funding Facility）　140
MMMF　79
MPC（Monetary Policy Committee）　87, 89
MSPP（Mortgage-backed Securities Purchase Program）　140
Minutes　87
NSFR（Net Stable Funding Ratio）　144, 145, 176
Net Capital Rule　98
OCC　29
OFR（Office of Financial Research）　123, 124
one-size fits all strategy　113
Originate to Distribute（型モデル）　19, 78, 145, 194
PDCA サイクル　114, 166, 167, 168, 169
PDCF（Primary Dealer Credit Facility）　93, 138, 140
PIT アプローチ　127
PRA（Prudential Regulation Authority）　123
QIS　82, 99
RMBS　18
RRP（Recovery and Resolution Plan）　117
Resolution Plan　154
SCAP　29
SEC　124
SIFI（Systemically Important Financial Institutions）　132, 151, 152
SIL（System Integrity Level）　134
SIV　19, 77, 78, 145, 150
SLP（Securities Lending Program）　138
SSFIP（Systemically Significant Failing Institutions Program）　24
Securities Investment Act　98
Stigma　138, 139, 151
TAF（Term Auction Facility）　30, 93, 138, 140
TALF（Term Asset-Backed Securities Loan Facility）　24, 140
TARP（Troubled Asset Relief Program）　34
TBTF（too big to fail）　23, 33, 71, 75, 131, 153
TLGP（Temporary Liquidity Guarantee Program）　22
TOP（TSLF Options Program）　140
TSLF（Term Securities Lending Facility）　93, 140
Tripartite Supervisory System（Tripartite）　25, 31, 87, 88, 123, 147
UBS　22
VaR　155, 177

〈和文〉

【あ行】

アイスランドの非常事態宣言　22
足利銀行　27
圧力（政策への）　95, 96, 98, 101
アドホックテスト　180
安全工学　110, 112, 161, 168, 194
安定調達比率　144, 176
イノベーション　79
一般貸付　142
インセンティブ　1, 79, 100, 101, 110, 120
インターバンク市場　13, 14, 21, 66, 71, 155
インプライドボラティリティ　89
ウェルズファーゴ　19
エージェンシー MBS　20
エージェンシー債　33, 137
欧州委員会　22
大蔵省　5, 6, 9, 14

【か行】

会社更生法　13, 15, 116, 154
回復シナリオ　153
カウンター・パーティー・リスク　17, 23, 27, 90, 92, 129, 137
カウンターシクリカル　127
カウンターシクリカル資本バッファー　121, 175
格付け会社　19
過去イベント型　179
仮想シナリオ型　179
貸出ファシリティ　21, 28, 137, 138

合併　132, 152, 168
株価の推移（グラフ）　68
監督上の検証　135, 178
監督体制　109, 118, 124, 132, 147, 166
カントリーワイド　28
感応度分析　179
議会の承認　114
議決延期請求権　96
議事要旨　83, 84, 86, 87, 94
疑心暗鬼　23, 48, 70, 150, 156
規制裁定（Regulatory Arbitrage）　76, 77, 79, 112, 113, 114, 117, 127, 128, 130
寄託証券補償基金制度　13
希薄化　158, 159
逆選択　159
旧金融安定化法　34
共同債権買取機構　34
ギリシャ危機　155
緊急経済安定化法案　22, 28, 34, 76, 147, 150
銀行型システミックリスク　26, 27, 94
金融安定監督評議会　123
金融監督庁　6, 9
金融緩和　33, 166
金融機関の自己査定制度　9
金融危機調査委員会（米議会）　163
金融機能安定化法　12
金融機能強化法　12, 34
金融機能早期健全化法　12
金融規制改革のフレームワーク　24
金融規制改革法　31
金融検査マニュアル　8, 9, 30, 116, 125
金融再生法　12
金融市場レポート　83
金融システムレポート　83, 162, 165
金融政策　72, 73, 74, 95, 96
金融仲介機能　79
金融庁　6, 71, 114, 126, 146, 167
金融庁タスクフォース　8
金融庁の1年　83
金融不祥事　9
繰延税金資産　34, 173
クレジットスプレッド　84
グレンジャーコーザリティーの検証　52, 53, 62
群馬中央信金　13
クロスボーダー取引　145

ケース・シラー指数　55, 67
経済白書　83
継続価値ベース（going concern）　159
決算承認制度　6, 9
決定ラグ　82, 147
原因究明　112, 160, 161, 162, 169, 195
検査（金融庁検査）　14, 33, 71, 166
検証　114, 167
限定された裁量　120
コア・ファンディング・レシオ　144, 145
コア資本　129, 130
考査（日本銀行考査）　14, 71, 166
考査情報提供ルール　10
合成の誤謬　119
公的資金注入　12, 22
護送船団方式　5, 7
個別テスト　179
コールショート　13
ゴールドマンサックス　18, 19
コメルツ　22
コンティンジェンシー・プラン　1, 2, 110, 156, 166, 167, 194, 195
コンティンジェント・キャピタル　118, 159

【さ行】

財金分離（大蔵省の財政・金融の分離）　6
サイクル・プルーフ　127, 128
財務省　20, 24, 25, 126, 167
裁量行政　7
サブプライム（ローン）　16, 17, 18, 20, 27, 47, 48, 53, 70, 87, 89, 90, 136, 137, 139
サブプライム住宅担保MBS　100
三業種規制　97
三洋証券　8, 13, 15, 27, 82, 116, 154
時間軸効果　73
自己資本　100, 173
自己資本の質　81, 173
自己資本比率　7, 76, 79, 99
自己資本比率規制　65, 79, 127, 168
事故調査と免責・補償小委員会対外報告書　164
資産買い取りファシリティ　24
資産査定　125
資産相関　129
市場型システミックリスク　26, 27, 35, 94

市場モニタリング　95, 149
システミック・インパクト係数　119
システミック・リスク　73, 75, 100, 114, 119, 121, 129, 130, 141, 152, 153, 158, 165, 172
システミックリスク・エクセプション　8, 12, 22, 30, 35, 125
システム・ロバストネス　112, 115
システム生物学　110, 112, 168, 194
シティグループ　19
シナリオ分析　179
資本サーチャージ　118, 144
資本注入　1, 18, 22, 24, 26, 30, 34, 95, 96, 149, 150, 152, 153, 157, 158, 160, 166, 168
資本保全バッファー　174
社債市場　66, 116, 151
社債の対国債スプレッド　23
シャドーバンキングシステム　18, 19, 25, 76, 96, 112, 130, 131, 141, 145, 146, 151, 153, 155, 158, 169, 195
ジャパンプレミアム　83, 84, 86
住専（日本）　28, 97
住宅・経済回復法　20
住宅金融会社（英国）　86
住宅金融専門会社（米国）　27, 28
準備預金積み不足　13
償却・引当不足　48
償却証明制度　7, 9
証券化商品　18, 19, 21, 26, 47, 63, 78, 109, 117, 138, 139, 150, 151, 152
証券貸出制度　138, 151
冗長性　112, 115, 125
処理シナリオ　153
新金融安定化基金　12, 33
シングルスタンダード化　8
新日銀法　9, 10
スタンディング・ファシリティ　136, 137, 138, 139, 151, 168
ステップダウン法　51, 52, 61
ストレステスト　24, 26, 28, 33, 101, 114, 155, 156, 157, 158, 165, 167, 168, 177, 178
セーフティネット　5, 11, 26, 29, 30, 32, 33, 34, 78, 81, 168
税金投入　152
政策手段の割り当て問題　73
政府保証　151

整理回収銀行　30, 34
責任追及　112, 160, 161, 162, 169, 195
専門的協議機関　126
全安全ライフサイクル　133
早期健全化法　34
早期是正措置　8, 11, 132
相対型電子貸付　143
総量規制　97
組織再編法　12, 34
ソルベンシー　17, 114

【た行】

ターナー・レビュー　25, 31
第一線準備　145
第二線準備　145
立ち入り調査　10, 29, 71, 96, 125, 126, 135, 149, 158, 165, 169
多様性　115
段階的な権限　123
短期金融市場　151
地価の推移（グラフ）　68
中銀研報告　10
長短スプレッド　84
定例テスト　180
テールリスク　155
手形貸付　142
手形割引　142
適格担保　151
デュー・ディリジェンス　154
デリバティブ　19, 66, 150
デレバレッジ　19, 20
ドイツ産業銀行　17, 28
ドイツ復興金融公庫　17, 28
独連邦金融監督庁　31
東京共同銀行　11, 28, 33, 34
統合的テスト　165, 179
投資銀行　20, 21, 98
特約貸付　142
ドッド＝フランク法　123
ドラロジェール・レポート　25
取り付け　16, 119
トレーディング勘定　77, 110, 145, 150

【な行】

二重立入調査体制　10

二信用組合破綻　27, 28
日銀特融　10, 12, 30, 32, 33
日銀法改正　5, 9
日中当座貸越　142
日本銀行（日銀）　7, 13, 14, 71, 126, 146, 162, 167, 172
日本債券信用銀行（日債銀）　8, 12, 28, 33, 66, 82, 83, 84, 94
日本長期信用銀行（長銀）　8, 28, 66, 82, 84, 85, 94
ニューセンチュリー・フィナンシャル　27, 28
認知ラグ　2, 82, 95, 147
ネガティブ・フィードバック　115
ノーザンロック　16, 28, 71, 82, 86, 90, 91, 119, 147, 163

【は行】

バーゼルⅡ　65, 78, 80, 119, 127, 135, 173, 176
バーゼルⅢ　65, 76, 121, 131, 132, 173, 174, 176
バーゼル委員会（バーゼル銀行監督委員会）　25, 81, 99, 111, 112, 144, 150, 154, 155, 160, 177, 180
波及（の）スピード　26, 47, 70, 109, 111, 160
破綻時ベース（gone concern）　160
破綻処理　1, 152, 153
破綻処理法制　7, 11, 12
バックストップ　116
バックテスト　178
バブル　66, 67, 68, 69, 73, 79, 81, 95, 96, 97, 100, 101, 109, 112
バブルの把握・判別　66, 112
パリバショック　18, 27, 28
バンキング勘定　77
バンクオブアメリカ（BoA）　19, 21, 28
ピグー税　119
ヒポリアルエステート　22, 31
ビルドイン・スタビライザー　113
ファンダメンタルズ　67, 68, 70
フィードバックルール　100, 112, 113, 115, 120
フェイルセイフ　112, 116, 154
フォルティス　22
不動産価格下落から信用コスト発生までのラグ（米国）　53
ブラッドフォード・アンド・ビングレー　22
フリーフォール状況　150

ブリッジバンク　154
不良債権買取プログラム　24, 34
プリンシプルベース（アプローチ）　7, 30
プルーデンス政策　83, 88, 95, 116, 120
プレ危機　65, 66, 70, 74, 91, 94, 137, 170
フレモントジェネラル　28
プロシクリカリティ　25, 100, 126
プロテクション　18, 20, 21
ブンデスバンク　31
ベア・スターンズ　18, 19, 20, 23, 27, 28, 87, 91, 129
ヘアカット　120, 137, 144, 176
ペイオフ全面解禁の延期　33
ヘッジファンド　16, 17, 18, 27, 28, 76, 79, 96, 100, 145, 148, 150, 169
奉加帳方式　30
報告書　162, 163, 164, 167
ホームエクイティローン　53, 63
補完貸付　142
北洋銀行　13
母体行　97
北海道拓殖銀行（北拓）　8, 13, 66, 82, 86
ボラティリティ　84

【ま行】

マージンコール　137
マクロ指標起動型テスト　180
マクロストレステスト　165
マクロプルーデンス　30, 95, 100, 101, 117, 118, 119, 121, 122, 123, 125, 126, 132, 141, 150, 166, 170, 171, 172
マルチディシプリナリー・アプローチ　118, 163
ミクロプルーデンス　117, 119, 132, 170, 171
無税償却　6
メリルリンチ　19, 21, 91
モニター機能　29, 101, 169
モニター力　17, 111, 169, 195
モニタリング　16, 17, 76, 86, 95, 96, 126
モノライン　17, 18, 19, 27, 28, 87, 150
モラルハザード　71, 75, 153, 160
モルガン・スタンレー　19, 21

【や行】

役割分担　1, 2, 3, 110, 113, 119, 121, 125, 126,

147, 148, 149, 166, 167, 168, 169
山一證券　8, 12, 13, 28, 33, 66, 82, 86
優先株買取協定　20
有担保貸付ファシリティ　20
預金保険法　12, 34
預金保険法102条　12, 125
四原則（日銀特融）　11, 33, 153

【ら行】

ラインカット　14
ラグ（地価・不動産価格等下落から不良債権発生・信用コスト発生までの）　2, 47, 48, 49, 50, 51, 53, 54, 55, 57, 58, 63, 74
リーマン・ブラザーズ　1, 19, 21, 23, 27, 28, 66, 76, 86, 91, 92, 119, 129, 138, 193
リーマンショック　2, 3, 5, 16, 27, 47, 48, 63, 65, 71, 76, 82, 87, 109, 124, 130, 137, 139, 141, 145, 147, 149, 150, 152, 155, 156, 163, 173, 177, 180, 193, 195
リサーチ機能　29
リスクコミュニケーション　156
リスクファクター　177
リスクファクター起動型テスト　180
リスクプレミアム　84
リスクプロファイル　156, 177
リバース・ストレステスト　156, 165, 178
流動性　1, 16, 21, 30, 76, 81, 96, 109, 111, 125, 149, 151, 152, 168
流動性カバレッジ比率　144, 176
流動性（比率）規制　17, 25, 110, 168, 175
流動性バッファー　144
流動性ファシリティ　116, 136, 137, 139
流動性ポジション　145
ルールベース（アプローチ）　7, 30, 65, 76, 99
劣後債　86, 173
レバレッジ　19, 81, 98, 128, 129, 175
レバレッジ比率　175
レバレッジレシオ規制　25, 110, 175
レバレッジローン　21
レベル・プレイング・フィールド　78, 80
連銀法10条Ａ　139
連銀法10条Ｂ　139
連銀法13条3　31, 140
連邦住宅金融監督局（FHFA）　20
ローンスター　18

ロス負担（ロスシェアリング）　11, 32, 33

【わ行】

ワコビア　19
ワシントンミューチュアル　21

【著者略歴】

植林　茂（うえばやし・しげる）

1982年	横浜国立大学経済学部卒業
1982年	日本銀行入行
1986年	経済企画庁調整局出向
1996年	東京共同銀行／整理回収銀行出向
1998年	政策委員会室審議委員スタッフ
2002年	考査局企画役（考査役）
2006年	放送大学政策経営プログラム修了（修士・学術）
2010年	日本銀行山形事務所長（～現在に至る）
2012年	埼玉大学大学院経済科学研究科博士後期課程修了（博士・経済学）

【主な業績】　共著『海外経済指標の読み方』1986年、東洋経済新報社、共訳『為替レートと国際協調──目標相場圏とマクロ経済政策』1985年、東洋経済新報社
論文「山形県『年間三隣亡』の経済面への影響についての一考察」（『埼玉大学経済学会社会科学論集』第137号、2012年）など。

金融危機と政府・中央銀行

2012年11月5日　第1刷発行　　　　定価（本体4400円＋税）

著　者　植　林　　　茂
発行者　栗　原　哲　也
発行所　㈱日本経済評論社
〒101-0051　東京都千代田区神田神保町3-2
電話　03-3230-1661　FAX　03-3265-2993
info8188@nikkeihyo.co.jp
URL：http://www.nikkeihyo.co.jp

装幀＊渡辺美知子　　　　　印刷＊文昇堂・製本＊誠製本

乱丁・落丁本はお取替えいたします。　　Printed in Japan
Ⓒ UEBAYASHI Shigeru 2012　　ISBN978-4-8188-2238-2

・本書の複製権・翻訳権・上映権・譲渡権・公衆送信権（送信可能化権を含む）は、㈱日本経済評論社が保有します。
・JCOPY〈㈳出版者著作権管理機構　委託出版物〉
本書の無断複写は著作権法上での例外を除き禁じられています。複写される場合は、そのつど事前に、㈳出版者著作権管理機構（電話03-3513-6969、FAX03-3513-6979、e-mail: info@jcopy.or.jp）の許諾を得てください。

バブルと金融危機の論点

伊藤修・埼玉大学金融研究室編

斉藤 叫編

A5判 三七〇〇円

バブルはなぜ起こるのか。再発防止を目指し発生のメカニズム、国際資本フロー、金融機関のリスクテイク、危機管理の国際比較、銀行検査、銀行行動などの論点から考察する。

世界金融危機の歴史的位相

四六判 三五〇〇円

一九二〇年恐慌との比較など長期的視点、一九八〇年代以降の「新自由主義」政策からの転換など中期的視点、国際金融システムをも視野に入れ、世界史に位置づける。

失墜するアメリカ経済
――ネオリベラル政策とその代替案――

R・ポーリン著／佐藤良一・芳賀健一訳

A5判 三四〇〇円

サブプライム危機に揺らぐ米国経済。ニューエコノミーは株式や住宅バブルによる空虚な好況であった。途上国をも巻き込むネオリベラリズム。丹念な実証に基づき代替案を提示。

金融不安定性と景気循環

W・ゼムラー著／浅田統一郎訳

A5判 四六〇〇円

「失われた一五年」をどうみるか。金融不安定性と景気循環をめぐる本書の理論モデルは、一九八〇年代～二〇〇〇年代の日本経済の分析に多くの示唆を与える。

貨幣と銀行
――貨幣理論の再検討――

服部茂幸著

A5判 四二〇〇円

二〇〇一年に日銀は量的緩和政策の採用を決定したがマネーサプライの増加には至らず結局解除となった。量的緩和論のどこが誤っていたか。各国の金融政策も踏まえて検討。

（価格は税抜）　日本経済評論社